Die Verhinderung der Vollendung beim strafbefrei

Europäische Hochschulschriften

Publications Universitaires Européennes
European University Studies

Reihe II
Rechtswissenschaft

Série II Series II
Droit
Law

Bd./Vol. 5376

PETER LANG
Frankfurt am Main · Berlin · Bern · Bruxelles · New York · Oxford · Wien

Sandra Koch-Schlegtendal

Die Verhinderung der Vollendung beim strafbefreienden Rücktritt

PETER LANG
Internationaler Verlag der Wissenschaften

Bibliografische Information der Deutschen Nationalbibliothek
Die Deutsche Nationalbibliothek verzeichnet diese Publikation in der Deutschen Nationalbibliografie; detaillierte bibliografische Daten sind im Internet über http://dnb.d-nb.de abrufbar.

Zugl.: Berlin, Humboldt-Univ., Diss., 2012

11
ISSN 0531-7312
ISBN 978-3-631-62485-2

www.peterlang.de

Für die drei wichtigsten Menschen in meinem Leben

Danksagung

Für ihre Hilfe und Unterstützung danke ich meinen geliebten Eltern und meinem Schatz.

Meinem Doktorvater Herrn Prof. Dr. Martin Heger danke ich für die Betreuung meiner Dissertation.

Nürnberg, Juli 2012

Inhaltsübersicht

Inhaltsverzeichnis

Einleitung

Das Gesetz stellt in § 23 Abs. 1 StGB[1] den Versuch einer Tat unter Strafe, soweit es sich um ein Verbrechen handelt (§ 23 Abs. 1, 1. Alt. StGB). Der Versuch eines Vergehens ist nur dann unter Strafe gestellt, wenn das Gesetz dies ausdrücklich anordnet (§ 23 Abs. 1, 2. Alt. StGB). Aus § 23 Abs. 2 StGB ergibt sich, dass das Gericht die Strafe bei einem versuchten Delikt mildern *kann*. Aus dem Wort „kann" wird jedoch deutlich, dass eine Strafmilderung nicht zwingend erfolgen *muss*, so dass unter Umständen auch der Versuch mit der gleichen Strafe wie eine vollendete Tat geahndet wird. Neben der grundsätzlichen Strafbarkeit des Versuchs gewährt der Gesetzgeber in § 24 StGB jedoch jedem Täter die Möglichkeit, durch eine entsprechende Rücktrittshandlung von dem begangenen Versuch strafbefreiend zurückzutreten. Hier stellt sich die Frage, warum der Gesetzgeber dem Täter dieses Privileg gewährt, obschon der Versuch einer Tat unter Strafe gestellt ist und der Täter durch seine strafbare Versuchshandlungen durchaus eine gewisse kriminelle Energie an den Tag gelegt hat. Fraglich ist auch, welche konkreten Anforderungen an das Rücktrittsverhalten des Täters zu stellen sind, damit ihm das Privileg der Straffreiheit zugute kommt.

Die vorliegende Arbeit wird sich mit dem Problem der „Verhinderung der Vollendung beim strafbefreienden Rücktritt" befassen. Das StGB spricht in mehreren Paragraphen davon, dass derjenige, der die Vollendung der Tat verhindert, Straffreiheit erlangt. So wird gemäß § 24 Abs. 1 S. 1, 2. Alt. StGB wegen Versuchs nicht bestraft, wer „freiwillig die Vollendung der Tat verhindert". Ebenso gewährt § 24 Abs. 1 S. 2 StGB demjenigen Straffreiheit, der sich „freiwillig und ernsthaft bemüht, die Vollendung zu verhindern, wenn die Tat ohne sein Zutun nicht vollendet wird". Auch § 24 Abs. 2 S. 1 StGB stellt den Täter straffrei, der bei einem Versuch mit mehreren Beteiligten die Vollendung der Tat freiwillig verhindert. § 24 Abs. 2 S. 2 StGB regelt, dass das freiwillige und ernsthafte Bemühen um die Verhinderung der Vollendung für einen strafbefreienden Rücktritt ausreicht, wenn die Tat ohne Zutun des Täters nicht vollendet oder unabhängig von seinem früheren Tatbeitrag begangen wird. § 31 Abs. 1 Nr. 3 StGB stellt den Täter straffrei, der die Tat verhindert, nachdem er ein Verbrechen verabredet oder das Erbieten eines anderen zu einem Verbrechen angenommen hat. In

1 Im Folgeden entstammen §§ mit dem Zusatz StGB, dem StGB in der Fassung der Bekanntgabe vom 13. November 1998.

§ 31 Abs. 2 StGB heißt es schließlich, dass derjenige straffrei wird, der sich „ernsthaft und freiwillig bemüht, die Tat zu verhindern", wenn die Tat auch ohne sein Zutun unterbleibt oder sie unabhängig von seinem früheren Verhalten begangen wird.

Den Schwerpunkt dieser Arbeit wird nun eine genaue Untersuchung bilden, welche Anforderungen an das Rücktrittsverhalten des Täters zu stellen ist, damit er strafbefreiend vom Versuch zurücktreten kann, wenn er die Vollendung der Tat verhindert hat. Fraglich ist, welche objektiven Anforderungen an das Verhinderungsverhalten des Täters zu stellen sind. Der Wortlaut des § 24 Abs. 1, S. 1, 2. Alt. StGB, sowie auch § 24 Abs. 2 StGB, § 30 Abs. 1 Nr. 3 und Abs. 2 StGB sprechen lediglich davon, dass der Täter die „Vollendung... verhindern" muss. Dem Gesetz lässt sich somit entnehmen, dass mindestens die Kausalität zwischen dem Rücktrittsverhalten des Täters und dem Ausbleiben des tatbestandlichen Erfolges gegeben sein muss. Problematisch ist jedoch, ob über diese bloße Kausalität hinaus noch weitere Anforderungen an das Rücktrittsverhalten des Täters zu stellen sind. Dies wird in der Rechtsprechung und in der Literatur unterschiedlich beantwortet und ist daher bis heute umstritten, obschon die Frage in der Rechtsprechung durch ein Anfrageverfahren innerhalb der Strafsenate des BGH aus dem Jahre 2002 dahingehend entschieden worden ist, dass der BGH die bloße Kausalität zwischen Rücktrittsverhalten und Verhinderungserfolg ausreichen lässt[2]. Daher kann zumindest in der Rechtsprechung derzeit von einer einheitlichen Ansicht ausgegangen werden.

Interessant ist jedoch, dass sich die BGH-Rechtsprechung immer wieder mit dem beendeten Versuch auseinandersetzt. Da sich jedoch im Laufe der Zeit die Versuchsstrafbarkeit immer weiter ausgedehnt hat, weil der Gesetzgeber bei einzelnen Strafnormen oder bei Qualifikationen den Strafrahmen auf Verbrechensniveau angehoben hat[3], erscheint es fast so, als ob dieser letzte „Notnagel" zur Straffreiheit besonderer Beachtung bedarf[4]. Trotz der mittlerweile gefestigten Rechtsprechung hat die Beantwortung der Frage, welche Anforderungen an das Rücktrittsverhalten des Täters zu stellen sind, zum einen nach wie vor eine große praktische Bedeutung und ist andererseits weiterhin aus wissenschaftlicher Warte interessant. Die praktische Bedeutung dieser Frage liegt vor allem in dem immer wieder auftretenden Dilemma des Strafverteidigers[5]. Dieses Dilemma ergibt sich aus den unterschiedlichen Anforderungen, welche das Gesetz an das Rücktrittsverhalten des Täters bei § 24 Abs. 1 S. 1, 2. Alt. StGB und bei § 24

2 BGHSt 48, 147 ff.

3 Z.B. § 221 StGB, §§ 223 Abs. 2; 239 Abs. 2 StGB.

4 Heger, StV 2010, 320.

5 Römer, MDR 1989, 945; Herzberg, NJW 1989, 862, 863.

Abs. 1 S. 2 StGB stellt. Bei einem beendeten Versuch gemäß § 24 Abs. 1 S. 1, 2. Alt. StGB muss der Täter nach dem Wortlaut der Vorschrift die Vollendung der Tat lediglich verhindern. Liegt dagegen ein untauglicher Versuch gemäß § 24 Abs. 1 S. 2 StGB vor, muss er sich ernsthaft um die Erfolgsabwendung bemühen. Dies ist schon nach dem Wortlaut deutlich „mehr" als eine bloß kausale Verhinderungshandlung. Bei einem beendeten tauglichen Versuch genügen somit geringere Rücktrittshandlungen als bei einem untauglichen Versuch, damit der Täter in den Genuss der Straffreiheit gelangt. Demzufolge müsste der Strafverteidiger auf einen tauglichen Versuch plädieren und sich dabei auf den Grundsatz in *dubio pro reo* berufen, wenn sich nicht mit Sicherheit ausschließen lässt, dass der Versuch ohnehin nicht zur Vollendung habe führen können. Denn in diesem Fall wäre ja der im Vergleich zu § 24 Abs. 1 S. 2 StGB „leichtere" Rücktrittsweg eröffnet[6]. Die derzeitige Gesetzeslage führt daher zu einem Dilemma für den Strafverteidiger, der auf der einen Seite seinen Mandanten als objektiv gefährlicher darstellen muss, als er es unter Umständen tatsächlich war, sich aber auf der anderen Seite nie sicher sein kann, dass diese Verteidigungsstrategie tatsächlich aufgeht. Kommt das Gericht nämlich doch zu der Erkenntnis, dass in dem Fall ein strafbefreiender Rücktritt ausscheidet, wirkt es sich wiederum bei der Bemessung des Strafmasses negativ aus, wenn der Verteidiger seine Verteidigungsstrategie darauf aufgebaut hat, dass ein tauglicher Versuch vorlag. Denn in diesem Fall hat der Täter ein deutlich gefährlicheres Verhalten an den Tag gelegt, als dies bei einem untauglichen Versuch der Fall ist.

Bei der Frage, welche Anforderungen nun tatsächlich an das Verhalten des Täters bei der Verhinderung der Vollendung zu stellen sind, lassen sich in der Literatur grundsätzlich drei Hauptansichten unterscheiden. Ein Teil der Literatur hat sich der Ansicht der Rechtsprechung angeschlossen und lässt jede kausale Rücktrittshandlung ausreichen[7]. Andere sind der Ansicht, dass dem Täter das Ausbleiben des tatbestandlichen Erfolges zumindest objektiv zurechenbar sein muss, damit er strafbefeiend vom Versuch zurücktreten kann[8]. Eine dritte in der Literatur vertretene Ansicht geht davon aus, dass an das Rettungsbemühen des Täters höchste Anforderungen zu stellen sind und fordert daher ein „optimales" Verhinderungsverhalten des Täters, wenn er in den Genuss des strafbefreienden Rücktritts gelangen will[9].

---

6 Jakobs, JZ 2003, 743, 744.

7 Puppe, NStZ 1984, 488 ff.; Baumann/Weber/Mitsch, AT, § 27 Rn. 21; Hillenkamp, JuS 1997, 821, 827.

8 Bloy, JuS 1987, 528 ff.; Rudolphi, NStZ 1989, 508 ff, ders., in: SK, § 24 Rn. 27 c; Lackner/Kühl, § 24 Rn. 19 a; Wessels/Beulke, AT, Rn. 644.

9 Herzberg, NJW 1989, 862 ff.; Jakobs, AT, 26. Abschn. Rn. 2; Murmann, S. 61.

Diese Arbeit wird sich mit der Rechtsprechung und den Literaturansichten zu dem oben genannten Problem auseinandersetzen. Dabei wird der Schwerpunkt der Betrachtung auf § 24 Abs. 1 S. 1, 2. Alt. StGB liegen, da diese Rücktrittsmöglichkeit den Hauptfall des Rücktritts bei einem beendeten Versuch darstellt und daher die für diese Rücktrittsmöglichkeit entwickelten Grundsätze auf die anderen Rücktrittsmöglichkeiten, bei denen eine Verhinderung der Vollendung gefordert wird, übertragen werden können oder zumindest auf diese Grundgedanken zurückgegriffen werden kann. Aus diesem Grund wird auch bei der Bearbeitung zunächst die Rechtsprechung des BGH[10] bezüglich des § 24 Abs. 1 S. 1, 2. Alt. StGB analysiert und erst im Anschluss daran werden die verschiedenen Literaturansichten zu diesem Problem dargestellt. Dabei wird insbesondere Bezug auf die Rechtsprechung genommen, da sich der Streit innerhalb der Literatur an einigen Entscheidungen des BGH „entzündet" hat. Im Anschluss daran werden dann die Rechtsprechung des BGH und die Ansichten der Literatur bezüglich § 24 Abs. 1, S. 2 StGB dargestellt. Nach dieser Betrachtung wird eingehend untersucht werden, ob es sinnvoll erscheint, eine Angleichung der Rücktrittsvoraussetzung des § 24 Abs. 1 S. 1, 2. Alt. StGB und § 24 Abs. 1 S. 2 StGB durchzuführen. Erst im Anschluss daran werden § 24 Abs. 2 StGB und schließlich § 31 StGB dargestellt. Um den Hintergrund des vorgenannten Problems auszuleuchten werden zunächst einige Vorfragen des Versuchs und des Rücktritts dargestellt. Die Klärung dieser Vorfragen wird nötig sein, da bei der Begründung, welche Anforderungen an das Rücktrittsverhalten zu stellen ist, immer wieder auf Grundsatzfragen zu Versuch und Rücktritt zurückgegriffen wird. Zunächst erfolgt hierbei ein kurzer Überblick über die geschichtliche Entwicklung der Versuchslehre, dann erfolgt eine Zusammenfassung der Voraussetzungen des Versuchs, bei welcher auch der Frage nachgegangen werden wird, warum der Versuch überhaupt unter Strafe gestellt ist. Ferner wird eine Auseinandersetzung mit der Frage erfolgen, warum das Gesetz dem Täter die Möglichkeit des strafbefreienden Rücktritts bietet. Im Anschluss daran wird kurz dargestellt werden, welche Probleme sich bei der Abgrenzung zwischen unbeendeten und beendeten Versuch stellen, da die Frage, welche Anforderungen an das Rücktrittsverhalten des Täters zu stellen sind, nur in dem Fall des beendeten Versuchs entsteht.

10 Seit der Einführung des § 24 StGB. Die Rechtsprechung zu § 46 a.F. StGB wird von dieser Arbeit nicht erfasst.

1. Kapitel: Allgemeines zu der Versuchslehre

A. Die geschichtliche Entwicklung der Versuchslehre

„Strafbarkeit des Versuchs ist das Zeichen eines fortgeschrittenen Rechts. Älteren Zeiten der Erfolgshaftung ist der Gedanke fremd, da kein Schaden eintrat“[11]. Aus diesem Satz lässt sich erkennen, dass das Versuchsstrafrecht, wie wir es heute kennen, lange Zeit nicht in dieser Form bekannt war. Ob wirklich das reine „Erfolgsstrafrecht“ am Anfang einer jeden strafrechtlichen Entwicklung stand, kann dahin stehen, da es für die Frage, wie sich das Versuchsstrafrecht entwickelt hat, unerheblich ist. Tatsache ist, dass sich der Versuchsbegriff und somit auch das Versuchsstrafrecht erst im Laufe der Zeit entwickelt hat.

I. Das römische Recht

Dem frühen römischen Recht (6. – 3. Jahrhundert v. Chr.)[12] war der Versuch als solcher und somit auch eine mögliche Strafbarkeit unbekannt. Das frühe römische Recht stellte bei der Frage der Strafbarkeit vor allem auf den (Todes)Erfolg ab (*exitus*). Der Erfolg wurde bestraft, während der Wille (*voluntas*) zur Begehung einer Straftat keine Bedeutung hatte. Erst unter dem Einfluss von griechischen Philosophen (3. Jahrhundert v. Chr. – 3. Jahrhundert n. Chr.)[13] stellte das römische Recht mehr und mehr auch auf den Willen des Täters und eben nicht mehr einzig auf den Erfolg der Handlung ab[14]. Ab dieser Zeit erlangte auch die Versuchsstrafbarkeit zunehmend an Bedeutung. Bei den *delicta privata* wurde zwar nach wie vor nur wegen des eingetretenen Schadens bestraft, bei den *criminae publicae* dagegen auch schon der Entschluss an sich. Dieser Entschluss wurde in der Umsetzung der Tat gesehen. In dieser Zeit wurde also bereits die Vorbereitung, der Versuch und die Vollendung bestraft[15]. Der Versuch wurde hier jedoch lediglich als Milderungsgrund gegenüber der Vollendungsstrafbar-

---

11 Blei, AT, S. 217; v. Hippel, Siebtes Kapitel, § 29.

12 Köbler, AT, § 2 S. 15.

13 Köbler,AT, § 2 S. 27

14 Blei, AT, S. 217.

15 v. Hippel, Siebtes Kapitel, § 29.

keit anerkannt[16]. Das römische Recht enthielt ab diesem Zeitpunkt auch vereinzelte Rücktrittsregelungen[17]. Durch den oben beschriebenen Wandel im römischen Recht wurde der Grundstein für das heutige Versuchsstrafrecht gelegt.

II. Das fränkische Recht

Während der fränkischen Zeit, welche man von der Gründung des Merowingerreichs durch Chlodwig I. (482–511 n. Chr.) bis zur Reichsteilung im Vertrag von Verdun (843 n. Chr.) datiert, herrschte grundsätzlich wieder die reine Erfolgshaftung. Eine Versuchsstrafbarkeit ist in dieser Zeit nicht bekannt. Jedoch wurden in der fränkischen Zeit einzelne Versuchsfälle als strafbares Verhalten anerkannt[18]. So ließ der Merowingerkönig Chlodwig I. die *Lex Salica* verfassen[19]. Der Versuchsbegriff an sich fehlte hierin zwar nach wie vor, jedoch wird hier bereits der Versuch mit der Vollendung gleichgestellt, sofern es sich um eine „handhafte Tat" handelte. Handhaft war demnach eine Tat, wenn sie durch das Ertappen oder Ergreifen des Täters von einer Anzahl von Personen offenkundig wurde[20]. Dies war dann der Fall, wenn der Täter auf „frischer Tat ertappt" wurde oder er das Tatwerkzeug noch in den Händen hielt[21]. Unter einer „handhaften Tat" verstand man zu dieser Zeit vor allem aber auch Taten wie beispielsweise das Schwertzücken, das Giftgeben, die Gefährdung von Leben, das Wegelagern oder die Gefährdung des allgemeinen Friedens[22]. Wurde ein Täter bei einer „handhaften Tat" entdeckt, wird in der Lehre überwiegend angenommen, dass es dem Verletzten oder jedem hinzukommenden Dritten nach dem germanischen Recht frei stand, den Täter auf der Stelle zu töten[23].

---

16 v. Hippel, Siebtes Kapitel, § 29.

17 Köhler, AT, 3., 3.1.

18 Hillenkamp, in: LK, Vor § 22 Rn. 40; v. Hippel, Siebtes Kapitel, § 29.

19 Sie ist eines der ältesten noch erhaltenen Gesetzbücher und zählt zu dem germanischen Stammesrecht.
Jescheck/Weigend, AT, § 10 S. 92; Blei, AT, S. 217; Eckhardt, LEX SALICA, 100 Titel – Text; Wikipedia.

20 Werkmüller, HRG I, 1965.

21 Werkmüller, HRG I, 1965, 1966.

22 Blei, AT, S. 217; Hillenkamp, in: LK, Vor § 22 Rn. 40.

23 Werkmüller, HRG I, 1965, 1966.

III. Das Recht des italienischen Mittelalters

Das italienische Recht des Mittelalters befasste sich erstmals eingehender mit dem Versuchsbegriff und auch mit der Versuchsstrafbarkeit. So kannte das italienische Recht des Mittelalters sogar einen eigenständigen Versuchsbegriff[24]. Der Versuch wird hier beschrieben als „cogitare, agere, sed non perficere“[25] („denken, handeln, aber nicht vollenden“). In dieser Zeit wurde der Versuch milder bestraft als das vollendete Delikt. In den italienischen Statuten finden sich auch erstmals echte Versuchsregeln[26]. In den Stadtrechten des 14. und 15. Jahrhunderts ist der Versuchsbegriff im heutigen Sinn anerkannt[27].

IV. Das Recht der Carolina (CCC)

Auf den durch das italienische Recht aufgestellten Grundgedanken beruht auch die CCC von 1532. Durch sie verbanden sich süd- und norddeutscher Geist der Rechtsanschauung und so wurde die CCC ein Gesetzeswerk für das ganze Volk[28]. Obwohl die CCC in erster Linie eine Strafprozessordnung darstellte, die vor allem den Missständen der Strafrechtspflege entgegen treten sollte, enthielt sie auch die wichtigsten Vorschriften über das Verbrechen[29]. So gibt die CCC in Art. 178 eine ausführliche Versuchsdefinition, die bis in das 19. Jahrhundert nicht an Einfluss verloren hat[30]. Diese Definition lautete: *„Item so sich jemand eyner missethatt mit etlichen scheinlichen wercken, die zu volnbringen der missethatt dienstlich sein mögen, vndersteht, vnnd doch an volnbringung der selben missethatt durch andere mittel, wider seinen willen verhindert würde, solcher böser will, darauß etlich werck, als obsteht volgen, ist peinlich zu straffen ...“*. Wenn man diese Definition genauer betrachtet, fällt auf, dass sie weniger auf die Gefährdung des Rechtsgutes abstellte, als vielmehr den „bösen Willen“ des Täters – also dessen Gesinnung – in den Vordergrund stellte. In der CCC wurde der Versuch als selbständige Verbrechensform der Vollendung gegenüber gestellt und auch erstmals eine Abgrenzung zu den Vorbereitungshandlungen angedeutet[31]. In Art. 178 CCC wurde jedoch auch davon gesprochen, dass der Täter nicht

24 Rüping/Jerouschek, Rn. 45; Hillenkamp, in: LK, Vor § 22 Rn. 40.
25 Blei, AT, S. 217.
26 Blei, AT, S. 217.
27 Blei, AT, S. 217.
28 Zwengel, S.13.
29 Jescheck/Weigend, AT, § 10 S. 94; Zwengel, S.16.
30 Hillenkamp, in: LK, Vor § 22 Rn. 40.
31 Hillenkamp, in: LK, Vor § 22 Rn. 40.

„durch andere Mittel wider seinem Willen“ an der Vollendung gehindert werden durfte[32]. Bereits hier wurde also schon das Merkmal der Freiwilligkeit erwähnt. Bezüglich eines möglichen Rücktritts kann festgehalten werden, dass in der damaligen Zeit eine enge Auffassung über den Rücktritt herrschte. Kam ein Rücktritt vom Versuch in Betracht, wurde dieser nur als Strafmilderungsgrund verstanden[33] und nicht, wie heute (vgl. § 24 StGB), als Grund zur Erlangung der völligen Straffreiheit.

V. Das preußische allgemeine Landrecht (ALR)

Dem ALR von 1794 war der Begriff des Versuchs ebenfalls bekannt. In ALR II, 20 §§ 39–44 wurde der Versuch mit einer geringeren Strafe als die vollendete Tat geahndet[34]. Auch das ALR stellte, ähnlich wie die CCC, nicht die Gefährdung des Rechtsgutes in den Vordergrund, sondern zielte auf den bösen Willen des Täters ab. Dies ergibt sich vor allem aus § 42 II, ALR 20. Dort heißt es: *„Hat ein solcher Zufall schon die vorläufigen Anstalten zu der strafbaren Handlung unterbrochen; so wird die böse Absicht nach Verhältniß des Fortschritts zur wirklichen Vollziehung geahndet.“*

Das ALR stufte die Strafe in mehreren Schritten ab und unterschied auch bereits zwischen unbeendetem und beendetem Versuch. So bestrafte § 40 den beendeten Versuch (*„Hat der Thäter zu Vollziehung des Verbrechens von seiner Seite alles gethan; die zum Wesen der strafbaren Handlung erforderlichen Wirkung aber ist durch einen bloßen Zufall verhindert worden; so hat er diejenige Strafe, welcher der ordentlichen am nächsten kommt, verwirkt“).* § 41 bestrafte die Verhinderung an der letzten, zur Ausführung des Verbrechens erforderlichen Handlung – heute, der unbeendete Versuch – (*„Die nächste Strafe nach dieser trifft den, welcher durch einen bloßen Zufall an der letzten, zur Ausführung des Verbrechens erforderlichen Handlung gehindert würde“).* Dem ALR war auch der freiwillige Rücktritt bekannt. Jedoch erkannte das ALR den Rücktritt ebenfalls nur als Begnadigungsgrund an[35] und ging nicht davon aus, dass der Täter bei einem Rücktritt Straffreiheit erlangen konnte. So bestimmte § 43 ALR: der Täter, welcher *„aus eigener Bewegung von der Ausführung der Verbrechens absteht, und dabey solche Anstalten trifft, daß die gesetzliche Wirkung gar nicht erfolgen kann; ingleichen der, welcher durch zeitige Entdeckung der Mitschuldi-*

---

32 Köhler, AT, 3., 31; Hillenkamp, in: LK, Vor § 22 Rn. 40.

33 Köhler, AT, 3., 31.

34 v. Hippel, Siebtes Kapitel, § 29.

35 Köhler, AT, 3., 3.1.

gen, und ihres Vorhaben, die Ausführung desselben hintreibt, kann auf Begnadigung Anspruch manchen".

VI. Das Recht des 19. Jahrhundert bis heute

1. Das 19. Jahrhundert bis zur NS-Zeit

Auch im 19. Jahrhundert herrschten Diskussionen über den Versuch an sich, insbesondere über den untauglichen Versuch. Von großer Bedeutung auf die spätere gesamtdeutsche Rechtsprechung war hier der Einfluss von Preußen. Das preußische Recht selbst ging dogmatisch auf den französischen *Code pénal* von 1810 zurück[36]. Insbesondere bei der Fassung des Versuchsbegriffs griffen die deutschen Juristen hierbei auf das französische Recht zurück[37]. Der Code pénal verwendete in Art. 2 die Formulierung *„commencement d'exécution"*[38] („Beginn der Vollstreckung/Handlung"). Diese Formulierung griff das preußische StGB von 1851 auf und stellte in § 31 auf „Handlungen, welche einen Anfang der Ausführung enthalten", ab. Hier fand nun sozusagen eine Renaissance statt, da man sich von der Ansicht abwandte, dass der böse Wille des Täters als Strafgrund ausreichend sei und von nun an mehr auf die Gefährdung des Rechtsgutes abstellte[39]. Denn auch das ganz frühe römische Recht stellte auf die Gefährdung des Rechtsgutes und auf den Erfolg der Handlung ab und ließ allein den bösen Willen des Täters für eine Bestrafung nicht ausreichen[40]. Im 19. Jahrhundert wurde auch zunehmend davon ausgegangen, dass der Täter bei einem Rücktritt Straffreiheit erlangen konnte und der Rücktritt nicht mehr nur einen Strafmilderungsgrund darstellt. Jedoch vollzog sich diese Entwicklung langsam. So wurde zum Beispiel in den Gesetzbüchern der deutschen Partikularstaaten ein strafbefreiender Rücktritt nur für den unbeendeten Versuch anerkannt. Bei einem beendeten Versuch ging man nach wie vor nur von einem Strafmilderungsgrund aus[41].

Erst § 46 RStGB regelte ab 1871, dass sowohl beim unbeendeten als auch beim beendeten Versuch ein strafbefreiender Rücktritt möglich war[42]. Für den

---

36 Eser, in: Schönke/Schröder, Einf. Rn. 1; Joecks, in: MK, Einl. Rn. 77; Roxin, AT I, § 4 Rn. 1; Hillenkamp, in: LK, Vor § 22 Rn. 44.

37 Ebel/Thielmann, Rn. 452; Hillenkamp, in: LK, Vor § 22 Rn. 41.

38 Blei, AT, S. 218; Hillenkamp, in: LK, Vor § 22 Rn. 41.

39 Haft, AT, S. 11.

40 Vgl. dazu 1. Kapitel A. I.

41 Köhler, AT, 3.,3.1

42 Gerland, 3. Kapitel, S. 138, 140.

unbeendeten Versuch legte § 46 RStGB fest, dass der Täter eine Handlung aufgeben muss, ohne dass er „an dieser Ausführung durch Umstände gehindert worden ist, welche von seinem Willen unabhängig waren". Auch hier fällt erneut die Forderung nach der Freiwilligkeit der Rücktrittshandlung auf. Beim beendeten Versuch wurde dagegen gefordert, dass die Verhinderungstätigkeit innerhalb eines Zeitraumes geschah, in welchem „die Handlung noch nicht entdeckt war".

2. Das Recht der NS-Zeit

In der NS-Zeit kam es zu einer Novellierung des StGB. Dabei wurde durch die Nationalsozialisten zwar die Reformarbeit aus der Weimarer Republik fortgesetzt, jedoch wurde nicht mehr versucht, einen Kompromiss der verschiedenen Strömungen innerhalb der Strafrechtslehre zu finden[43]. Statt dessen wurde mehr und mehr versucht, eine Erneuerung des StGB im Sinne eines autoritären Staates zu schaffen. Hierbei wurden die meisten Änderungen nur geschaffen, um den bestehenden Rechtsstaat in eine totalitäre Diktatur umzuwandeln[44]. Der Zweck der Änderung des StGB war die völlige Instrumentalisierung des Rechts, damit die Rechtsprechung im Sinne der Nationalsozialisten funktionieren konnte[45]. Als Beispiel für diese Umwandlung sei nur die Abschaffung des Analogieverbotes (Art. 103 Abs. 2 GG und § 1 StGB) und die Abschaffung des Grundsatzes *„nullum crimen, nulla poena sine lege scripta"* genannt[46]. Durch das Gesetz vom 28.6.1935 wurde dieser Grundsatz einfach aufgegeben und durch den Grundsatz ersetzt, dass jeder wegen einer Tat bestraft werden kann, welche „nach dem Grundgedanken eines Strafgesetzes und nach gesundem Volksempfinden Strafe verdient"[47]. Hieran zeigt sich auch, dass sich der Gedanke, dass es im Staat um den Schutz der Individualinteressen geht, dahin gehend abgeändert wurde, dass es nun um die Pflicht zur Erhaltung der Gemeinschaft ging[48]. Auch wurde die Gleichheit vor dem Gesetz abgeschafft. Für Bevölkerungsgruppen, welche „außerhalb der Gemeinschaft" standen, galten andere Regeln[49]. Ferner wurden mehr und mehr unbestimmte Rechtsbegriffe und Generalklauseln eingeführt, so dass

---

43 Roxin, AT I, § 4 Rn. 12; Weigend, in: LK, Einl. Rn. 29.

44 Roxin, AT I, § 4 Rn. 14; Joecks, in: MK, Einl. Rn. 81; Rüping, GA 1984, 297; Vogel, ZStW 115 (2003), 638, 641; Vormbaum, § 5 S. 185.

45 Rüping, GA 1984, 297.

46 Weigend, in: LK, Einl. Rn. 30; Rüping, GA 1984, 297, 299; Roxin, AT I, § 4 Rn. 14; Vormbaum, § 5 S. 186.

47 Roxin, AT I, § 4 Rn. 14; Vogel, ZStW 115 (2003), 638, 651.

48 Rüping, GA 1984, 297.

49 Rüping, GA 1984, 297, 298; Vogel, ZStW 115 (2003), 638, 652.

stets für den konkreten Einzelfall eine Strafe begründet werden konnte[50]. Der Gedanken, dass das Strafrecht auf begangene Straftaten reagieren sollte, wurde durch das primäre Ziel ersetzt, dass das Strafrecht „gefährliche Elemente aus der Gemeinschaft" ausmerzen sollte[51]. Das Strafrecht wurde somit von einem „Tatstrafrecht" zu einem „Täterstrafrecht", so dass im Ergebnis ein reines Gesinnungsstrafrecht vorlag[52]. Diese Strafrechtsauffassung führte schließlich auch zu einer der Ausweitung der Versuchsstrafbarkeit, der grundsätzlich gleichen Bestrafung von Versuchstat und vollendeter Tat und der lediglich fakultativen Strafmilderung der Versuchsstrafbarkeit[53]. Dieser Grundsatz wurde unverändert in den heutigen § 23 Abs. 2 StGB übernommen. Ferner wurde der § 49a geschaffen, welcher heute in Gestallt des § 30 StGB noch erhalten ist. Dieser erweiterte die Strafbarkeit des Versuchs auch schon in den Bereich der Vorbereitungshandlung[54].

3. Das Recht nach dem 2. Weltkrieg

Nach dem Ende des zweiten Weltkrieges wurde mit der Schaffung eines rechts- und sozialstaatlichen Strafrechts von Neuem begonnen, wobei zunächst an die Zeit der Weimarer Republik angeknüpft wurde[55]. Der Alliierten Kontrollrat versuchte dabei alle Gesetze, welche als typisch nationalsozialistisch angesehen wurde, aufzuheben. Im Zuge dieser Novellierung des StGB konnten sich jedoch auch einige, von den Nationalsozialsten eingeführten Straftatbestände halten[56]. 1953 kam es zu einer Neuverkündung des StGB, die jedoch bezüglich des Versuchs- und Rücktrittsrechts keine Neuerungen brachte. Durch das 2. StRG aus dem Jahre 1969 wurde, mit Wirkung zum 1.1.1975 der bis heute unverändert geltende § 24 StGB eingeführt, welcher den § 46 a. F. StGB ablöste[57]. § 24 StGB unterscheidet, genau wie § 46 a.F. StGB, zwischen unbeendetem und beendetem Versuch. Ferner stellt § 24 StGB als einheitliches Kriterium sowohl beim unbeendeten wie auch beim beendetem Versuch auf das Merkmal der Freiwilligkeit ab. Der neugeschaffene § 24 StGB sollte vor allem bestehende Unklarheiten und Streitfragen, welche sich im Rahmen des § 46 a.F. StGB immer wieder gestellt

---

50 Vogel, ZStW 115 (2003), 638, 651; Vormbaum, § 5 S. 198.

51 Vormbaum, § 5 S. 186.

52 Vormbaum, § 5 S. 186.

53 Vormbaum, § 5 S. 186.

54 Vormbaum, § 5 S. 208.

55 Roxin, AT I, § 4 Rn. 15; Joecks, in: MK, Einl. Rn. 82; Vogel, ZStW 115 (2003), 638, 649.

56 So zum Beispiel: §§ 23 Abs. 2; 30; 226a; 323a; 142 StGB. Vgl. dazu: Roxin, AT I, § 4 Rn. 13.

57 Lilie/Albrecht, in: LK, § 24 Entstehungsgeschichte S. 1653; Kudlich/Schuhr, in: Satzger/Schmitt/Widmaier, § 24 Rn. 2.

hatte, lösen[58]. Da § 46 a.F. StGB auf den Alleintäter zugeschnitten war, musste die Rechtsprechung und die Lehre für den strafbefreienden Rücktritt Mehrerer entsprechende Grundsätze entwickeln und anwenden[59]. Dieses Problem löst § 24 StGB heute dadurch, dass § 24 Abs. 2 StGB ausdrücklich den Rücktritt für mehrere Tatbeteiligte regelt.

B. Allgemeine Vorfragen zum Versuch

„Der Versuch ist eine auf der Grundlage der Tätervorstellung zu beurteilende mit realen Mitteln bewirkte tatbestandsnahe Gefährdung, oder im Falle seiner schon *ex ante* erkennbaren Ungefährlichkeit doch jedenfalls ein tatbestandsnaher, nach dem Urteil des Gesetzgebers mehr oder weniger rechtserschütternder, Normbruch“[60]. Diese von *Roxin* getroffene Aussage beschreibt den hinter den §§ 22, 23 StGB stehenden Normzweck und den daraus abzuleitenden Strafgrund des Versuchs.

I. Voraussetzungen des Versuchs

§ 22 StGB wirft zunächst die Frage auf, unter welchen Voraussetzungen sich der Täter auf dem Weg zur Vollendung eines Delikts bereits wegen des Versuchs strafbar gemacht hat. Aus § 22 StGB lässt sich als Voraussetzung eines strafbaren Versuchs zum einen entnehmen, dass der Täter unmittelbar zur Tat ansetzen und zum anderen ein tatbestandsnahes Handeln mit dem Vorsatz der Tatbestandsverwirklichung durchführen muss. Dieses tatbestandsnahe Handeln muss gemäß dem Wortlaut des § 22 StGB „nach seiner Vorstellung von der Tat“, also auf Grundlage der Tätervorstellung erfolgen. Als negative Voraussetzung ist das Fehlen der tatbestandlichen Vollendung notwendig.

1. Der Tatentschluss und das unmittelbare Ansetzten

Jeder Versuch setzt zwingend voraus, dass der Täter einen auf die Vollendung des Delikts gerichteten Tatentschluss hat. Der Täter muss sich also die Tat in

---

58 Lilie/Albrecht, in: LK, § 24 Entstehungsgeschichte S. 1653; Kudlich/Schuhr, in: Satzger/Schmitt/Widmaier, § 24 Rn. 2.

59 Lilie/Albrecht, in: LK, § 24 Entstehungsgeschichte S. 1654.

60 Roxin, AT II, § 29 Rn. 1.

groben Zügen bereits vorgestellt haben[61]. Daraus folgt aber auch, dass dem deutschen Strafrecht der Begriff des fährlässigen Versuchs nicht bekannt ist[62]. Denn wer fahrlässig handelt, kann sich nicht bereits die Tat in groben Zügen vorgestellt haben.

Um überhaupt in den Bereich des strafbaren Versuchs zu gelangen, muss der Täter im Sinne von § 22 StGB unmittelbar zur Tat angesetzt haben. Fehlt dieses unmittelbare Ansetzen liegt eine grundsätzlich straflose Vorbereitungshandlung vor[63].

a) Die gemischt subjektiv-objektive Theorie

Die herrschende Meinung in Rechtsprechung und Literatur vertritt zu der Frage, wann ein unmittelbares Ansetzten zu bejahen ist, die sogenannte gemischt subjektiv-objektive Theorie[64], für welche sich auch der Gesetzgeber angesichts des eindeutigen Wortlautes des § 22 StGB entschieden hat[65]. Sie geht von der Vorstellung des Täters von der Tat und der Unmittelbarkeit des Angriffs auf das geschützte Rechtsgut aus und verbindet somit subjektive und objektive Kriterien[66]. Das wesentliche Kriterium für die Abgrenzung zwischen Vorbereitungshandlung und Versuch ist hierbei die unmittelbare Gefährdung des geschützten Rechtsguts. Ob eine Gefährdung des Rechtsguts vorliegt, wird dabei anhand des Tatplans des Täters ermittelt[67]. Ausgangspunkt bei der Abgrenzung ist somit der Tatplan des Täters. Zu beachten ist hierbei jedoch, dass der Tatplan nur die Grundlage ist. Der Maßstab, ob tatsächlich eine Gefährdung des geschützten Rechtsguts vorliegt, ist ein objektiver[68]. Wann ein unmittelbares Ansetzen vorliegt, kann im Einzellfall schwierig zu beantworten sein. Unproblematisch liegt

---

61 Herzberg, in: MK, § 22 Rn. 34 ff.; so auch in der 2. Auflage Herzberg/Hoffmann-Holland in: MK, § 22 Rn. 34ff; Lackner/Kühl, § 22 Rn. 1, 2 ff.; Joecks, § 22 Rn. 3; Eser, in: Schönke/ Schröder, § 22 Rn. 17 ff.; Hillenkamp, in: LK, Vor § 22 Rn. 3 ff.; Jescheck/Weigend, AT, § 49 S. 515; Heinrich, AT I, Rn. 721; Wessels/Beulke, AT, Rn. 598; Roxin AT II, § 29 Rn. 4.

62 Roxin, AT II, § 29 Rn. 4; Heinrich, AT I, Rn. 659; Jescheck/Weigend, AT, § 49 S. 515;, § 22 Rn. 1; Eser, in: Schönke/Schröder, § 22 Rn. 22; Hillenkamp, in: LK, Vor § 22 Rn. 14.

63 Eine Ausnahme hierzu bildet § 30 StGB und einige weitere Paragraphen, wie z.B. bei §§ 149; 96 Abs. 1, 264, 265, 265b, 267 Abs. 1, 1.Alt., §§ 83, 87, 98, 99, § 234a Abs. 3 StGB.

64 BGH, NStZ 1999, 395, 396; BGHSt 28, 162 f.; 43, 177; Jescheck/Weigend, AT, § 49 S. 516; Heinrich, AT I, Rn. 724; Wessels/Beulke, AT, Rn. 599; Hillenkamp, in: LK, § 22 Rn. 61; Fischer, § 22 Rn. 7.

65 Hillenkamp, in: LK, § 22 Rn. 62.

66 Eser, in: Schönke/Schröder, § 22 Rn. 31; Jescheck/Weigend, AT, § 49 S. 516; Heinrich, AT I, Rn. 724.

67 BGHSt 28, 162, 163; 43, 177, 179; Eser, in: Schönke/Schröder, § 22 Rn. 31; Heinrich, AT I, Rn. 725; Fischer, § 22 Rn. 8.

68 Eser, in: Schönke/Schröder, § 22 Rn. 33 f.

ein unmittelbares Ansetzen für die herrschende Meinung bereits dann vor, wenn der Täter eine Teilverwirklichung des Tatbestandes begangen hat[69]. Problematischer ist die Bejahung des unmittelbaren Ansetzens jedoch dann, wenn noch keine Teilverwirklichung des Tatbestandes gegeben ist. Hier wird zum Teil vertreten, dass ein unmittelbares Ansetzen immer dann vorliegt, wenn zwischen den schon entwickelten Tätigkeiten des Täters und der eigentlichen Tathandlung keine weiteren Teilakte mehr durchgeführt werden müssen[70]. Ein Indiz hierfür ist ein unmittelbarer zeitlicher und räumlicher Zusammenhang zur Tatbestandsverwirklichung[71].

Eine andere Ansicht sieht den Beginn des Versuchs erst dann als gegeben an, wenn das betroffene Rechtsgut aus Sicht des Täters bereits unmittelbar gefährdet erscheint[72]. Dies ist zum Beispiel dann der Fall, wenn der Täter plant in ein Haus einzubrechen, indem er die Fenstergitter mit einer Winde auseinander biegt. Wenn er diese Winde drei Tage vor dem geplanten Einbruch in der Nähe des Hauses bereitlegt, liegt nach dieser Ansicht bereits ein unmittelbares Ansetzen vor[73].

Wieder eine andere Ansicht geht davon aus, dass ein unmittelbares Ansetzen erst dann gegeben ist, wenn der Täter in den Schutzbereich des Opfers vorgedrungen ist und deswegen davon ausgegangen werden muss, dass es bald zu einer Rechtsgutsverletzung kommt[74].

b) Die sogenannte Ansatzformel

Obschon jede der oben genannten Ansichten einige gute Ansätze in sich trägt, kann keine der genannten Meinungen für sich genommen eine widerspruchsfreie Antwort auf die Frage geben, ab wann ein unmittelbares Ansetzen des Täters vorliegt. Aus diesem Grund vertritt die herrschende Meinung[75] im Rahmen der gemischt objektiv-subjektiven Theorie die sogenannte Ansatzformel, welche die oben dargestellten Ansichten miteinander verbindet. Nach diesem kombinierten

69 Jescheck/Weigend, AT, § 49 S. 520; Wessels/Beulke, AT, Rn. 599; Roxin, AT II, § 29 Rn. 110; Fischer, § 22 Rn. 9.

70 Wessels/Beulke, AT, Rn. 600; Hillenkamp, in: LK, § 22 Rn. 77; Fischer, § 22 Rn 10.

71 Joecks, § 22 Rn. 22.

72 BGH, NJW 1990, 2072; Otto, AT, § 18 Rn. 30; Heinrich, AT I, Rn. 729; Eser, in: Schönke/Schröder, § 22 Rn. 42.

73 BGHSt 22, 380.

74 Jakobs, AT, 26. Abschn. Rn. 68; Wessels/Beulke, AT, Rn. 600; Heinrich, AT I, Rn. 729; Roxin, JuS, 1979, S. 1, 5; ders. in: AT II, § 29 Rn. 139.

75 BGH, NStZ 1989, 473; BGH, NStZ 1993, 133; BGHSt 28, 162, 163; Wessels/Beulke, AT, Rn. 601; Heinrich, AT I, Rn. 726; Fischer, § 22 Rn.10; Hillenkamp, in: LK, § 22 Rn. 66; Roxin, AT II, § 29 Rn. 126.

Ansatz liegt ein unmittelbares Ansetzen immer dann vor, wenn der Täter subjektiv die Schwelle zum „jetzt-geht-es-los“ überschritten hat und objektiv in der Art zur tatbestandsmäßigen Angriffshandlung angesetzt hat, dass es ohne wesentliche Zwischenschritte zur Tatbestandserfüllung kommt[76]. Es genügt jedoch nicht jedes beliebige Ansetzen zu einer Angriffshandlung. Das Verhalten des Täters muss vielmehr nach dem Gesamtplan des Täters so eng mit der tatbestandlichen Ausführungshandlung zusammenhängen, dass es bei ungestörtem Fortgang unmittelbar zur Verwirklichung des Tatbestandes führt oder aber mit ihm in räumlichen und zeitlichen Verhältnis mit der Tatbestandverwirklichung steht[77]. So bejaht der BGH ein unmittelbares Ansetzen zum Beispiel dann, wenn die Täter einen Tankwart berauben wollen und sich dafür vor dessen Haustüre bereits die Strumpfmasken über die Kopf ziehen und dann an der Türe läuten[78].

2. Der untaugliche Versuch

Als letzte Aussage kann aus dem Wortlaut des § 22 StGB herausgelesen werden, dass auch der sogenannte untaugliche Versuch strafbar ist. Ein untauglicher Versuch liegt vor, wenn die auf die Verwirklichung eines Straftatbestandes abzielende Handlung des Täters aus tatsächlichen oder rechtlichen Gründen unter den gegebenen Umständen nicht zur Vollendung führen kann[79]. Dabei ist es unerheblich, ob die Unmöglichkeit der vollständigen Erfüllung des Tatbestandes an der Tauglichkeit des Tatobjekts, des Tatmittels oder des Tatsubjekts scheitert[80].

Die Strafbarkeit des untauglichen Versuchs ist heute weitgehend anerkannt[81], da sie von §§ 22, 23 Abs. 3 StGB vorausgesetzt wird[82]. So geht § 23 Abs. 3

---

76 BGH, NStZ 1989, 473; BGH, NStZ 1993, 133; BGHSt 28, 162, 163; Wessels/Beulke, AT, Rn. 601; Heinrich, AT I, Rn. 726; Fischer, § 22 Rn.10; Hillenkamp, in: LK, § 22 Rn. 66; Roxin, AT II, § 29 Rn. 126.

77 BGH, NJW 1952, 514, 515; Fischer, § 22 Rn. 10; Wessels/Beulke, AT, Rn. 601; Kühl, JuS 1980, 654, 811; ders. § 22 Rn. 4.

78 BGHSt 26, 201 ff.

79 Jescheck/Weigend, AT, § 49 S. 529; Wessels/Beulke, AT, Rn. 619; Roxin AT II, § 29 Rn. 35; Eser, in: Schönke/Schröder, § 22 Rn. 60; Hillenkamp, in: LK, § 22 Rn. 183; Fischer, § 22 Rn. 39; Heinrich, JURA 1998, 393; ders., in: AT I, Rn. 668.

80 BGHSt 42, 272; 41, 95; Heinrich, JURA 1998, 393, 394; ders., in: AT I, Rn. 670 f.; Roxin, AT II, § 29 Rn. 347 ff.; Jescheck/Weigend, AT, § 49 S. 529; Fischer, § 22 Rn. 44–46.

81 A.A. insoweit Köhler, AT, Kapitel 8, der eine Strafbarkeit des untauglichen Versuchs ablehnt.

82 BGHSt 4, 254; 40, 299, 302; Wessels/Beulke, AT, Rn. 620; Jescheck/Weigend, AT, § 49 S. 530; Roxin, AT II, § 29 Rn. 6; Rengier, AT, § 35 Rn. 1 und 8; Hillenkamp, in: LK, § 22 Rn. 183; Eser, in: Schönke/Schröder, § 22 Rn. 60; Fischer, § 22 Rn. 40; Heinrich, JURA 1998, 393.

StGB davon aus, dass das Gericht die Strafe nach § 49 Abs. 2 StGB mildern kann, wenn der Täter aus groben Unverstand verkannt hat, dass seine Tat wegen Untauglichkeit des Objekts oder des Mittels überhaupt nicht zur Vollendung führen kann. Wenn jedoch dem Gericht ein Ermessen bezüglich der Strafmilderung eingeräumt ist, setzt dies zunächst voraus, dass ein strafbares Verhalten vorliegt, da das Gericht ansonsten überhaupt keine Strafe feststellen und somit also auch keine Strafmilderung aussprechen kann[83]. Auch § 22 StGB geht von der Strafbarkeit des untauglichen Versuchs aus, da es eben entscheidend sein soll, dass der Täter nach seiner Vorstellung von der Tat zur Verwirklichung des Tatbestandes angesetzt hat. Wenn aber die Vorstellung des Täters von der Tat entscheidend ist, kommt es nicht darauf an, ob der Versuch auch objektiv gefährlich ist[84].

Von der grundsätzlichen Strafbarkeit des untauglichen Versuchs muss der sogenannte irreale Versuch ausgenommen werden. Dies sind Fälle, bei denen jedem Menschen nach dem heutigen Stand der Wissenschaft klar sein muss, dass eine Gefährdung eines Rechtsguts nicht möglich ist[85]. So zum Beispiel, wenn jemand ein Foto eines anderen Menschen mit Flüchen belegt und hofft, dies führe zum Tod des Menschen[86]. Hier liegt kein strafbarer Versuch vor. Dies ergibt sich zwar nicht direkt aus dem Gesetz, da sich § 23 Abs. 3 StGB seinem Wortlaut nach auch auf den irrealen Versuch erstrecken könnte. Jedoch fehlt es beim irrealen Versuch an dem Tatbestandsvorsatz, da der Täter hier zu Mitteln greift, die er nicht wirklich beherrschen kann (Verhexen, Verzaubern etc.). Worauf man jedoch keinen Einfluss hat und sich den Erfolg vielmehr nur herbeiwünschen kann, kann sich auch kein Vollendungsvorsatz beziehen[87]. Bei dem irrealen Versuch fehlt auch die Möglichkeit, dass die Allgemeinheit in ihrem Glauben an die Funktionstüchtigkeit der Rechtsordnung erschüttert wird[88]. Bei einem irrealen Versuch ist jedem objektiven Dritten klar, dass es nie zu einer Gefährdung des Rechtsgutes kommen kann. Eine Bestrafung ist dann weder aus general- noch aus spezialpräventiven Gesichtspunkten heraus notwendig[89].

---

83 Heinrich, JURA 1998, 393; ders, in: AT I, Rn. 673.

84 Heinrich, JURA 1998, 393, ders., in: AT I, Rn. 673.

85 Lackner/Kühl, § 22 Rn. 14; Wessels/Beulke, AT, Rn. 620; Rengier, AT, § 35 Rn. 13; Roxin, AT II, § 29 Rn. 8; ders. JuS 1973, 329, 330; Heinrich, JURA 1998, 393.

86 Heinrich, AT I, Rn. 678.

87 Wessels/Beulke, AT, Rn. 620; Jescheck/Weigend, AT, § 49 S. 532; Kretschmer, JR 2004, 444, 445.

88 Heinrich, AT I, Rn. 680; Roxin, AT II, § 29 Rn. 369; Wessels/Beulke, AT, Rn. 620; Jescheck/Weigend, AT, § 49 S. 532.

89 Roxin, AT II, § 29 Rn. 8; Heinrich, AT I, Rn. 680.

II. Der Strafgrund des Versuchs

Nicht ohne Relevanz für die Auslegung der Rücktrittsvorschriften ist die grundsätzliche Frage, warum der Versuch überhaupt unter Strafe gestellt ist. § 23 StGB regelt lediglich, unter welchen Voraussetzungen der Versuch einer Tat strafbar ist. Der Strafgrund des Versuchs ist dagegen seit langem umstritten und bis heute nicht abschließend geklärt. Es haben sich jedoch drei große Meinungsrichtungen[90] herausgebildet, welche im Folgenden kurz dargestellt werden.

1. Die objektive Theorie

Nach der sogenannten objektiven Theorie liege die Strafwürdigkeit des Versuchs einzig in der konkreten Gefährdung des Rechtsguts durch die begangene Tat[91]. Alle subjektiven Kriterien seien der Schuld zuzuordnen[92]. Zudem ergebe sich die Strafwürdigkeit auch aus dem negativen Eindruck, den das Verhalten des Täters nach außen wiedergibt. Bei der Bevölkerung werde durch das Handeln des Täters das allgemeine Rechtsbewusstsein beeinträchtigt, so dass hier eine Bestrafung des Täters erfolgen muss[93]. Für diese Ansicht spricht vor allem die Tatsache, dass durch die Handlungen des Täters beim tauglichen Versuch als dem Regelfall eines strafbaren Versuchs eine tatsächliche Gefährdung des Rechtsguts vorliegt und der Allgemeinheit in diesem Fall durch die Bestrafung des Täters gezeigt werden soll, dass eine funktionstüchtige Strafrechtspflege existiert.

Gegen diese Ansicht spricht jedoch, dass § 22 StGB neben dem unmittelbaren Ansetzen auch auf die persönliche Vorstellung des Täters verweist, so dass eine Theorie, die sich nur am Erfolgsunwert orientiert, nicht mehr haltbar ist. Der klare Wortlaut des § 22 StGB stellt eben gerade auch auf subjektive Kriterien ab („wer nach seiner Vorstellung von der Tat ...“)[94]. Ferner spricht gegen die rein objektive Betrachtungsweise, dass auch subjektive Komponenten im Tatbestand

---

90 innerhalb dieser drei großen Gruppen, werden die einzelnen Meinungen mit geringen Unterschieden im Detail wieder in einzelne Meinungen unterteilt.

91 Eser, in: Schönke/Schröder, Vor § 22 Rn. 18; Jescheck/Weigend, AT, § 49 S. 512; ähnlich auch Herzberg, in: MK, § 22 Rn. 4 ff., welcher den Strafgrund des Versuchs als genau den gleichen wie auch bei der Vollendung versteht, nämlich dem Schutz der Werte und der Interessen, welche die vollendete Straftat beeinträchtigen würde; anders in der 2. Auflage Herzberg/Hoffmann-Holland in: MK, § 22 Rn. 4ff., welcher die subjektive Theorie zwar „lobt“ da sie die Strafgrundbeschreibung zutreffend beschreibt, jedoch im Ergebnis der Ansicht ist, dass die subjektive Theorie nur beschreibt, was schon das Gesetz sagt.

92 Eser, in: Schönke/Schröder, Vor § 20 Rn. 19.

93 Heinrich, AT I, Rn. 635.

94 Jescheck/Weigend, AT, § 49 S. 513; Roxin, AT II, § 29 Rn. 25.

bei der Bestimmung des Unrechts eine Rolle spielen. Diese subjektiven Vorstellungen müssen jedoch ebenfalls beachtet werden[95]. Auch der Wortlaut des § 23 Abs. 3 StGB spricht gegen die objektive Theorie. § 23 Abs. 3 StGB geht nämlich davon aus, dass auch der Versuch, welcher objektiv gesehen völlig ungefährlich ist, strafbar sein kann[96]. Die objektive Theorie käme im Fall eines objektiv ungefährlichen Versuchs jedoch zu dem Ergebnis, dass kein strafbares Verhalten vorliegt, weil eine konkrete Gefährdung des Rechtsguts ja gar nicht gegeben ist[97]. Da aber heute die Strafbarkeit eines objektiv ungefährlichen Versuchs anerkannt ist[98], kann es nicht sein, dass die subjektiven Vorstellungen des Täters völlig außer Acht gelassen werden[99].

Eine weitere Schwäche der objektiven Theorie ist, dass der Begriff der „Gefährlichkeit" keinen zuverlässigen Maßstab für die Abgrenzung zur grundsätzlich straflosen Vorbereitung bietet[100]. Wenn es wirklich nur auf die Gefährlichkeit ankommen würde, wäre auch schon eine Vorbereitungshandlung strafbar, da auch eine Vorbereitungshandlung eine Gefahr darstellen kann. Dies ist jedoch vom Gesetzgeber nicht gewollt, weil sich dies aus dem Umkehrschluss aus § 30 StGB ergibt. Denn hier wird ausdrücklich erwähnt, dass ausnahmsweise die Verabredung zu einem Verbrechen strafbar ist. Diese Ausnahme rechtfertigt sich daraus, dass § 30 StGB von mehreren Beteiligten ausgeht, so dass in diesem Fall eine größere Gefährlichkeit als bei einem Einzeltäter vorliegt. In dieser Konstellation ist dann auch außnahmsweise bereits die Gesinnung des Täters – in Verbindung mit einem kommunikativen Akt (Verabreden, Anstiftung etc.) –, eine Straftat zu begehen ausreichend, um eine Strafe zu rechtfertigen[101]. Die bloße Gesinnung eine Straftat zu begehen, wird von dem deutschen Strafrecht nämlich grundsätzlich nicht unter Strafe gestellt[102]. Wenn es jedoch lediglich auf die Betätigung des rechtsfeindlichen Willens ankäme, wäre schon jede Vorbereitung einer Straftat die Betätigung eines rechtsfeindlichen Willens und somit strafbar[103]. Dies ist jedoch von dem deutschen Gesetzgeber, bis auf die genannte

---

95 Haft, AT, S. 223; Herzberg, in: MK, § 22 Rn. 9; so auch in der 2. Auflage Herzberg/Hoffmann-Holland in: MK, § 22 Rn. 17ff.

96 Vgl. dazu 1. Kapitel B. I. 1.

97 Heinrich, AT I, Rn. 635; Jescheck/Weigend, AT, § 49 S. 513;Joecks, § 22 Rn. 12.

98 Vgl. oben 1. Kapitel B I. 2

99 Herzberg, in: MK, § 22 Rn. 9; so auch in der 2. Auflage Herzberg/Hoffmann-Holland in: MK, § 22 Rn. 17ff.

100 Roxin, AT II, § 29 Rn. 28.

101 BGHSt 1, 309; 44, 103; BGH, NStZ 1998, 347; Roxin, AT II, § 28 Rn. 5 ff.; Kühl, AT, § 20 Rn. 244.

102 Hillenkamp, in: LK, Vor § 22 Rn. 66; Heinrich, AT I, Rn. 634; Meyer, ZStW 87 (1975), 599, 601.

103 Roxin, AT II, § 29 Rn. 35.

Ausnahme des § 30 StGB, nicht gewollt. Daneben gibt es noch einige andere Tatbestände, welche auf Grund der besonderen Gefährlichkeit ebenfalls bereits Vorbereitungshandlung unter Strafe stellen[104].

2. Die subjektive Theorie

Die sogenannte subjektive Theorie sieht den Strafgrund des Versuchs in dem betätigten rechtsfeindlichen Willen des Versuchstäters[105]. Die Wurzeln der subjektiven Theorie liegen in der Zeit der CCC und ansatzweise des ALR[106]. In dieser Zeit wurde die moralische Gesinnung und das Rechtshandeln, welches die äußere Freiheit betraf, noch nicht getrennt[107].

Auch das Reichsgericht ging von der subjektiven Theorie aus. So führte es aus, dass das Gesetz genau den verbrecherischen Willen bestrafen wolle, der zum Ausdruck kommt, wenn es zu einem Versuch kommt[108]. Diese Ansicht geht davon aus, dass nicht die tatsächliche Gefährdung des geschützten Rechtsguts, sondern einzig das im betätigten Deliktsvorsatz verwirklichte Handlungsunrecht ausschlaggebend für die Strafbarkeit sei[109]. Die subjektive Theorie geht ferner davon aus, dass das Minus auf der objektiven Seite die Strafwürdigkeit im Verhalten des Täters nicht beseitige. Entscheidend sei eben gerade die Betätigung des rechtsfeindlichen Willens. Dieser rechtsfeindliche Wille sei bei einem Versuch eben so stark wie bei einem vollendeten Delikt, so dass auch auf der Rechtsfolgenseite[110] kaum ein Unterschied zwischen Versuch und Vollendung gemacht werden kann[111]. Der BGH hat sich – scheinbar – ebenfalls der subjektiven Theorie angeschlossen, ohne jedoch nochmals ausdrücklich auf das Problem des Strafgrundes des Versuchs einzugehen[112].

Zustimmung verdient diese Ansicht in dem Punkt, dass dem subjektiven Element beim Versuch erhebliche Bedeutung zukommt, da sonst nicht sinnvoll

---

104 So z.B. §§ 96 Abs. 1; 149; 264, 265, 265b, 267 Abs. 1, 1. Alt., 83, 87, 98, 99, 234a Abs. 3 StGB

105 BGHSt 4, 254; RGSt 1, 439, 441; Eser, in: Schönke/Schröder, Vor § 22 Rn. 21; Lackner/Kühl, § 22 Rn. 11; Köhler, AT, 1., 1.2; Heinrich, AT I, Rn. 634.

106 Vgl. Kapitel 1. A. IV., V.

107 Köhler, AT, 1., 1.2.

108 RGSt 1, 439, 441.

109 Hillenkamp, in: LK, Vor § 22 Rn. 64.

110 Bis zur NS-Zeit wurde jedoch zwingend eine Strafmilderung bei einem Versuchsdelikt vorgenommen.

111 Baumann/Weber/Mitsch, AT, § 26 Rn. 16.

112 BGHSt 2, 74, 76; 4, 254; 11, 324; 41, 94, 96; Hillenkamp, in: LK, Vor § 22 Rn. 57.

beurteilt werden kann, ob überhaupt ein Versuch vorliegt[113]. Jedoch spricht gegen diese Ansicht der Wortlaut des § 22 StGB, der neben der persönlichen Vorstellung des Täters eben auch den objektiven Moment des „unmittelbaren Ansetzens“ mitberücksichtigt. Auch muss beachtet werden, dass die subjektive Theorie unter Umständen die Strafbarkeit des Versuchs zu sehr ausdehnt[114]. Dies kann vor allem in zeitlicher Hinsicht geschehen, indem bei der subjektiven Theorie eventuell schon Vorbereitungshandlungen strafbar wären. Eine Vorbereitungshandlung ist jedoch, wie oben dargestellt[115], nach der Konzeption des StGB grundsätzlich straffrei. Die subjektive Theorie kann auch dazu führen, dass Moral und Recht zu sehr miteinander vermischt werden, so dass im Ergebnis eben doch schon die bloße verbrecherische Intention (Gesinnungsstrafrecht) strafbar wäre[116]. Wenn man nämlich den Strafgrund des Versuchs lediglich in der rechtsfeindlichen Gesinnung sehen würde, würde der Täter in erster Linie nicht für das bestraft, was er tatsächlich begangen hat, sondern für das, „was er vermutlich zu tun gedenke“[117]. Dies würde wiederum zu einem reinen Gesinnungsstrafrecht führen, was von dem deutschen Gesetzgeber nicht gewollt ist[118]. Die Ausdehnung der subjektiven Theorie führt auch zu Problemen beim untauglichen Versuch[119]. Wie oben bereits ausgeführt, muss der untaugliche Versuch vom irrealen Versuch unterschieden werden[120]. Genau hier liegt das Problem der Ausdehnung der Strafbarkeit bei der subjektiven Theorie. Da es nach der subjektiven Theorie eben nur auf den verbrecherischen Willen des Täters ankommt, wäre danach auch schon ein irrealer Versuch strafbar. Die subjektive Theorie kommt zu einer prinzipiellen Gleichstellung zwischen Versuch und Vollendung, da in beiden Fällen der rechtsfeindliche Wille der Gleiche ist[121].

Zuletzt spricht gegen die rein subjektive Theorie, dass es nicht gewollt ist, dass der Versuch stets das Gegenteil der Vollendung darstellt. Denn nach der subjektiven Theorie liegt der Strafgrund des Versuchs in der Betätigung des rechtsfeindlichen Willens, der Strafgrund der Vollendung liegt jedoch im Er-

---

113 Eser, in: Schönke/Schröder, Vor § 22 Rn. 21.

114 Eser, in: Schönke/Schröder, Vor § 22 Rn. 21.; Herzberg, in: MK, § 22 Rn. 13; so auch in der 2. Auflage Herzberg/Hoffmann-Holland in: MK, § 22 Rn. 3ff; Hillenkamp, in: LK, Vor § 22 Rn. 66; Köhler, AT, 1., 1.2; Roxin, AT II, § 29 Rn. 35; Jescheck/Weigend, AT, § 49 S. 513; Meyer, ZStW 87 (1975), 599, 603.

115 Vgl. 1. Kapitel B. I.

116 Köhler, AT, 1., 1.2.

117 Hillenkamp, in: LK, § 22 Rn. 68.

118 Vgl. 1. Kapitel B. II. 1.

119 Vgl. 1. Kapitel B. I. 2.

120 Vgl. 1. Kapitel B. I. 2.

121 Jescheck/Weigend, AT, § 49 S. 513; Heinrich, AT I, Rn. 634.

folg[122]. Bei diesem Ansatz wird verkannt, dass der Versuch grundsätzlich eine Durchgangsstufe und ein Vorstadium der Vollendung darstellt[123]. Der Versuch stellt also auch schon eine Rechtsgutsbeeinträchtigung und eine notwendige Vorstufe zur Vollendung dar. Wenn hier von einem Gegensatzverhältnis ausgegangen werden würde, würde dies dazu führen, dass der Versuch vom Tatbestand gelöst würde[124]. Dies würde jedoch das Strafrecht in zwei nicht verbundene Teile reißen, was den dogmatischen Grundlagen des deutschen Strafrechts nicht entspricht[125].

3. Die Eindruckstheorie

Da weder die rein objektive noch die rein subjektive Theorie überzeugen kann, vertritt die herrschende Lehre die sogenannte Eindruckstheorie[126]. Sie sieht den Strafgrund des Versuchs in der Betätigung des rechtsfeindlichen Willens, der bei der Allgemeinheit zu einer Erschütterung des Rechtsbewusstseins und zu einer Gefährdung des Rechtsfriedens führen kann. Bei der Versuchsstrafbarkeit geht es nicht etwa um die Sanktionierung eines Einzelnen, der eine verwerfliche Handlung begangen hat, sondern vielmehr um die Abwehr sozialschädlicher Angriffe[127].

Für diese Theorie spricht zunächst der Wortlaut des § 22 StGB, der zum Einen auf subjektive („nach seiner Vorstellung der Tat …“), zum anderen aber eben auch auf objektive Kriterien („unmittelbares Ansetzen zur Verwirklichung des Tatbestandes“) abstellt, womit sich der Gesetzgeber für die gemischt subjektiv-objektive Theorie entschieden hat. Ferner kann zur Begründung dieser Ansicht auch die Lehre der positiven Generalprävention herangezogen werden. Diese Lehre besagt, dass es Zweck der Strafe ist, die Rechtstreue und das Vertrauen der Allgemeinheit in die Rechtsordnung zu bestärken und den Bürger in dem vorhanden Rechtsbewusstsein zu stärken[128]. Wenn ein Täter nun seinen

---

122 Roxin, AT II, § 29 Rn. 37.

123 Roxin, AT II, § 29 Rn. 37.

124 Roxin, AT II, § 29 Rn. 37.

125 Roxin, AT II, § 29 Rn. 37.

126 Eser, in: Schönke/Schröder, Vor § 22 Rn. 22; Hillenkamp, in: LK, Vor § 22 Rn. 77; Jescheck/Weigend, AT, § 49 S. 514; Heinrich, AT I, Rn. 636; Roxin, AT II, § 29 Rn. 10; Wessels/Beulke, AT, Rn. 594.

127 Eser, in: Schönke/Schröder, Vor § 22 Rn. 22; Hillenkamp, in: LK, Vor § 22 Rn. 77; Jescheck/Weigend, AT, § 49 S. 514; Heinrich, AT I, Rn. 636; Roxin, AT II, § 29 Rn. 10; Wessels/Beulke, AT, Rn. 594.

128 Kindhäuser, AT, § 30 Rn. 10; Jescheck/Weigend, AT, § 49 S. 68; Stree, in: Schönke/Schröder, Vor § 38 Rn. 2.

rechtsfeindlichen Willen in einer Art nach außen getragen hat, dass das Vertrauen der Allgemeinheit in die Rechtsordnung gestört ist, muss dieser Täter bestraft werden, um der Bevölkerung zu zeigen, dass sie der Rechtsordnung auch weiterhin vertrauen kann.

Diese Theorie hat auch nicht die oben beschriebene Schwäche, dass sie die Strafbarkeit auf die Vorbereitungshandlung ausdehnt, da eine bloße Vorbereitung eben in den meisten Fällen noch keinen rechtserschütternden Eindruck bei der Allgemeinheit hervorruft. Vielmehr nimmt der rechtserschütternde Eindruck der Allgemeinheit zu, je eher die Tat zur Vollendung gelangt. Daher erklärt die Eindruckstheorie gut, warum der abergläubische Versuch und die Vorbereitungshandlungen straflos (rechtserschütternder Eindruck entsteht nicht), der untaugliche Versuch und der taugliche Versuch (rechtserschütternder Eindruck entsteht) dagegen strafbar sind[129]. Ferner verbindet diese Theorie sowohl subjektive als auch objektive Komponenten, so dass es nicht zu dem bei der subjektiven Theorie geschilderten Problem kommen kann, dass Versuch und Vollendung in einem Gegensatzverhältnis stehen[130]. Vielmehr macht die Eindruckstheorie deutlich, dass der Versuch und die Vollendung eine Einheit darstellen, da es zum einen auf die Erschütterung des Rechtsbewusstseins der Allgemeinheit ankommt, zum anderen aber eben auch auf die Gefährdung des Rechtsguts.

III. Der strafbefreiende Rücktritt nach § 24 StGB

Wenn durch das unmittelbare Ansetzen des Täters die Schwelle zum strafbaren Versuch erreicht ist, besteht für ihn die Möglichkeit, von diesem Versuch strafbefreiend zurückzutreten. § 24 StGB regelt dabei, unter welchen Voraussetzungen der Täter strafbefreiend vom Versuch zurücktreten kann. § 24 Abs. 1 StGB betrifft dabei den Rücktritt des Einzeltäters, § 24 Abs. 2 StGB den Rücktritt bei mehreren Tatbeteiligten.

Die Rechtsnatur des § 24 StGB ist umstritten, auch wenn sich im Laufe der Zeit eine herrschende Meinung in Rechtsprechung und Literatur herausgebildet hat. Die Rücktrittsregelung des § 24 StGB begründet dogmatisch nach herrschender Meinung einen persönlichen Strafaufhebungsgrund, da der freiwillige Rücktritt die bereits eingetretene Versuchsstrafbarkeit wieder aufhebt, ohne jedoch die Tatbestandsmäßigkeit, die Rechtswidrigkeit und den Schuldvorwurf

129 Roxin, AT II, § 29 Rn. 46.
130 Hillenkamp, in: LK, Vor § 22 Rn. 79.

entfallen zu lassen[131]. Die strafbefreiende Wirkung des Rücktritts kommt vielmehr erst dann zur Geltung, wenn die Strafbarkeitsvoraussetzungen erfüllt sind[132]. Eine andere Ansicht sieht in § 24 StGB einen Entschuldigungsgrund[133].

IV. Gründe für die Straffreiheit beim Rücktritt

§ 24 StGB gewährt dem Täter bei einem freiwilligen Rücktritt volle Straffreiheit bezüglich des versuchten Delikts. Über die Frage, warum der Gesetzgeber in diesem Fall die volle Straffreiheit gewährt, herrscht seit fast 200 Jahren ein Streit, der noch immer nicht abschließend gelöst ist[134]. Es existieren etliche Theorien zu der Frage, warum der Täter bei einem Rücktritt Straffreiheit erlangt. Die Wichtigsten werden im Folgenden dargestellt.

1. Die Rechtstheorien

Früher wurden zu diesem Problem die sogenannten Rechtstheorien vertreten[135]. Diese Theorien gingen mit unterschiedlichen Schwerpunkten davon aus, dass der Rücktritt ein zwingendes rechtliches Hindernis für die Bestrafung beim Versuch darstelle. Sie besagten, dass der freiwillige Rücktritt die Tat an sich, also die Tatbestandsmäßigkeit und die Rechtswidrigkeit entfallen lasse[136]. Für diese Ansicht spricht sicherlich, dass Versuch und Rücktritt nicht isoliert neben einander stehen. Vielmehr setzt jeder Rücktritt zunächst einen strafbaren Versuch voraus[137]. Trotzdem müssen diese Theorien heute als überholt abgelehnt werden. Selbst wenn unbestritten ist, dass jeder Rücktritt einen strafbaren Versuch voraussetzt, ist es trotzdem nicht zwingend so, dass der Versuch und der Rücktritt eine untrennbare Einheit und eine einheitliche Tat darstellen[138]. Vielmehr bleibt

131 BGH, StV 1982, 1; RGSt 6, 341, 342; Wessels/Beulke, AT, Rn. 626; Baumann/Weber/Mitsch, AT, § 27 Rn. 4; Heinrich, AT I, Rn. 763; Rengier, § 37 Rn. 1; Frister, AT, 24. Kapitel Rn. 6; Eser, in: Schönke/Schröder, § 24 Rn. 4; Kudlich/Schuhr, in: Satzger/Schmitt/Widmaier, § 24 Rn. 5; Kudlich, JuS 1999, 240.

132 Kühl, AT, § 16 Rn. 8; Lilie/Albrecht, in: LK, § 24 Rn. 43.

133 Rudolphi, in: SK, § 24 Rn. 6; Roxin, AT II, § 30 Rn. 30; Otto, AT, § 19 Rn. 6; Ambos, in: Dölling/Duttge/Rössner, § 24 Rn. 2.

134 Roxin, AT II, § 30 Rn. 3.

135 Roxin, AT II, § 30 Rn. 11; Maurach/Gössel/Zipf, AT, § 41 Rn. 7; Jesckeck/Weigend, AT, § 49 S. 538.

136 Vgl. Roxin, AT II, § 30 Rn. 11, Maurach/Gössel/Zipf, AT, § 41 Rn. 7.

137 Maurach/Gössel/Zipf, AT, § 41 Rn. 9.

138 Maurach/Gössel/Zipf, AT, § 41 Rn. 9; Roxin, AT II, § 30 Rn. 12.

ein Versuch eine Versuchstat, auch wenn dem Versuch ein Rücktritt folgt. Auch kann man nicht davon ausgehen, dass ein strafbefreiender Rücktritt zwingend das Unrecht des Versuchs beseitigt[139]. Ferner kann der Gedanke, dass der Rücktritt die Tatbestandsmäßigkeit und Rechtswidrigkeit entfallen lässt, nicht überzeugen. Vielmehr ergeben sich bei dieser Argumentation im Hinblick auf die Teilnehmer einer Tat Probleme, die in etlichen Fällen zu unbilligen Ergebnissen führen können[140]. Wenn nämlich bei dem Haupttäter die Tatbestandsmäßigkeit und Rechtswidrigkeit entfällt, würde auch bei dem Anstifter oder dem Gehilfen mangels vorsätzlicher, rechtswidriger Haupttat (vgl. §§ 26 f. StGB) eine Strafbarkeit entfallen[141]. Es kann aber nicht sein, dass das Zurücktreten des Haupttäters dem Teilnehmer zugute kommt, der vielleicht selbst nie zurücktreten wollte. Ferner spricht gegen die Rechtstheorien, dass die Straffreiheit bei einem freiwilligen Rücktritt keine juristische Logik ist, sondern lediglich eine Entscheidung des Gesetzgebers[142].

2. Die kriminalpolitische Theorie

Einige Autoren gehen davon aus, dass der Gesetzgeber dem straffällig gewordenen Täter eine „goldene Brücke zum Rückzug“ geben wollte (sogenannte kriminalpolitische Theorie)[143]. Dieser Gedanke geht auf Feuerbach zurück. Er schrieb: „*Läßt der Staat den Menschen nicht ungestraft die schon unternommene That bereuen, so nöthigt er gewissermaßen, das Verbrechen zu vollenden. Denn der Unglückliche, der sich zu einem Versuche fortreißen ließ, weiß ja sonst, daß er schon Strafe verschuldet hat, daß er nichts Großes mehr durch Reue zu gewinnen und durch Vollendung der That nichts Bedeutendes mehr zu verlieren hat*“[144]. Auch das Reichsgericht ging in seiner Rechtsprechung hauptsächlich von der kriminalpolitischen Theorie aus, die dem Täter „eine goldene Brücke“ zum Rücktritt bauen möchte[145]. Dem Täter solle die Möglichkeit, vom Versuch zurückzutreten, nicht durch die Überlegung abgeschnitten werden, dass „er so-

139 Lilie/Albrecht in: LK, § 24 Rn. 6; Maurach/Gössel/Zipf, AT, § 41 Rn. 9.

140 Roxin, AT II, § 30 Rn. 12.

141 Roxin, AT II, § 30 Rn. 12.

142 Jescheck/Weigend, AT, § 49 S. 538.

143 Kudlich, JuS 1999, 240; Eser, in: Schönke/Schröder, § 24 Rn. 2; Freund, AT, § 9 Rn. 11; Kindhäuser, AT, § 32 Rn. 3; Jeschek/Weigend, AT, § 49 S. 538.

144 Feuerbach, Kritik des Kleinschrodischen Entwurfs zu einem peinlichen Gesetzbuch für die Chur-Pfalz-Bayerischen Staaten, 2. Teil, 102 ff., Gießen, 1804.

145 RGSt 10, 324, 325; 14, 19, 23; 38, 402, 403; 39, 37, 39.

wieso bestraft werde"[146]. Vielmehr solle dem Täter, der bereits in das Versuchstadium der Tat vorgedrungen ist, ein Anreiz gegeben werden, die weiteren Tathandlungen abzubrechen oder eine Handlung durchzuführen, die die Vollendung verhindert[147].

Heute vertritt vor allem *Puppe* die Ansicht, dass aus Opferschutzgedanken heraus dem Täter möglichst lange die Möglichkeit zum Rücktritt gegeben werden müsse. So geht zwar auch *Puppe* davon aus, dass das Angebot auf Straffreiheit kaum ein geeignetes Mittel sei, den Täter zum Aufhören zu bewegen. Jedoch habe der Täter einen Anreiz, von weiteren Handlungen abzusehen beziehungsweise die Verhinderung zu bewirken, da er in diesem Fall mit Straffreiheit rechnen kann. Das psychologische Hindernis, dass bei einem Versuch die Strafbarkeit auf jeden Fall besteht, sei hier nicht mehr gegeben[148].

Gegen diese Ansicht wird jedoch zu Recht angeführt, dass der Gedanke, dem Täter eine „goldene Brücke zum Rückzug" zu bauen, leicht so verstanden werden könne, dass der Täter die Tat erst einmal „versuchen" und später ja immer noch „aufhören" kann[149]. Auch müsse beachtet werden, dass kaum ein Täter die Regelung des § 24 StGB kennt und somit meistens gar nicht weiß, dass er Straffreiheit dadurch erlangen kann, dass er die weiteren Tathandlungen aufgibt oder Handlungen durchführt, die die Vollendung verhindern[150]. Auch muss beachtet werden, dass es bei der kriminalpolitischen Theorie zu Abgrenzungsproblemen bezüglich des Merkmals der Freiwilligkeit kommen kann. Denn gerade wenn der Täter denkt, dass er entdeckt wird, könnte die Tatsache, dass er Straffreiheit erlangt, wenn er zurücktritt, ein starkes Motiv bilden, die Tat nicht zu vollenden. Jedoch ist heute allgemein anerkannt, dass die Angst vor Entdeckung gerade kein autonomer Beweggrund ist. Vielmehr wird in diesen Fällen die Freiwilligkeit und somit auch ein strafbefreiender Rücktritt regelmäßig verneint[151].

3. Die Verdienstlichkeitstheorie

Die sogenannte Verdienstlichkeitstheorie geht davon aus, dass der Gesetzgeber den freiwillig gewählten Rücktritt mit Straffreiheit belohne, da der Täter mit der

146 Wessels/Beulke, AT, Rn. 626; Kühl, AT, § 16 Rn. 7; Frister, AT, 24. Kapitel Rn. 1; Kudlich/Schuhr, in: Satzger/Schmitt/Widmaier, § 24 Rn. 14; Ambos, in: Dölling/Duttge/Rössner, § 24 Rn. 1.

147 Rudolphi, in: SK, § 24 Rn. 2.

148 Puppe, NStZ 1984, 488, 490.

149 Eser, in: Schönke/Schröder, § 24 Rn. 2 a.

150 Rudolphi, in: SK, § 24 Rn. 2; Lilie/Albrecht, in: LK, § 24 Rn. 8; Freund, AT, § 9 Rn. 11; Gropp, AT, § 9 Rn. 82; Jeschek/Weigend, AT, § 49 S. 538

151 Fischer, § 24 Rn. 23; Wessels/Beulke, AT, Rn. 652; Roxin, AT II, § 30 Rn. 20.

Verhinderung des Erfolgseintritts der Tat den Unwert des Versuchs aufhebt und „auf den rechten Weg zurückkommt“[152]. Der Täter gleiche durch seinen freiwilligen Rücktritt seine negative Einwirkung auf das Rechtsbewusstsein der Allgemeinheit wieder aus, so dass kein Strafbedürfnis mehr besteht[153]. Diese Ansicht geht ferner davon aus, dass der Täter, der vor der Vollendung zurücktrete, ein Verhalten an den Tag legt, welches zeigt, dass man auch in Zukunft damit rechnen kann, dass von diesem Täter keine weiteren Straftaten zu erwarten sind. Der Täter, der vor der Vollendung der Tat zurücktrete, wiege das Gewicht des Schuldvorwurfes durch sein Verhalten wenigsten zum Teil wieder auf[154]. Bei der Verdienstlichkeitstheorie steht somit nicht – wie bei der kriminalpolitischen Theorie – der Opferschutz im Vordergrund, sondern die Täterpersönlichkeit[155]. Für die Verdienstlichkeitstheorie spricht zwar, dass das Gesetz den Täter mit Straffreiheit „belohnt“, wenn er freiwillig vom Versuch zurücktritt. Es hat somit tatsächlich den Anschein, dass der Täter sich seine Straffreiheit „verdient“ habe und aus diesem Grund mit der Straffreiheit belohnt werde.

Betrachtet man jedoch das zuletzt genannte Argument genauer, stellt man fest, dass es letztlich nur eine Umschreibung des Gesetzestextes liefert. Die eigentliche Frage, warum der freiwillige Rücktritt im Gesetz mit der Straflosigkeit belohnt wird, wird auch von dieser Theorie nicht wirklich beantwortet. Es ist unzutreffend, dass der Gesichtspunkt der Gnade mehr als die im Gesetz hervorgehobene Belohnung des freiwilligen Rücktritts darstellt[156]. Gegen die oben beschriebene Ansicht spricht außerdem, dass es bei der Frage, aus welchem Grund das Gesetz bei einem Rücktritt Straffreiheit gewährt, nicht darum geht, ob eine an sich eventuell gebotene Strafe im Einzelfall aus Billigkeitserwägungen entfällt. Vielmehr geht es um die Frage, ob bei einem Rücktritt vom Versuch überhaupt eine Strafe nötig ist, um die vom Strafrecht gestellte Aufgabe, nämlich das Vertrauen der Allgemeinheit in die Rechtsordnung wieder herzustellen, zu erfüllen[157]. Zudem kann der Zweck des Strafrechts nicht der sein, den Täter dadurch zu belohen, dass er etwas tut (weitere Handlungen unterlassen oder die Vollendung verhindern), was er eigentlich ohnehin tun müsste[158]. Ferner spricht gegen diese Ansicht, dass sie nur dann haltbar wäre, wenn man von einer rein

---

152 Wessels/Beulke, AT, Rn. 626; Freund, AT, § 9 Rn. 13; Kindhäuser, AT, § 32 Rn. 3; Jescheck/Weigend, AT, § 49 S. 539; Roxin, AT II, § 30 Rn. 22; Ambos, in: Dölling/Duttge/Rössner, § 24 Rn. 1.

153 Wessels/Beulke, AT, Rn. 626; Jescheck/Weigend, AT, § 49 S. 539.

154 Rudolphi, in: SK, § 24 Rn. 3; Jescheck/Weigend, AT, § 49 S. 539.

155 Heinrich, AT I, Rn. 761.

156 Roxin, AT II, § 30 Rn. 23.

157 Rudolphi, in: SK, § 24 Rn. 3.

158 Lilie/Albrecht, in: LK, § 24 Rn. 13.

subjektiven Versuchstheorie ausginge, da bei der Verdienstlichkeitstheorie eben die Täterpersönlichkeit im Vordergrund steht[159].

4. Die Strafzwecktheorie

Die innerhalb der Literatur überwiegend vertretene sogenannte Strafzwecktheorie[160] sieht den Grund für die Straffreiheit darin, dass der Täter freiwillig in die Legalität zurück findet und dadurch als weniger gefährlich einzustufen ist. Bei einem freiwilligen Rücktritt erscheine eine Bestrafung des Täters weder aus generalpräventiven, noch aus spezialpräventiven Gründen geboten[161]. Bei der Strafzwecktheorie soll die Schwelle, ab der das Strafrecht überhaupt eingreift, insgesamt heraufgesetzt werden[162].

Auch der BGH geht davon aus, dass ein Täter, der freiwillig weitere Tathandlungen unterlässt oder die Vollendung verhindert, zeige, dass sein verbrecherischer Wille nicht so stark war, dass es zu einer Vollendung der Tat kommen kann[163]. Er zeige auch, dass seine Gefährlichkeit, die zunächst durch den Versuch zum Ausdruck gekommen ist, wesentlich geringer ist als zunächst angenommen. Aus diesen Gründen sehe das Gesetz in diesem Fall davon ab, den Versuch zu bestrafen. Darüber hinaus zeige der Täter durch seinen Rücktritt, dass seine Bestrafung nicht notwendig ist, um ihn in Zukunft von weiteren Straftaten abzuhalten (Spezialprävention)[164]. Auch andere Täter müssten nicht durch die Bestrafung des Täters davon abgehalten werden ähnliche Straftaten zu begehen (Generalprävention)[165]. Weiter sei das Vertrauen der Allgemeinheit in die Geltungskraft des Rechts durch den Rücktritt des Täters wieder gestärkt, so dass es einer Bestrafung auch aus diesem Grund nicht mehr bedarf[166]. Die Funktionstüchtigkeit der Rechtsordnung müsse somit nicht wieder hergestellt werden.

Für diese Ansicht spricht, dass der Täter – zumindest auf den ersten Blick – tatsächlich weniger gefährlich erscheint, da er die Tat nicht bis zur Vollendung geführt hat. Jedoch muss bei dieser Argumentation beachtet werden, dass die

---

159 Hauf, AT, I. 1.

160 Wessels/Beulke, AT, Rn. 626; Roxin, AT II, § 30 Rn. 4; Fischer, § 24 Rn. 2; Rudolphi, in: SK, § 24 Rn. 4; Lackner/Kühl, § 24 Rn. 2.

161 Roxin, AT II, § 30 Rn. 4; Frister, AT, 24. Kapitel Rn. 1; Eser, in: Schönke/Schröder, § 24 Rn. 2 b; Ambos, in: Dölling/Duttge/Rössner, § 24 Rn. 1; Freund, AT, § 9 Rn. 12; Kühl, AT, § 16 Rn. 6.

162 Heinrich, AT I, Rn. 762.

163 BGHSt 9, 48, 52; 14, 75, 80.

164 BGHSt 9, 48, 52; Rudolphi, in: SK, § 24 Rn 4.

165 BGHSt 9, 48, 52; Rudolphi, in: SK, § 24 Rn. 4.

166 Joecks, § 24 Rn. 6; Roxin, AT II, § 30 Rn. 7; Kühl, AT, § 16 Rn. 5.

Gefährlichkeit des Täters zu pauschal als „nicht so schlimm“ eingestuft wird und nur daraus das mangelnde Strafbedürfnis abgeleitet wird. Denn ein Täter, der bereits einmal bis in das Versuchsstadium einer Tat vorgedrungen ist, zeigt zumindest, dass er grundsätzlich dazu bereit ist, eine Straftat zu begehen. Der Täter hatte im Augenblick des Versuchsbeginns durchaus den Willen, die Tat zu vollenden. Auch weiß man nicht, ob der Täter, der jetzt noch vom Versuch zurückgetreten ist, das nächste Mal nicht doch die Straftat verwirklicht[167]. Ob der Täter, der freiwillig von der Tat zurückgetreten ist, wirklich nicht mehr kriminell wird, kann nicht pauschal für alle Täter beantwortet werden, sondern muss vielmehr im Einzelfall geprüft werden.

Jedoch kann gegen dieses Argument angeführt werden, dass es gar nicht darauf ankommt, ob der Täter eventuell in Zukunft noch einmal straffällig wird. Denn eine „schädliche Neigung“ allein rechtfertigt noch kein strafrechtliches Eingreifen[168], da dem deutschen Strafrecht das Gesinnungsstrafrecht grundsätzlich fremd ist[169]. Vielmehr zeigt der Täter, der vom Versuch zurückgetreten ist, dass er freiwillig in die Legalität zurückgekehrt ist. Dass er eventuell noch kriminelle Energie in sich trägt, rechtfertigt eine Strafe nicht, weil er im Moment genauso „gefährlich“ oder „harmlos“ ist wie jeder andere in der Bevölkerung auch[170]. Ferner spricht für die Strafzwecktheorie, dass sie am besten mit der von der herrschenden Meinung vertretenen gemischt subjektiv-objektiven Versuchstheorie übereinstimmt, da sie sowohl die subjektiven Momente (der Vorsatz zur Tatvollendung entfällt), wie auch die objektiven Momente (die Vollendung bleibt aufgrund der Rücktrittshandlungen aus) berücksichtigt[171].

5. Die Schulderfüllungstheorie

Eine neuere, im Jahre 1987 von *Herzberg* entwickelte Ansicht (sogenannte Schulderfüllungstheorie)[172] sieht hingegen die ratio des § 24 StGB darin, dass keine Strafe mehr nötig sei, wenn der Täter die Vollendung der Tat durch eine ihm zurechenbare Leistung verhindert. Er erfülle damit die ihm obliegende, als Pflicht zur Wiedergutmachung verstandene „Schuld“[173]. *Herzberg* geht von ei-

---

167 Roxin, AT II, § 30 Rn. 5.

168 Roxin, AT II, § 30 Rn. 6.

169 Vgl. 1. Kapitel B. II. 1.

170 Roxin, AT II, § 30 Rn. 6.

171 Hauf, AT, I., 1.

172 Herzberg, NJW 1989, 862, 869 f.; ders. NStZ 1990, 172; Roxin, AT II, § 30 Rn. 26.

173 Herzberg, in: MK, § 24 Rn. 9; so auch in der 2. Auflage Herzberg/Hoffmann-Holland in: MK, § 24 Rn. 9; Freund, AT, § 9 Rn. 14.

nem außertatbestandlichen Ansatz aus. Auch im Zivil- und Öffentlichen Recht existiert das Prinzip, „dass Zwangsandrohung mit der Ausgleichung des Anlassverhaltens hinfällig wird“[174]. *Herzberg* geht davon aus, dass es sich hierbei um einen allgemeinen Rechtsgrundsatz handelt. Daraus ergibt sich laut *Herzberg*: „Ratio der Strafbefreiung ist die Befolgung des allgemeinen Rechtsgrundsatzes, dass sich die Zwangsandrohung (hier die Strafdrohung) erledigt, wenn der Täter seine Pflicht zur Beendigung und Wiedergutmachung des Unrechtsverhaltens, das die Drohung ausgelöst hat, durch eine ihm zuzurechnende Leistung erfüllt“[175].

Gegen diese Theorie spricht aber, dass es eben gerade nicht möglich ist, das Erledigungsprinzip, das im Zivil- und im Öffentlichen Recht herrscht, ohne Probleme in das Strafrecht zu übertragen. In anderen Rechtgebieten geht es in erster Linie um die Wiederherstellung rechtmäßiger Zustände. Im Zivilrecht geht es etwa um den Ausgleich eines Schadens, im Öffentlichen Recht beispielsweise um die Beseitigung einer Störung. Wenn diese rechtmäßigen Zustände wieder hergestellt sind, hat sich das Problem erledigt[176]. Eine weitere Sanktion ist dann nicht mehr nötig. Doch gerade im Strafrecht kann dies so nicht gelten, da hier vor allem die Prävention und Repression im Vordergrund steht. Auch kann gerade das von *Herzberg* zur Begründung seiner Theorie herangezogene Zivilrecht nicht zur Begründung dieser Theorie herangezogen werden. So gilt zum Beispiel im Rahmen des Dienstvertrages das Prinzip der Schulderfüllung, welches aber zum Beispiel im Bereich des Werkvertrages nicht uneingeschränkt angewendet werden kann, da es hier um die Erstellung eines Werkes geht[177]. Selbst der Gesetzestext spricht gegen die Schulderfüllungstheorie. Straffreiheit erlangt ein Täter eben nur dann, wenn er freiwillig die weiteren Handlungen der Tat aufgibt oder deren Vollendung verhindert (vgl. § 24 StGB). Die Schulderfüllungstheorie käme aber zu dem Ergebnis, dass jeder Rücktritt, auch der unfreiwillige, zur Straffreiheit führen würde, denn auch ein unfreiwilliger Rücktritt „erledigt“ die Straftat[178]. Weiter spricht gegen diese Ansicht, dass der Täter zwar seiner Pflicht zur Nichtvollendung beziehungsweise zur Verhinderungsvollendung nachkommt. Von einer „Erfüllung“ im Sinne von „Behebung“ des Schadens kann dagegen nicht die Rede sein[179]. Vielmehr „behebt“ der Täter den Schaden nicht, er verhindert nur Schlimmeres. Ferner verkennt diese Ansicht, dass die strafrechtlich sanktionierten Pflichten keine individuellen Forderungen sind, denn sie

---

174 Herzberg, Lackner – FS. 1987, 349.

175 Herzberg, Lackner – FS, 1987, 350.

176 Grünberg, in: Palandt, Vorb. § 249 Rn. 2.

177 Rudpolphi, NStZ 1989, 508, 511.

178 Roxin, AT II, § 30 Rn. 26.

179 Eser, in: Schönke/Schröder, § 24 Rn. 2 c; ähnl. auch Rudolphi, NStZ 1989, 508, 511.

bleiben auch nach der Erfüllung grundsätzlich „*erga omnes* bestehen“[180]. Auch ergibt die Schulderfüllungstheorie von *Herzberg* bei genauerer Betrachtung keinen wirklichen Unterschied zu der kriminalpolitischen Deutung des § 24 StGB, sondern ergänzt diese vielmehr[181].

6. Weitere Ansichten

Die sogenannte Einheitstheorie geht von einer Gesamtbetrachtung aus und versucht, die getrennte Würdigung von Versuchshandlung und Rücktritt als *„actus contrarius"* zu überwinden[182]. Gegen diese Ansicht spricht jedoch, dass sie nicht erklären kann, aus welchem Grund das deutsche Strafrecht bei einem freiwilligen Rücktritt Straffreiheit gewährt. Vielmehr versteht diese Theorie den Rücktritt als einen Strafzumessungsgesichtspunkt[183].

Die sogenannte Schuldtheorie versucht, die Straffreiheit des Rücktritts damit zu begründen, dass ein Entschuldigungsgrund vorliegt[184]. Dieser Ansatz kann jedoch nicht überzeugen, da die Schuld durch den Rücktritt nicht aufgehoben wird. Vielmehr wird die Schuld durch den Rücktritt nachträglich bis zu einem gewissen Grad ausgeglichen[185]. Ein Entschuldigungsgrund liegt aber gerade nicht vor[186].

7. Zusammenfassung

Angesichts der Vielzahl von Meinungen, die über den Grundgedanken zum Rücktritt existieren, kann nicht von einer „herrschenden“ Meinung gesprochen werden, auch wenn wohl die meisten Vertreter in der Literatur der „Strafzwecktheorie“ folgen[187]. Eine widerspruchsfreie Theorie über den Grund der Straffreiheit beim Rücktritt vom Versuch liegt bis heute noch nicht vor.

Die Rechtsprechung des BGH und auch einige Stimmen in der Literatur haben in letzter Zeit vor allem auf die Strafzwecktheorie zurückgegriffen und daneben auch den Opferschutz hervorgehoben[188].

---

180 Kudlich/Schuhr, in: Satzger/Schmitt/Widmaier, § 24 Rn. 13.
181 Rudolphi, NStZ 1989, 508, 511.
182 Rudolphi, in: SK, § 24 Rn. 5; Haft, JA 1979, 306, 312.
183 Jescheck/Weigend, AT, § 49 S. 540.
184 Rudolphi, in: SK, § 24 Rn. 6; Haft, JA 1979, 306, 312.
185 Jescheck/Weigend, AT, § 49 S. 540.
186 Vgl. Kapitel 1. B. III.
187 Vgl. Kapitel 1 B. IV.
188 BGHSt 39, 221, 232; Fischer, § 24 Rn. 2; Lilie/Albrecht, in: LK, § 24 Rn. 9.

C. Die Abgrenzung zwischen unbeendeten und beendeten Versuch

Um überhaupt zu der Frage zu gelangen, welche Anforderungen an das Rettungsbemühen des Täters beim strafbefreienden Rücktritt zu stellen sind, muss zunächst geprüft werden, ob ein Fall des unbeendeten oder des beendeten Versuchs vorliegt. Denn nur bei einem beendeten Versuch muss der Täter Handlungen einleiten oder ergreifen, damit er strafbefreiend vom Versuch zurücktreten kann. Liegt dagegen ein unbeendeter Versuch vor, erlangt der Täter schon durch bloßes Aufgeben weiterer Tathandlungen Straffreiheit (vgl. § 24 Abs. 1 S. 1, 1. Alt. StGB).

I. Der fehlgeschlagene Versuch

Bevor überhaupt geprüft wird, welche der Rücktrittsalternativen des § 24 Abs. 1 S. 1 StGB einschlägig sind, muss festgestellt werden, ob nicht ein Fall des sogenannten fehlgeschlagenen Versuchs vorliegt, da in diesem Fall nach wohl herrschender Meinung[189] ein strafbefreiender Rücktritt nicht mehr möglich ist. Vereinzelte Stimmen in der Literatur lehnen die Figur des fehlgeschlagenen Versuchs gänzlich ab[190]. Jedoch ist mit der herrschenden Meinung davon auszugehen, dass der fehlgeschlagene Versuch als eigene Kategorie existiert. Ein fehlgeschlagener Versuch liegt nach herrschender Meinung vor, wenn die zu ihrer Ausführung vorgenommen Handlungen ihr Ziel nicht erreicht haben und der Täter erkannt hat, dass er mit den ihm zur Verfügung stehenden Mitteln den tatbestandlichen Erfolg entweder gar nicht mehr oder zumindest nicht ohne zeitlich relevante Zäsur herbeiführen kann[191].

---

189 BGHSt 34, 53, 56; 40, 75, 76; Urteil des 2. Strafsenats vom 19.5.2010, Az: 2 StR 278/09 (zit. Nach Juris); BGH, NStZ-RR 2009, 335 f.; Herzberg, in: MK, § 24 Rn. 58; so auch in der 2. Auflage Herzberg/Hoffmann-Holland in: MK, § 24 Rn. 52; Fischer, § 24 Rn. 6; Zaczyk, in: NK, § 24 Rn 19; Eser, in: Schönke/Schröder, § 24 Rn. 7; Kudlich/Schuhr, in: Satzger/Schmitt/Widmaier, § 24 Rn. 16; Jescheck/Weigend, AT, § 49 S. 543; Wessels/Beulke, AT, Rn. 628; Rengier, AT, § 37 Rn. 15.

190 Mauarach/Gössel/Zipf, AT, § 41 S. 46, 47; Frister, AT,24. Kapitel Rn. 20; v. Heintschel-Heinegg, ZStW 109 (1997), 29, 36; kritisch auch Heger, StV 2010, 320.

191 BGH, NStZ-RR 1996, 195; BGH, NStZ 1999, 395; Beschluss des 3. Strafsenats vom 28.9.2010, Az: 3 StR 338/10 (zit. nach Juirs); Urteil des 4. Strafsenat vom 10.6.2010, Az: 4 StR 474/09 (zit. nach Juris); BGH, NStZ 2010, 690 ff.; Wessels/Beulke, AT, Rn. 628; Roxin, AT II, § 30 Rn. 77; Rengier, AT § 37 Rn. 15; Fischer, § 24 Rn. 7; Kudlich, JuS 1999, 240, 242.

1. Rechtsfigur des fehlgeschlagenen Versuchs

Die Rechtsfigur des fehlgeschlagenen Versuchs ist umstritten, wobei die herrschende Meinung davon ausgeht, dass der fehlgeschlagene Versuch eine eigenständige Rechtsfigur ist, die außerhalb des Regelungsbereichs des § 24 StGB liegt[192]. Auch die Rechtsprechung geht mittlerweile davon aus, dass der fehlgeschlagene Versuch eine eigenständige Rechtsfigur ist[193]. Für diese Ansicht spricht, dass die Vorschrift des § 24 StGB nach dem Wortlaut nur den unbeendeten und den beendeten Versuch erfasst. Für den fehlgeschlagenen Versuch ist daher nach dem Wortlaut des § 24 StGB kein Raum[194]. Aus diesem Ansatz lässt sich auch erklären, warum bei einem fehlgeschlagenen Versuch ein Rücktritt ausscheidet, es also bei der Strafbarkeit des Täters bleibt. Denn gerade daraus, dass das Gesetz für den unbeendeten und den beendeten Versuch die Rücktrittsmöglichkeit des § 24 StGB vorsieht, ergibt sich, dass für den fehlgeschlagenen Versuch keine gesetzliche Rücktrittsmöglichkeit vorgesehen ist.

2. Fallgruppen des fehlgeschlagenen Versuchs

Geht man somit mit der herrschenden und überzeugenden Ansicht davon aus, dass der fehlgeschlagene Versuch eine eigenständige Rechtsfigur darstellt, kann man nach der oben genannten Definition verschiedene Fallgruppen des fehlgeschlagenen Versuchs unterscheiden. Zunächst ist festzuhalten, dass es bezüglich der Frage, ob ein fehlgeschlagener Versuch vorliegt, stets auf die subjektive Sicht des Täters ankommt[195]. Ein Fehlschlag liegt somit nur dann vor, wenn der Täter sicher ist, dass er den Tatbestand nicht mehr verwirklichen kann. Ist der Täter dagegen nicht sicher, ob eine Tatbestandsverwirklichung noch möglich ist und hört er trotzdem mit weiteren Tathandlungen auf, liegt kein fehlgeschlagener Versuch vor. Vielmehr tritt der Täter in diesen Fallkonstellationen von dem Versuch zurück. Ob der Täter durch diesen Rücktritt Straffreiheit erlangt, hängt dann zum einen von der Qualität seiner Rücktrittshandlungen und zum anderen von der Frage der Freiwilligkeit des Rücktritts ab.

---

192 BGHSt 35, 53, 56; 39, 221, 228; 90, 94; Lilie/Albrecht, in: LK, § 24 Rn. 62; Kudlich, JuS 1999, 240, 242; Roxin, AT II, § 30 Rn. 78.

193 BGHSt 35, 90, 94.

194 Heinrich, AT I, Rn. 772, 775.

195 Eser, in: Schönke/Schröder, § 24 Rn. 9; Jescheck/Weigend, AT, § 49 S. 543; Heinrich, AT I, Rn. 770.

a) Die Tatbestandsverwirklichung ist unmöglich

Ein fehlgeschlagener Versuch liegt zum einem immer dann vor, wenn die Tatbestandsverwirklichung physisch unmöglich ist, weil das Tatobjekt fehlt oder untauglich ist[196]. Dies ist beispielsweise dann der Fall, wenn der aufgebrochene Tresor leer ist[197]. Ist die Tat aus rechtlichen Gründen nicht zu beenden, was bei Tatbeständen relevant sein kann, deren Erfüllung ein Handeln gegen den Willen des Berechtigten voraussetzt, verneint die Rechtsprechung einen fehlgeschlagenen Versuch, solange der Täter noch in der Lage ist, die Tat auszuführen[198]. Die Rechtsprechung geht davon aus, dass ein Unterschied zwischen der tatsächlichen und der rechtlichen Unmöglichkeit bestehe[199]. Im Falle der tatsächlichen Unmöglichkeit habe der Täter keinerlei Wahlrecht, ob er die Tat noch vollenden kann. Im Falle der rechtlichen Unmöglichkeit geht die Rechtsprechung davon aus, dass der Täter sehr wohl noch die Möglichkeit habe, die Tat zu vollenden.

Einige Autoren in der Literatur[200] dagegen gehen davon aus, dass auch bei der rechtlichen Unmöglichkeit ein fehlgeschlagener Versuch vorliege, da die rechtliche Unmöglichkeit der tatsächlichen Unmöglichkeit gleichzustellen ist. Zu einem Rücktritt gehört die Vorstellung, die Tat noch vollenden zu können. Denn mit „Tat" ist dabei der gesamte Tatbestand gemeint und eben nicht nur ein einzelnes Tatbestandsmerkmal[201]. Für diese Ansicht spricht vor allem der Grundgedanke, der hinter dem Rücktritt steht. Wenn nämlich der Täter die Tat nicht mehr vollenden kann, kann er auch nicht strafbefreiend von der versuchten Tat zurücktreten. Er erbringt in diesem Fall keine honorierbare Leistung, da er nicht freiwillig in die Legalität zurückkehrt. Vielmehr kann er den Versuch gar nicht mehr vollenden.

b) Die Identität des Handlungsobjekts weicht vom Tatplan ab

Ein fehlgeschlagener Versuch liegt auch dann vor, wenn das Handlungsobjekt nicht dem ursprünglichen Tatplan entspricht. Dem Täter ist es hier zwar durchaus noch möglich, den tatbestandlichen Erfolg herbeizuführen. Nach dem Wort-

196 Wessels/Beulke, AT, Rn. 628; Roxin, AT II, § 30 Rn. 85; Rengier, AT, § 37 Rn. 20; Eser, in: Schönke/Schröder, § 24 Rn. 9; Fischer, § 24 Rn. 7; Zaczyk, in: NK, § 24 Rn. 21.

197 Roxin, AT II, § 30 Rn. 85.

198 BGHSt 39, 244, 246.

199 BGHSt 39, 244, 247.

200 Roxin, AT II, § 30 Rn. 90; Kühl, AT, § 16 Rn. 14; Rengier, AT, § 37 Rn. 29; Eser, in: Schönke/Schröder, § 24 Rn. 9; Lilie/Albrecht, in: LK, § 24 Rn. 89; Ambos, in: Dölling/Duttge/Rössner, § 24 Rn. 5.

201 Rengier, AT; § 37 Rn. 29; Ambos, in: Dölling/Duttge/Rössner, § 24 Rn. 5.

laut des § 24 Abs. 1 StGB ist Voraussetzung für einen strafbefreienden Rücktritt aber, dass der Täter „die Tat“ aufgibt. Wenn T zum Beispiel den A erschießen möchte, im letzten Augenblick aber erkennt, dass er die Waffe auf B richtet und daraufhin keinen Schuss abfeuert, war die „Tat“ nicht Tötung eines Menschen, sondern die Tötung des A. Dadurch, dass T den B für A hielt, konnte der Täter seine geplante „Tat“ (den A zu töten) nicht vollenden. Es liegt somit ein Fehlschlag des Versuchs vor[202]. Sollte sich der Vorsatz bezüglich der auszuführenden Tat auf die Tötung eines Menschen bezogen haben und der Täter führt dies nicht zu Ende, liegt ein Rücktritt vor, da der Täter jederzeit die Tat vollenden könnte. Die selben Überlegungen gelten auch dann, wenn das Tatobjekt eine Sache ist.

c) Das Tatobjekt entspricht nicht den Vorstellungen des Täters

Die Frage, ob ein fehlgeschlagener Versuch auch dann vorliegt, wenn das Tatobjekt hinter den Vorstellungen des Täters zurückbleibt, stellt sich vor allem bei Eigentumsdelikten. Dies etwa dann, wenn der Täter ungefähr 150 € benötigt, in der aufgebrochenen Kasse aber lediglich 10 € vorfindet. Fraglich ist, ob auch in dieser Fallkonstellation ein fehlgeschlagener Versuch vorliegt[203]. Dies wird regelmäßig bejaht[204]. Der Vorsatz des Täters hat sich auf die Erlangung des bestimmten Geldbetrages bezogen. Wenn er diesen Betrag jedoch nicht vorfindet, kann er auch die ursprünglich geplante Tat nicht vollenden. Ein Rücktritt ist somit nach den oben aufgeführten Argumenten nicht mehr möglich[205]. Jedoch kommt in diesen Fallkonstellationen ein fehlgeschlagener Versuch nur dann in Betracht, wenn der Täter wirklich den Vorsatz hatte, dass er einen bestimmten Geldbetrag stehlen möchte. Hatte er diesen Tatplan dagegen nicht und lässt er die mögliche Beute nur deswegen zurück, weil sie ihm im Ergebnis als quasi wertlos erscheint, stellt sich die Frage nach einem freiwilligen beziehungsweise unfreiwilligen Rücktritt. Ein fehlgeschlagener Versuch liegt dann gerade nicht vor.

---

202 Roxin, AT II, § 30 Rn. 94; Rengier, AT, § 37 Rn. 22.

203 BGHSt 4, 56.

204 Roxin, AT II, § 30 Rn. 102; Rengier, AT, § 37 Rn. 25; Rudolphi, in: SK, § 24 Rn. 11; Eser, in: Schönke/Schröder, § 24 Rn. 11.

205 Roxin, AT II, § 30 Rn.102; Rudolphi, in: SK, § 24 Rn. 11; Eser, in: Schönke/Schröder, § 24 Rn. 11.

3. Der fehlgeschlagene Versuch bei mehreren Handlungsmöglichkeiten

Umstritten ist die Behandlung des fehlgeschlagenen Versuchs, wenn dem Täter zur Erreichung des tatbestandlichen Erfolges mehrere Handlungen zur Verfügung stehen. Diese Frage kann in zwei Konstellationen in Betracht kommen, zum einen dann, wenn der Täter von Anfang an mehrere Tathandlungen in Erwägung gezogen hat, von diesen jedoch nicht alle durchführt und zum anderen dann, wenn der Täter zunächst nur eine einzige Tathandlung eingeplant hat, der Erfolg nach dieser Handlung jedoch nicht eintritt und der Täter nun weitere mögliche Tathandlungen unterlässt, um die Vollendung herbeizuführen. Bezüglich der Möglichkeit des Täters, hier strafbefreiend vom Versuch zurückzutreten, stellt sich somit die Frage, ob auf die einzelnen (Versuchs-) Handlungen oder auf das gesamte Tatgeschehen abzustellen ist.

a) Die Einzelaktstheorie

Die Einzelaktstheorie betrachtet jede einzelne Handlung des Täters isoliert („Einzelakt") und stellt auf die Einschätzung des Täters von den Erfolgsaussichten einer jeden Tathandlung ab. Halte der Täter den Einzelakt grundsätzlich für erfolgstauglich, so liegt ein fehlgeschlagener Versuch vor, wenn die Handlung nicht zum Erfolg geführt hat. Dies gelte unabhängig davon, ob der Täter etwaige Wiederholungsmöglichkeiten im voraus geplant hat oder erkennt, dass er nach dem Fehlschlag anderweitige Fortsetzungsmöglichkeiten hat[206].

Der Ansatz der Einzelaktstheorie soll an folgendem Beispiel veranschaulicht werden: Wenn der Täter das Opfer mit einem Messer töten will, das Messer jedoch vor dem Stich zerbricht und er danach versucht, das Opfer zu würgen, das Opfer sich jedoch wehrt und schließlich der Täter auf das Opfer schießt, dann jedoch einen Arzt herbeiholt, der das Opfer rettet, liegt nach der oben beschriebenen Einzelaktstheorie bezüglich jeder einzelnen Handlung ein fehlgeschlagener Versuch vor. Der Täter hätte sich nach dieser Ansicht bei jeder einzelnen Handlung wegen versuchten Totschlags beziehungsweise wegen versuchten Mordes strafbar gemacht. Lediglich beim letzten Teilakt, dem Schießen mit der Pistole, müsste die Möglichkeit eines Rücktritts geprüft werden, da der Täter vor Tatvollendung den Arzt herbeigerufen hat.

---

206 Wessels/Beulke, AT, Rn. 629; Heinrich, AT I, Rn. 820; Eser, in: Schönke/Schröder, § 24 Rn. 21; Herzberg, NJW 1989, 197 f.; Backmann, JuS 1981, 336, 340 f.

b) Die Gesamtbetrachtungslehre

Die Gesamtbetrachtungslehre stellt dagegen nicht auf jeden einzelnen Teilakt ab, sondern betrachtet die Teilakte als ein einheitliches Gesamtgeschehen. Diese Ansicht geht davon aus, dass bei einem einheitlichen Geschehen, die Verwendung eines neuen Tatmittels nur die Aufrechterhaltung und die Weiterführung des ursprünglichen Tatentschlusses ist[207]. Dies gelte unabhängig davon, ob der Täter bei der gedanklichen Vorbereitung seiner Tat bereits an alle Möglichkeiten zur Tatvollendung gedacht hat oder nicht[208]. Nach der Gesamtbetrachtungslehre muss ein Rücktritt solange möglich sein, wie der Täter nach seiner Vorstellung davon ausgeht, dass er die Tat in räumlichen und zeitlichen Zusammenhang noch vollenden kann.

Im unter a) beschriebenen Beispiel ist das Handeln des Täters nach der Gesamtbetrachtungslehre somit als einheitlicher Vorgang anzusehen. Da der Täter nach der letzten Tathandlung den Arzt rief, müsste im konkreten Fall ein Rücktritt vom Versuch des Totschlages beziehungsweise des Mordes – und zwar bezüglich des gesamten Tatgeschehens – geprüft werden, da der tatbestandliche Erfolg nicht eingetreten ist und nicht auf den einzelnen Teilakt, sondern auf das gesamte einheitliche Tatgeschehen abzustellen ist.

c) Stellungnahme

aa) Zur Einzelaktstheorie

Im Ergebnis ist die Einzelaktstheorie abzulehnen, da vor allem folgende Gründe gegen sie sprechen: In erster Linie wird die Möglichkeit des Rücktritts zu stark eingeschränkt[209]. Der Täter, der die Tat noch zur Vollendung führen könnte (sei es durch eine oder durch mehrere Handlungen) und freiwillig darauf verzichtet, erbringt eine Umkehrleistung, die das general- und das spezialpräventive Strafbedürfnis beseitigt. Dies muss unabhängig davon gelten, ob eine einzelne Handlung bei dem Tatgeschehen zur Vollendung führen kann oder nicht. Der Täter, der mit seinen Handlungen jedoch endgültig gescheitert ist, erbringt keinerlei Handlungen, die vom Gesetz belohnt werden müssten[210]. Ferner spricht gegen

---

207 BGHSt 40, 75 f.; Wessels/Beulke, AT, Rn. 629; Baumann/Weber/Mitsch, AT, § 27 Rn. 31; Kühl, AT, § 16 Rn.16 f.; Heinrich, AT I, Rn. 821; Lilie/Albrecht, in: LK, § 24 Rn. 72; Fischer, § 24 Rn. 11.

208 BGHSt 41, 368, 369; Wessels/Beulke, AT, Rn. 629; Lilie/Albrecht, in: LK, § 24 Rn. 72.

209 Eser, in: Schönke/Schröder, § 24 Rn. 20; Bergmann, ZStW 100 (1988), 351; Jakobs, ZStW 104 (1992), 82, 89, 99.

210 Roxin, AT II, § 30 Rn. 203.

die Einzelaktstheorie, dass durch diese Betrachtungsweise ein einheitlicher Lebenssachverhalt künstlich auseinander gerissen wird und nicht auf jede Änderung im Geschehensablauf reagiert werden kann[211]. Der Täter hat eben den Vorsatz gefasst, die Tat zu vollenden, das heißt, den tatbestandlichen Erfolg herbeizuführen. Um diese Tat zu vollenden, benötigt er unter Umständen mehrere Handlungen. Dies ändert jedoch nichts an der Tatsache, dass sich der Vorsatz auf die Tat an sich bezieht. Es widerspricht daher der natürlichen Betrachtungsweise einer Tat, wenn jede Handlung separat für sich beurteilt wird[212]. Vielmehr muss man eine Tat als Ganzes ansehen und sich nach der Beendigung der Tat die Frage stellen, ob der Täter mit allen ihm zur Verfügung stehenden Mitteln zum Erfolg gelangt ist oder nicht. Ob der Täter ein honorierbares Rücktrittsverhalten an den Tag gelegt hat, lässt sich eben erst dann beurteilen, wenn die Tathandlungen komplett abgeschlossen sind[213].

Roxin geht weiter davon aus, dass die Einzelaktstheorie gegen das Gesetz verstoße und auch aus kriminalpolitischen Gesichtspunkten nicht überzeugen kann[214]. § 24 StGB geht nämlich davon aus, dass der Täter Straffreiheit erlangt, wenn er die „Tat" freiwillig aufgibt. Aus dem Begriff „Tat" ergebe sich jedoch, dass damit eine natürliche Handlungseinheit und damit eine Tat im materiellrechtlichem Sinn gemeint sei. Es verbiete sich, hier die Möglichkeiten des Rücktritts dadurch zu unterlaufen, dass „man die einheitliche Tat nach Belieben in verselbständigende Einzelakte zerstückelt, von denen kein Rücktritt mehr möglich ist"[215].

bb) Zur Gesamtbetrachtungslehre

All diese Argumente gegen die Einzelaktstheorie zeigen gleichzeitig, dass die Gesamtbetrachtungslehre überzeugende Argumente bietet, welche im Ergebnis dazu führen, dass ihr zu folgen ist. Im Einzelnen spricht für die Gesamtbetrachtungslehre vor allem folgendes: Diese Theorie betrachtet die Tat als Ganzes und spaltet einen einheitlichen Lebenssachverhalt nicht künstlich auf. Der Grund für die Notwendigkeit, die Tat als Ganzes zu betrachten, liegt darin, dass der Vorsatz und die Macht des Täters, die Tat zu vollenden, im Tatentschluss enthalten sind und sich im unmittelbaren Ansetzen zu der Tat zeigen. Der Tatentschluss bezieht sich jedoch nicht auf einen isolierten Teilakt, sondern auf die Zielerreichung, das

211 Wessels/Beulke, AT, Rn. 629; Heinrich, AT I, Rn. 820; Marxen, AT, Fall 22 a S. 197; Lilie/Albrecht, in: LK, § 24 Rn. 73; Fischer, § 24 Rn. 17;Joecks, § 24 Rn. 17.

212 BGHSt 21, 322; 34, 57; Fischer, § 24 Rn. 17.

213 Roxin, AT II, § 30 Rn. 204.

214 Roxin, AT II, § 30 Rn. 205.

215 Roxin, JuS 1981, 5, 7.

heißt auf die Tatbestandsverwirklichung an sich[216]. Die im Tatentschluss enthaltene und im unmittelbaren Ansetzen zur Tat umgesetzte Gefährlichkeit des Täters stellt sich eben nicht in einer einzelnen Handlung oder einem einzelnen Mittel dar; vielmehr kommen mehrere Mittel oder Handlungen zusammen, um den tatbestandlichen Erfolg zu erzielen[217]. Diese einheitliche Tat auseinander zu reißen, erscheint lebensfremd.

Der Gesamtbetrachtungslehre wird häufig entgegengehalten, dass sie den umsichtig handelnden Täter, der alles versucht, um den Erfolg herbeizuführen, privilegiere und diesem den Rücktritt erleichtere. Es sei oftmals reiner Zufall, ob der Erfolg ausbleibt[218]. Dieses Argument hat durchaus seine Berechtigung. Jedoch kann hiergegen angeführt werden, dass der umsichtig planende Täter stets eine längere Rücktrittschance hat, als derjenige, der gleich am Anfang mit seiner Handlung scheitert[219]. So nimmt zum Beispiel der umsichtig planende Täter bereits 100 Schuss Munition zum Tatort mit, um das weit entfernte Opfer auf jeden Fall zu töten. Der Täter, der davon ausgeht, dass er das Opfer mit einem Schuss töten wird, nimmt dagegen nur eine einzige Kugel mit an den Tatort. Wenn diese einzige Kugel fehlgeht, erbringt der Täter jedoch keine honorierbare Verzichtsleistung, wenn er weitere Handlungen unterlässt, sofern diese nicht erfolgsversprechend sind. Vielmehr ist er endgültig gescheitert. Die Gesamtbetrachtungslehre widerspricht auch nicht dem Gerechtigkeitsgefühl, denn der Täter, der erfolgsversprechend weiterhandeln kann, kehrt zur Legalität zurück, wenn er von weiteren Handlungen Abstand nimmt. Der endgültig gescheiterte Täter kann hingegen nicht mehr zur Legalität zurückkehren, so dass auch kein Anlass besteht, ihn straffrei zu stellen. Auch bei Fahrlässigkeitsdelikten hängt es oftmals vom Zufall ab, ob der Täter bestraft wird oder nicht[220]. Daneben ist anzumerken, dass sich diese Argument im Ergebnis gegen die Regelung des § 24 StGB an sich richtet und eben nicht lediglich gegen die Gesamtbetrachtungslehre. Denn der Regelung des § 24 StGB ist eine Unterscheidung zwischen „relativ und absolut verselbständigtem Versuch fremd"[221]. Auch die ratio des § 24 StGB spricht für die Gesamtbetrachtungslehre. Demjenigen Täter, der sein ursprüngliches Ziel zur Tatbestandsverwirklichung aufgibt und in die Legalität zurück-

216 Wessels/Beulke, AT, Rn 629; Baumann/Weber/Mitsch, AT, § 27 Rn. 31; Rengier, AT, § 37 Rn. 46; Lilie/Albrecht, in: LK, § 24 Rn. 72; Fischer, § 24 Rn. 11; Zaczyk, in: NK, § 24 Rn. 14.

217 Zaczyk, in: NK, § 24 Rn. 14; Ambos, in: Dölling/Duttge/Rössner, § 24 Rn 7.

218 Fischer, § 24 Rn. 13; Eser, in: Schönke/Schröder, § 24 Rn. 18 a; Otto, JURA 1992, 423, 428.

219 Bergmann, ZStW 100 (1988), 329, 343; Roxin, JuS 1981, 5, 8, ders., JR 1986, 425.

220 Bergmann, ZStW 100 (1988), 329, 342.

221 Otto, JURA 2001, 341, 343; ähnlich auch Rengier, JZ 1986, 963, 965.

kehrt, muss die Straffreiheit zugute kommen[222]. Als Letztes kann auch der Opferschutz für die Begründung der Gesamtbetrachtungslehre herangezogen werden, denn wenn dem Täter möglichst lange der Weg zum Rücktritt offen steht, wirkt sich dies Opferschützend aus[223].

II. Zwischenergebnis

Als Zwischenergebnis ist somit festzuhalten, dass der fehlgeschlagene Versuch als eigenständige Rechtsfigur existiert und ein Rücktritt hiervon ausgeschlossen ist. Bei mehreren Handlungsmöglichkeiten des Täters ist anhand der Gesamtbetrachtungslehre zu prüfen, ob ein fehlgeschlagener Versuch vorliegt. Kommt man nach dieser Vorprüfung zu dem Ergebnis, dass kein fehlgeschlagener Versuch vorliegt, sind die Voraussetzungen des Rücktritts gemäß § 24 StGB zu prüfen. § 24 Abs. 1 S. 1 StGB unterscheidet dabei zwischen zwei Rücktrittsalternativen. Die Abgrenzung zwischen diesen beiden Alternativen ist deshalb von großer Bedeutung, weil an das Rücktrittsverhalten des Täters völlig unterschiedliche Anforderungen zu stellen sind. So genügt beim Rücktritt vom unbeendeten Versuch (§ 24 Abs. 1, S. 1, 1. Alt. StGB) das bloße Nichtweiterhandeln, während beim Rücktritt vom beendeten Versuch (§ 24 Abs. 1, S. 1, 2. Alt. StGB) der Täter eine Gegenmaßnahme ergreifen muss, um den Erfolgseintritt zu verhindern. Die Voraussetzungen für einen strafbefreienden Rücktritt sind somit bei dem unbeendeten Versuch deutlich geringer als bei dem Rücktritt vom beendeten Versuch.

III. Unbeendeter und beendeter Versuch

1. Grundgedanken zum unbeendeten und zum beendeten Versuch

Eng mit der Problematik, ob ein Versuch fehlgeschlagen ist oder nicht, hängt die Frage zusammen, ob der Versuch bereits beendet ist, oder ob noch ein Fall des unbeendeten Versuchs vorliegt. Insbesondere bei der Prüfung, ob der Versuch fehlgeschlagen oder unbeendet ist, zeigt sich, wie nah die beiden Fragen miteinander verbunden sind.

---

222 Heinrich, AT I, Rn. 821.

223 Rengier, AT, § 37 Rn. 47; Kudlich/Schuhr, in: Satzger/Schmitt/Widmaier, § 24 Rn. 19; Ambos in: Dölling/Duttge/Rössner, § 24 Rn. 7.

a) Abgrenzung zwischen unbeendetem und beendetem Versuch

Einige Autoren in der Literatur lehnen die Unterscheidung zwischen unbeendetem und beendetem Versuch völlig ab[224]. Es ist jedoch mit der ganz herrschenden Meinung davon auszugehen, dass eine Abgrenzung zwischen unbeendeten und beendeten Versuch der Regelung des § 24 Abs. 1 S. 1 StGB zugrunde liegt und deshalb vorzunehmen ist[225].

Über die Frage, welche Anforderungen an die Abgrenzung zwischen unbeendetem und beendetem Versuch zu stellen sind, herrscht bis heute nicht immer Einigkeit zwischen Rechtsprechung und Lehre. Ein Konsens besteht lediglich darin, dass für die Abgrenzung zwischen unbeendetem und beendetem Versuch die Vorstellung des Täters vom Verwirklichungsgrad seiner Tat maßgebend ist[226]. Es ist demnach, ebenso wie beim fehlgeschlagenen Versuch, auf subjektive Kriterien abzustellen. Im Laufe der Zeit haben sich für die Bestimmung des unbeendeten und des beendeten Versuch die folgende Definitionen herausgebildet.

b) Der unbeendete Versuch

Unbeendet ist der Versuch, wenn der Täter glaubt, zur Verwirklichung des Tatbestandes noch weiterer Handlungen zu bedürfen[227]. Er hält hier den Erfolgseintritt (noch) nicht für möglich, da ihm das Gefahrbewusstsein fehlt.

aa) Schwere Gewalttaten

Wie diese Definition zeigt, kommt es primär auf die Vorstellung des Täters an, wenn es darum geht, ob ein unbeendeter Versuch vorliegt. Um die Annahme

224 Herzberg, in: MK, § 24 Rn. 63; anders in der 2. Auflage Herzberg/Hoffmann-Holland in: MK, § 24 Rn. 78ff. hier wird sich ebenfalls mit der h.M. für eine Unterscheidung zwischen unbeendeten und beendeten Versuch ausgesprochen; Herzberg, NJW 1989, 862, 864 f.; ders. Jus 1990, 273, 275 f.; Krauß, JuS 1981, 883, 855; v. Heintschel-Heinegg, ZStW 109 (1997), 29, 34.

225 BGHSt 31, 170, 175; Lilie/Alberecht, in: LK, § 24 Rn. 46; Fischer, § 24 Rn. 1; Rudolphi, in: SK, § 24 Rn. 15; Jescheck/Weigend, AT, § 49 S. 541; Heinrich, AT I, Rn. 790.

226 BGHSt 31, 170, 175; Lilie/Alberecht, in: LK, § 24 Rn. 46; Fischer, § 24 Rn. 1; Rudolphi, in: SK, § 24 Rn. 15; Kudlich/Schuhr, in: Satzger/Schmitt/Widmaier, § 24 Rn. 32; Jescheck/Weigend, AT, § 49 S. 541; Heinrich, AT I, Rn. 790; Rengier, AT, § 37 Rn. 30.

227 BGH, NStZ 2010, 384 f.; Urteil des 2. Strafsenat vom 26.1.2011, Az: 2 StR 458/10 (zit. nach juris); Fischer, § 24 Rn. 14; Wessels/Beulke, AT, Rn. 631; Kühl, AT, § 16 Rn. 25; Jesckeck/Weigend, AT, § 49 S. 541; Heinrich, AT I, Rn. 790; Roxin, AT II, § 30 Rn. 163; Rengier, AT, § 37 Rn. 31.

eines unbeendeten Versuchs nach dieser Definition nicht uferlos auszubreiten – der Täter könnte sonst immer behaupten, er dachte, der Erfolg könne (noch) nicht eintreten – sind an die Voraussetzungen zur Annahme eines unbeendeten Versuchs zumindest bei schweren Gewalttaten, wie Tötungsdelikten oder schwere Körperverletzungen, strenge Anforderungen zu stellen[228]. In diesen Fällen ist dann eben nicht ausschließlich auf die Tätervorstellung abzustellen. Vielmehr sind auch hier die objektiven Umstände maßgeblich, aus welchen dann im Einzelfall auf die subjektiven Vorstellungen des Täters geschlossen werden kann[229]. So spielt bei der Frage nach der Abgrenzung zwischen unbeendeten und beendeten Versuch die allgemeine Lebenserfahrung eine bedeutende Rolle und kann im Ergebnis dazu führen, dass sich der Täter eben nicht ausschließlich auf seine rein subjektive Vorstellung berufen kann. Bei schweren Gewalttaten wird, unabhängig von dem subjektiven Vorstellungsbild des Täters, unterstellt, dass er den Erfolgseintritt bereits dann für möglich halte, wenn er die tatsächlichen Umstände erkannt hat oder erkennen musste, die den Erfolgseintritt nach der Lebenserfahrung nahe legen[230]. Wenn der Täter dem Opfer mit Tötungsabsicht in den Kopf schießt, kann er später nicht behaupten, er dachte, der Taterfolg könne noch nicht eintreten. Um hier das Privileg der Straffreiheit zu erlangen, muss der Täter vielmehr aktiv zur Rettung des Opfers beitragen, da in diesen Fällen von einem beendeten Versuch ausgegangen werden muss. Gerade bei schweren Gewalttaten liegt es nahe, dass der Täter die Schwere der Verletzungen wahrgenommen hat und daher auch erkannt hat, dass der tatbestandliche Erfolg eintreten werde[231].

Jedoch sind bei der Frage, ob der Täter erkennen musste, dass die Verletzungen so schwer sind, dass der tatbestandliche Erfolg eintreten werde, auch alle weiteren objektiven Umstände zu berücksichtigen. Läuft das Opfer zum Beispiel nach einem Messerstich noch nach Hause, so kann der Täter davon ausgehen, dass der Erfolgseintritt (Tod des Opfers) ohne sein weiteres Zutun nicht eintritt[232]. In diesem Fall kann der Täter strafbefreiend vom Versuch zurücktreten, wenn er weitere Handlungen unterlässt; er muss nicht aktiv zur Rettung des Opfers beitragen.

228 BGH, StV 1996, 23; BGH, NStZ 1999, 299; BGHSt 33, 295, 300.
229 BGH, StV 1996, 23; BGH, NStZ 1999, 299; BGHSt 33, 295, 300.
230 BGHSt 39, 221, 231; 33, 295, 300; Roxin, AT II, § 30 Rn. 173.
231 BGHSt 39, 221, 231.
232 BGH, StV 1996, 23.

bb) Irrtum des Täters

Fraglich ist auch, ob der Täter strafbefreiend von der Tat zurücktreten kann, wenn der tatbeständsmäßige Erfolg eintritt, obwohl der Täter weitere Tathandlungen unterlässt, weil er sich über die Wirksamkeit seiner bisherigen Handlungen geirrt hat. Die herrschende Meinung geht in diesen Fällen grundsätzlich nicht davon aus, dass der Täter Straffreiheit erlangt hat[233]. Vielmehr ist in diesen Fällen die Vollendung des Deliktes (und damit die Strafbarkeit des Täters) zu bejahen, wenn der wirkliche Kausalverlauf von dem vom Täter vorgestellten Kausalverlauf nur unwesentlich abweicht, sein Irrtum also unbeachtlich war und ihm der Erfolg zurechenbar ist[234]. Denn nur weil der Täter noch nicht das Stadium des beendeten Versuchs erreicht hat, ist es nicht ausgeschlossen, ihm den Erfolg seines Tuns als vorsätzlich zuzurechnen[235]. Dies gilt vor allem dann, wenn der wirkliche Kausalverlauf nicht wesentlich von dem vorgestellten Kausalverlauf abweicht, der Erfolg dem Täter also zurechenbar ist[236]. Auch der unbeendete Versuch beinhaltet bereits den Vorsatz, die Tat zu vollenden und den tatbestandlichen Erfolg eintreten zu lassen[237]. Eine Vollendung des Delikts ist somit vom ursprünglichen Tatplan des Täters umfasst. Eine Vollendung stellt stets eine ausreichende Realisierung des Handlungsunwertes dar. Tritt aber die Vollendung des Delikts ein, die dem Täter auch zuzurechnen ist, da sie vom Vorsatz mitumfasst war, ist für einen strafbefreienden Rücktritt kein Raum mehr, denn § 24 StGB regelt, dass ein strafbefreiender Rücktritt nur möglich ist, wenn der tatbestandliche Erfolg ausbleibt. Bei einem vollendeten Delikt bleibt auch keine honorierbare Leistung des Täters mehr. Sollte der Erfolg dem Täter jedoch nicht zurechenbar sein, weil kein typischer, sondern ein sogenannter atypischer Kauslaverlauf vorliegt, liegt keine Zurechnung des tatbestandlichen Erfolges vor, so dass der Täter, bei Vorliegen aller weiteren Voraussetzungen durch bloßes Aufhören strafbefreiend zurücktreten kann[238]. Ein atypischer Kausalverlauf liegt dann vor, „wenn der eingetretene Erfolg völlig außerhalb dessen liegt, was nach

233 Rudolphi, in: SK, § 24 Rn. 16; Jescheck/Weigend, AT, § 49 S. 545; Roxin, AT II, § 30 Rn. 116; Wessels/Beulke, AT, Rn. 627; Krauß, JuS 1981, 883, 866.

234 Rudolphi, in: SK, § 24, Rn. 16; Jescheck/Weigend, AT, § 49 S 545; Roxin, AT II, § 30 Rn. 116; Wessels/Beulke, AT, Rn. 627; Krauß, JuS 1981, 883, 886.

235 Rudolphi, in: SK, § 24 Rn. 16; Roxin AT II, § 30 Rn. 116.

236 Rudolphi, in: SK, § 24 Rn. 16; Jescheck/Weigend AT, § 49 S. 545; Roxin AT II, § 30 Rn. 116.

237 Rudolphi, in: SK, § 24 Rn. 16.

238 Jescheck/Weigend, AT, § 49 S. 545; Rudolphi, in: SK, § 24 Rn. 16.

dem gewöhnlichen Verlauf der Dinge und nach der allgemeinen Lebenserfahrung noch in Rechnung zu stellen ist“[239].

c) Der beendete Versuch

Beendet ist der Versuch, wenn der Täter glaubt, bereits alles zur Verwirklichung des Tatbestandes Erforderliche getan zu haben[240]. Dies setzt jedoch nicht voraus, dass der Täter sich sicher ist, dass der Erfolg eintreten werde. Dies würde den Bereich des beendeten Versuchs zu weit hinausschieben. Es kommt vielmehr nur darauf an, dass der Täter die tatsächlichen Umstände erkennt, die nach der Lebenserfahrung den Erfolgseintritt nahe legen.

aa) Der vorstellungslose Täter

Fraglich ist, ob ein beendeter Versuch auch dann vorliegt, wenn sich der Täter nach der letzten Ausführungshandlung keine Gedanken über die Folgen seiner Handlungen macht. In früheren Entscheidungen bejahte der BGH[241] in einem solchen Fall das Vorliegen eines beendeten Versuchs. Der BGH führte aus, dass ein beendeter Versuch anzunehmen sei, wenn der Täter sich nach der letzten Ausführungshandlung keine Gedanken über die Folgen seines Handelns gemacht hat. In diesem Fall halte der Täter den Erfolgseintritt sowohl für möglich als auch für nicht möglich. Wenn der Täter den Erfolgseintritt jedoch auch für möglich halte, liegt ein beendeter Versuch vor[242]. Es sei in diesem Fall nicht mit dem Grundgedanken des Rücktritts vereinbar, wenn der Täter, der eine verbrecherische Handlung begangen hat, durch bloßes Nicht-weiter-handeln Straffreiheit erlangen könnte, nur weil er sich über die Folgen seiner Tat keine oder keine sicheren Gedanken macht[243].

Dagegen lässt sich jedoch einwenden, dass der BGH hier den Fall des vorstellungslosen Täters in den eines auch mit dem Erfolg rechnenden Täters umdeutet. Dies ist aber nicht zulässig[244]. Denn wenn der Täter sich überhaupt keine Gedan-

239 BGHSt 3, 62; Wessels/Beulke, AT, Rn. 196.

240 BGH, NStZ 2010, 384 f.; Wessels/Beulke, AT, Rn. 631; Kühl, AT, § 16 Rn. 25; Jescheck/Weigend, AT, § 49 S. 541; Rengier, AT, § 37 Rn. 32; Fischer, § 24 Rn. 14; Rudolphi, in: SK, § 24 Rn. 15.

241 BGHSt 14, 75, 80; 31, 46, 48; 40, 304, 306; BGH, StV 1996, 386, 387; Roxin, AT II, § 30 Rn. 167.

242 BGHSt 40, 304, 306; Heckler, NJW 1996, 2490, 2491; Rengier, AT, § 37 Rn. 33.

243 BGH, NJW 1969, 1358.

244 BGH, StV 2005, 386, 387; Heckler, NJW 1996, 2490, 2491; Puppe, NStZ 1995, 403, 404; Roxin, AT II, § 30 Rn. 171.

244 Heckler, NJW 1996, 2490, 2491; Roxin, AT II, § 30 Rn. 171.

ken macht, kann er auch nicht mit der Möglichkeit rechnen, dass der Erfolg eintritt[245]. Mit der Möglichkeit des Erfolgseintritts zu „rechnen", bedeutet, dass sich der Täter mit den möglichen Alternativen auseinandersetzen muss. Wenn er sich jedoch überhaupt keine Gedanken macht, setzt er sich in keinster Weise mit der Situation und den verschiedenen Möglichkeiten des Ausgangs auseinander[246]. Der Täter, der sich überhaupt keine Vorstellung macht, rechnet jedoch auch nicht mit der Möglichkeit, dass der tatbestandliche Erfolg eintritt. Er ist nicht mit dem gleichgültigen Täter gleichzusetzen, welcher sowohl mit dem Erfolgseintritt rechnet, als auch damit, dass der Erfolg eben nicht eintritt. Ein gleichgültiger Täter rechnet zumindest auch mit der Möglichkeit, dass der tatbestandliche Erfolg eintritt. Er findet sich mit dieser Tatsache ab[247].

bb) Der vorstellungslose Täter bei schweren Gewalttaten

Eine Ausnahme von dem vorgenannten Grundsatz ist jedoch erneut dann vorzunehmen, wenn der Verletzung des Opfers eine besonders gefährliche Gewaltanwendung vorausgegangen ist. Wenn der Täter in diesem Fall behauptet, er habe sich überhaupt keine Gedanken über den Eintritt des tatbestandsmäßigen Erfolges gemacht, kann dies nicht überzeugen[248]. Wie bereits dargestellt[249] kann sich der Täter bei schweren Gewalttaten nicht darauf berufen, dass er nicht mit dem Erfolgseintritt gerechnet hat. Vielmehr legt die Lebenserfahrung nahe, dass bei schweren Verletzungen der Erfolgseintritt mit großer Wahrscheinlichkeit eintreten wird. Der Täter kann in diesem Fall bestenfalls gleichgültig gegenüber dem Erfolgseintritt sein. Dieser bedingte Vorsatz führt dann aber, wie oben bereits gezeigt, zu der Annahme eines beendeten Versuchs.

Die Rechtfertigung dieser Ausnahme ergibt sich aus dem Gedanken, dass der Täter, der sich überhaupt keine Gedanken über den Erfolgseintritt macht, nicht gegenüber demjenigen privilegiert werden solle, der erkennt, dass der Erfolgseintritt möglich ist. Dieser „nachdenkende" Täter müsste aktiv zur Rettung des Opfers beitragen, während der „unüberlegte" Täter durch bloßes Aufhören Straffreiheit erlangen könnte[250]. Um diesem Widerspruch gerecht zu werden, geht der BGH[251] in Fällen schwerer Gewaltanwendung (Tötungsdelikte, schwere Körper-

---

245 BGH, StV 2005, 386, 387; Heckler, NJW 1996, 2490, 2491; Puppe, NStZ 1995, 403, 404; Roxin, AT II, § 30 Rn. 171.

246 Heckler, NJW 1996, 2490, 2491; Roxin, NStZ 1995, 403, 404.

247 Heckler, NJW 1996, 2490, 2491; Puppe, NStZ 1995, 403, 404.

248 BGHSt 39, 221, 231; Heckler, NJW 1996, 2490, 2491.

249 Vgl. 1. Kapitel C. III. 1. b) aa).

250 BGH, StV 2005, 386, 387; BGHSt 40, 304, 306.

251 BGH, StV 2005, 386, 387; BGHSt 40, 301.

verletzung u.ä.) bei einem „unüberlegten“ Täter von einem beendeten Versuch aus. Der Täter kann nicht durch bloßes Aufhören Straffreiheit erlangen. Vielmehr muss der Täter aktiv zur Rettung des Opfers beitragen, um strafbefreiend vom Versuch zurücktreten zu können.

2. Die Tatplantheorie

Die beiden oben aufgeführten Definitionen, welche regeln, wann ein unbeendeter und wann ein beendeter Versuch vorliegt, zeigen deutlich, dass es bei der Abgrenzung entscheidend auf die Vorstellung des Täters ankommt. Fraglich ist dabei, auf welchen Zeitpunkt bezüglich der Vorstellung des Täters abzustellen ist, um zu überprüfen, ob ein unbeendeter oder ein beendeter Versuch vorliegt. Zum einen ist es denkbar, auf die Vorstellung des Täters zu Tatbeginn abzustellen. Zum anderen könnte man aber auch auf die Vorstellung des Täters bei der letzten Ausführungshandlung abstellen.

a) Frühere Rechtsprechung des BGH

Der BGH hatte bis Ende 1982 die sogenannte Tatplantheorie vertreten[252]. Nach dieser Theorie kommt es bei der Frage, ob der Versuch beendet oder unbeendet ist, allein auf die Vorstellung des Täters bei Tatbeginn an, wenn der Täter mit direktem Vorsatz handelt[253]. Der BGH nahm an, dass der Versuch immer dann beendet sei, wenn der gefasste Tatplan durchgeführt wurde. Dies sollte unabhängig davon gelten, wie der Täter bei Beendigung seiner Tathandlung die Wirkung seines bisherigen Tuns einschätzt[254].

Auf die Vorstellung des Täters bei Tatbeginn sollte es jedoch nach dem BGH nur dann ankommen, wenn der Täter bei Tatbeginn einen fest umrissenen Tatplan hatte. Hatte der Täter bei Tatbeginn keinen festen Tatplan, oder musste nach dem Grundsatz *in dubio pro reo* davon ausgegangen werden, dass ein Tatplan nicht vorlag, so sollte es für die Frage, ob ein unbeendeter oder beendeter Versuch vorlag, auf die Vorstellung des Täters zum Zeitpunkt der letzten Ausführungshandlung ankommen[255]. Hielt der Täter somit nach der letzten Ausführungshandlung sein Tun nicht für ausreichend, um den tatbestandlichen Erfolg

---

252 BGHSt 10, 129, 131; 14, 75, 79; 22, 176, 177; 330, 331; BGH, NJW 1969, 1358.

253 BGHSt 10, 129, 131; 14, 75, 79; 22, 176, 177; BGH, NJW 1969, 1358.

254 BGHSt 22, 330, 331.

255 BGH, NStZ 1981, 342; BGH, NStZ 1984, 116; BGHSt 22, 330, 331; BGH, NJW 1980, 195; Wessels/Beulke, AT, Rn. 632; Heinrich, AT I, Rn. 823.

herbeizuführen, lag nach dieser Theorie ein unbeendeter Versuch vor[256]. Dies sollte nach Ansicht des BGH auch dann gelten, wenn der Täter irrigerweise davon ausging, dass seine bisherigen Handlungen nicht ausreichend waren, um den Erfolg herbeizuführen, in Wirklichkeit jedoch dafür ausreichten[257].

Fraglich war nach den oben beschriebenen Abgrenzungskriterien, wie die Unterscheidung zwischen unbeendetem und beendetem Versuch durchzuführen war, wenn sich der Täter über die Wirkung seiner bisher durchgeführten Handlungen keine sicheren Vorstellungen gemacht hatte, wenn der Täter also vielmehr im Zweifel darüber war, ob seine bisherigen Handlungen ausreichend waren. Nach der Tatplantheorie des BGH lag in diesem Fall ein beendeter Versuch vor. Es sei mit den Grundgedanken des Rücktrittsrecht nicht zu vereinbaren, einem Täter, der an dem Erfolg seiner Handlungen nur zweifelt, die Möglichkeit des strafbefreienden Rücktritts durch bloßes Nichtweiterhandeln zu ermöglichen[258].

b) Die Abkehr von der Tatplantheorie

Trotz dieser scheinbar gefestigten Rechtsprechung gab es immer wieder Entscheidungen verschiedener Strafsenate des BGH, bei welchen der erkennende Senat auf die Vorstellung des Täters zum Schluss der Handlungen abgestellte[259]. Eine an der Vorstellung des Täters orientierte, allgemeingültige, alle denkbaren Fallgestaltungen umfassende Abgrenzung zwischen unbeendetem und beendetem Versuch wurde somit lange Zeit vom BGH nicht vorgenommen. Vielmehr nährte sich der BGH langsam immer mehr der überwiegend in der Literatur vertretenen Ansicht an, dass es für die Abgrenzung zwischen unbeendeten und beendeten Versuch auf die Vorstellungen des Täters bei der letzten Ausführungshandlung ankommt (sog. Lehre vom Rücktrittshorizont)[260]. In der Entscheidung vom 3. Dezember 1982 hat der BGH die Tatplantheorie schließlich ausdrücklich aufgegeben und sich ebenfalls der Lehre vom Rücktrittshorizont angeschlossen[261].

---

256 BGHSt 22, 330, 332; BGH, NJW 1980, 195.

257 BGHSt 22, 330, 332.

258 BGHSt 22, 330, 332.

259 Urteil des 1. Strafsenat vom 17. Mai 1955, 1 StR 154/55, abgedruckt in: BGHSt 31, 170, 171; Urteil des 1. Strafsenat vom 25. Mai 1965, 1. StR 79/65, abgedruckt in: BGHSt 31, 170, 172; BGH, NJW 1980, 195; BGHSt 22, 330, 331; Urteil des 3. Strafsenat vom 10. April 1979, 3 StR 79/79, abgedruckt in: BGHSt 31, 170, 172; BGHSt 14, 75, 79.

260 BGHSt, 31, 170; Wessels/Beulke, AT, Rn. 633; Heinrich, AT I, Rn. 824; Jescheck/Weigend, AT § 49 S. 542; 175; Lackner/Kühl, § 24 Rn. 5; ders., AT, § 16 Rn. 27; Fischer, § 24 Rn. 15.

261 BGHSt 31, 170.

3. Die Lehre vom Rücktrittshorizont

In dieser Entscheidung[262] stellte sich der BGH somit zum ersten Mal offen gegen die Tatplantheorie und entschied sich bei der Frage, auf welchen Zeitpunkt bezüglich der Tätervorstellung abzustellen ist, für die Gesamtbetrachtungslehre in Form der Lehre vom Rücktritthorizont. Diese besagt, dass es für die Abgrenzung von unbeendetem und beendetem Versuch auf die Vorstellung des Täters zum Zeitpunkt der letzten Tathandlung ankommt[263]. Hier zeigt sich wieder die Parallele zu der Problematik, ob ein Versuch fehlgeschlagen ist. Auch dort wird im Rahmen der Gesamtbetrachtungslehre – bei der Frage, wann ein Versuch fehlgeschlagen ist – auf die Tat als Ganzes abgestellt. Die Lehre vom Rücktrittshorizont ist somit ein Teilaspekt der Gesamtbetrachtungslehre. Das bedeutet, dass im Rahmen der Gesamtbetrachtungslehre bei der Frage, ob ein Versuch unbeendet oder beendet ist, auf die Lehre vom Rücktrittshorizont zurückgegriffen wird[264].

Der BGH führte in seiner Entscheidung, die zu einem Wandel in der Rechtsprechung führte, aus, dass der Versuch jedenfalls dann beendet sei, wenn der Täter nach der letzten Ausführungshandlung den Eintritt des tatbestandsmäßigen Erfolges für möglich hält[265]. Ob ein Täter die weitere Ausführung seiner Tat aufgebe, könne nach Ansicht des BGH nicht danach beurteilt werden, wie genau sich der Täter bei Tatbeginn die Ausführung seiner Tat vorgestellt hat[266].

Diese Ansicht hat der 4. Strafsenat des BGH in der Entscheidung vom 12. November 1987[267] noch einmal bekräftigt. Auch der 4. Senat schloss sich hier der Lehre vom Rücktrittshorizont an[268]. Seit dieser Zeit kann die Lehre vom

262 BGHSt 31, 170.

263 BGHSt, 31, 170, 175; Wessels/Beulke, AT, Rn. 633; Heinrich, AT I, Rn. 824; Jescheck/Weigend, AT, § 49 S. 542; Lackner/Kühl, § 24 Rn. 5; Kühl, AT, § 16 Rn. 27; Eser, in: Schönke/Schröder, § 24 Rn. 17; Kudlich/Schuhr, in: Satzger/Schmitt/Widmaier, § 24 Rn. 34; Weidemann, GA 1986, 409.

264 Schall, JuS 1990, 623, 625; Heinrich, AT I, Rn. 824, 831.

265 BGHSt 31, 170, 175.

266 BGHSt 31, 170, 175.

267 BGHSt 35, 90 f.

268 BGHSt 35, 90, 92.

Rücktrittshorizont als gefestigte Rechtsprechung[269] angesehen werden, welche auch von der herrschenden Meinung in der Literatur[270] vertreten wird.

a) Argumente für die Gesamtbetrachtungslehre in Form der Lehre vom Rücktrittshorizont

Für die herrschende Meinung der Gesamtbetrachtungslehre in Form der Lehre vom Rücktrittshorizont sprechen neben den bereits dargestellten Argumenten[271] vor allem folgende Überlegungen, welche dazu führen, dass ihr zu folgen ist. Für die Gesamtbetrachtungslehre spricht zunächst das Wortlautargument. Denn § 24 Abs. 1 S. 1, 1. Alt. StGB knüpft den Rücktritt durch bloßes Aufhören ausschließlich an die Aufgabe der weiteren Handlungen. Von früheren Handlungen ist hingegen nicht die Rede. Dies bringt *Roxin* mit folgendem Satz anschaulich zum Ausdruck: „§ 24 StGB wirft den Blick nach vorne und nicht zurück“[272]. Der 2. Strafsenat des BGH weist in seiner Entscheidung ebenfalls auf den Wortlaut des § 24 StGB hin[273]. Er führt aus, dass die Frage, ob der Täter „die weitere Ausführung seiner Tat aufgibt“, nicht danach entschieden werden könne, ob der Täter bei Tatbeginn genaue oder ungenaue Vorstellungen davon habe, wie er den Erfolg herbeiführen wolle. Der 2. Strafsenat weist in dieser Entscheidung ausdrücklich darauf hin, dass von seiner Seite beachtet wurde, dass § 46 StGB a.F. statt der Worte „weitere Ausführung der Tat“ die Formulierung „Ausführung der beabsichtigten Handlung“ gebraucht hat. Jedoch war die Gesetzesänderung lediglich als sprachliche Neufassung gedacht, die keine inhaltlichen Änderungen bringen sollte[274]. Der 2. Strafsenat führt weiter aus, dass es nicht gerechtfertigt sei, der unvollendeten Durchführung eines Tatplans eine so entscheidende Bedeutung beizumessen. Wenn eine Tat vollendet ist, sei es für die Zurechnung und die Bewertung des tatbestandsmäßigen Erfolges ohne Bedeutung, was der Täter zu Tatbeginn geplant hat, ob er alle von ihm geplanten Handlungen durchgeführt hat oder Handlungen durch andere Handlungen ersetzt hat[275]. Es muss vielmehr

---

269 BGHSt 39, 221, 227; BGH, NJW 1984, 1693; BGH, NStZ 1984, 453; BGH, NJW 1985, 2428; BGH, NStZ 1999, 299; BGH, NStZ 2006, 685; BGH, NStZ 2009, 25; BGH, NStZ-RR 2009, 42 f.; BGH, StV 2010, 301; BGH, NStZ 2010, 384; Urteil des 2. Strafsenats vom 26.1.2011, Az. 2 StR 458/10 (zit. nach juris).

270 Eser, in: Schönke/Schröder, § 24 Rn. 17; Zaczyk, in: NK, § 24 Rn.12; Fischer, § 24 Rn. 15; Wessels/Beulke, AT, Rn. 633; Heinrich, AT I, Rn. 824; Jeschek/Weigend, AT, § 49 S. 542; Roxin, AT II, § 30 Rn.187.

271 Vgl. 1. Kapitel C. I. 3. c) bb).

272 Roxin, AT II, § 30 Rn 204.

273 BGHSt 31, 170 ff.

274 BGHSt 31, 170, 175.

275 BGHSt 31, 170, 175.

darauf abgestellt werden, ob der Täter von weiteren möglichen Handlungen absehe, bevor er das verwirklicht hat, was nach seiner Vorstellung zur Herbeiführung des Erfolges erforderlich oder möglich ist. Ob und wann dies der Fall ist, kann der Täter aber verständlicherweise erst nach der letzten Ausführungshandlung erkennen[276].

Immer wieder wird der Gesamtbetrachtungslehre in Form der Lehre vom Rücktrittshorizont vorgeworfen, dass sie zu rücktrittsfreundlich sei. Dagegen kann aber angeführt werden, dass bei richtiger Auslegung der Gesamtbetrachtungslehre ein Rücktritt deutlich seltener in Betracht kommt, als dies zunächst den Anschein hat. Denn, wie oben bereits beschrieben[277], kann sich der Täter bei schweren Gewalttaten nicht darauf berufen, dass er davon ausging, dass der Taterfolg nicht unmittelbar bevorstehe. Vielmehr geht die Rechtsprechung bei schweren Gewalttaten davon aus, dass die Lebenserfahrung nahe legt, dass der Taterfolg ohne Verhinderungshandlung eintreten wird. Die Gesamtbetrachtungslehre geht daher in diesen Fällen regelmäßig von einem beendeten Versuch aus, so dass der Täter nicht durch bloßes Aufhören von der Tat zurücktreten kann. Vielmehr muss er aktiv zur Rettung des Opfers beitragen. Tut er dies nicht, ist ein strafbefreiender Rücktritt nicht möglich. Auch ist ein Rücktritt nach der Gesamtbetrachtungslehre nur dann möglich, wenn der Täter Handlungen unterlässt, welche in räumlichen und zeitlichem Zusammenhang mit der ursprünglichen Tat stehen[278].

Es erscheint auch lebensfremd, einzig auf die Vorstellung des Täters bei Tatbeginn abzustellen. Denn menschliche Handlungszüge haben nicht von Anfang an eine Erfolgsgarantie. Vielmehr bedarf es der Steuerung des Täters in der konkreten Handlungssituation. Dadurch wird jedoch sein Verhalten zu einer Einheit, das als Gesamttat betrachtet wird[279]. Diese Gesamtbetrachtung kann jedoch nur die Gesamtbetrachtungslehre leisten, da sie das gesamte Tatgeschehen als natürliche Einheit betrachtet.

Bei der Abgrenzung zwischen unbeendetem und beendetem Versuch müssen stets die divergierenden Interessen des Opfers und die Täterprivilegierung gegeneinander abgewogen werden. Diesen Anforderungen wird nur die Gesamtbetrachtungslehre in Form der Lehre vom Rücktrittshorizont gerecht. Denn hält der Täter nach der letzten Ausführungshandlung den Erfolg für möglich, muss er aktive Rettungshandlungen durchführen, um strafbefreiend von dem Versuch zurücktreten zu können[280]. Er kann jedoch, wie oben schon festgestellt, erst nach

---

276 Lilie/Albrecht, in: LK, § 24 Rn. 104; Heinrich, AT I, Rn. 824.

277 Vgl. 1. Kapitel C. III. 1. b) aa).

278 BGHSt 40, 76, 77; Kühl, AT, § 16 Rn. 35; Otto, JURA 1992, 423, 425.

279 Ranft, JURA 1987, 527, 530.

280 BGHSt 35, 90, 93; Lilie/Albrecht, in: LK, § 24 Rn. 105.

der letzten Ausführungshandlung erkennen, was er tun muss, um das Opfer zu retten, nämlich ob bloßes Nichtweiterhandeln ausreicht, oder ob er aktiv etwas zur Rettung des Opfers beitragen muss. Das Opfer hat in dieser Situation ein Recht darauf, dass es nicht noch weiteren Gefahren ausgesetzt wird. Der Täter soll daher, da er noch Herr über das Geschehen ist, dazu angespornt werden, weitere Handlungen zu unterlassen beziehungsweise die Rettung des Opfers herbeiführen. Wenn ihm das gelungen ist, muss auch das Unrecht, welches der Täter begangen hat, nicht zwangsläufig bestraft werden[281]. Für die Gesamtbetrachtungslehre spricht weiter, dass es für die rechtliche Beurteilung keinen Unterschied machen kann, was sich der Täter bei Tatbeginn dachte. Entscheidend dafür, ob der Täter strafbefreiend zurückgetreten ist, ist vielmehr, dass der Täter durch seine Handlungen „seine Rechtstreue unter Beweis gestellt hat“[282]. So muss er aktiv zur Rettung des Opfers beitragen, wenn er erkannt hat, dass eine unmittelbare Gefährdung des Opfers vorliegt. Nur wenn er diese Rettungshandlungen unternimmt, kann er in den Genuss des strafbefreienden Rücktritts kommen. Was er aber konkret zur Rettung des Opfers unternehmen muss, oder ob es ausreicht, dass er einfach weitere Handlungen unterlässt, kann der Täter erst nach der letzten Tathandlung erkennen[283]. Selbst wenn der Täter zu Tatbeginn davon ausging, dass seine Handlungen unmittelbar zum Erfolg führen, muss es ihm zugute kommen, wenn er, bei einem vom ursprünglich geplanten Tatverlauf abweichenden Geschehen, auf weitere Handlungen verzichtet, obwohl sich die Möglichkeit dafür bieten würde[284]. Bei der Frage, ob ein unbeendeter oder ein beendeter Versuch vorliegt, muss auch berücksichtigt werden, dass es sich bei dem zu beurteilenden Verhalten des Täters um eine Tat im Sinne des materiellen Strafrechts, also um ein einheitliches Geschehen handelt[285]. Auch diesem Umstand wird die Gesamtbetrachtungslehre in Form der Lehre vom Rücktrittshorizont gerecht, da sie die Tat als Ganzes bewertet, ohne auf einzelne Teilakte zu blicken. Der Grund für die Herstellung der Versuchseinheit liegt darin, dass der Täter durch seinen Tatentschluss und in dem unmittelbaren Ansetzen zur Tat zeigt, dass er die Tat vollenden will. Dies zeigt sich jedoch nicht in einem einzelnen Mittel oder in einer einzelnen, auf Vollendung gerichteten Aktion. Vielmehr ordnet der Täter die Mittel seinem Ziel unter, die Vollendung herbeizuführen. Die Mittel oder Handlungen schließen sich somit zu einer Einheit zusammen[286]. Schließlich spricht für die Gesamtbetrachtungslehre und somit

---

281 Otto, JURA 1992, 423, 428; ders., JURA 2001, 341, 343.

282 BGHSt, 35, 90, 93; so auch Rudolphi, NStZ 1983, 360, 363.

283 BGHSt 31, 170, 175; 35, 90, 93.

284 BGHSt 35, 90, 94; Puppe, NStZ 1984, 488, 490; Rengier, JZ 1986, 964, 965.

285 Lilie/Albrecht, in: LK, § 24 Rn. 106.

286 Zaczyk, in: NK, § 24 Rn. 14.

auch für die Lehre vom Rücktrittshorizont noch der Gesichtspunkt des Opferschutzes. Denn wenn dem Täter das Aufhören, beziehungsweise die Rettung des Opfers keine Straffreiheit bringt, hat er keinen Grund, das Opfer zu verschonen. Im Gegenteil: Wenn das Opfer überlebt, muss der Täter unter Umständen mit einer Strafanzeige durch das Opfer rechnen, auch ist die Gefahr größer, dass das Opfer ihn erkannt hat[287].

b) Die Lehre vom korrigierten Rücktrittshorizont

Fraglich ist, ob ein unbeendeter oder ein beendeter Versuch vorliegt, wenn der Täter den Erfolgseintritt zunächst für möglich hält, jedoch kurz nach der letzten Ausführungshandlung erkennt, dass er sich geirrt hat. Der Irrtum des Täters beruht in diesem Fall darauf, dass noch weitere Handlungen vorgenommen werden müssten, um den tatbestandsmäßigen Erfolg herbeizuführen. Die Lehre vom korrigierten Rücktrittshorizont geht in diesen Fällen davon aus, dass ein unbeendeter Versuch vorliegt, der Täter also durch bloßes Nichtweiterhandeln zurücktreten kann. In dem Fall, in dem der Täter dem beschriebenen Irrtum unterliegt, folgt die Rechtsprechung und die Literatur daher in engen zeitlichen Grenzen der Lehre vom korrigierten Rücktrittshorizont[288].

Diese Lehre besagt, dass ein unbeendeter Versuch immer dann vorliegt, wenn der Täter alsbald nach der letzten Handlung erkennt, dass er noch weitere Handlungen durchführen müsste, um den Erfolg herbeizuführen[289]. Unterlässt er diese weiteren Handlungen, tritt er strafbefreiend vom Versuch zurück. Denn hätte der Täter, nachdem er seinen Irrtum erkannte, sogleich weitere Tathandlungen durchgeführt, um den Erfolg herbei zu führen, hätte er in engem zeitlichen und örtlichen Zusammenhang die Tat vollendet. Das gesamte Tatgeschehen ist somit als eine Tat anzusehen[290]. Auch ein fehlgeschlagener Versuch kommt hier nicht in Betracht, da von diesem nicht die Rede sein kann, wenn der Täter einem kurzzeitigem Irrtum unterliegt[291]. Wenn der Täter unmittelbar nach der letzten Handlung erkennt, dass sein bisheriges Tun nicht ausreicht, um den Erfolg herbeizuführen, so ist er wegen des vorübergehenden Irrtums nicht daran gehindert, durch

---

287 Roxin, AT II, § 30 Rn. 188.

288 BGH, NStZ 1986, 264, 265; BGH, NStZ 1999, 299, 300; Fischer, § 24 Rn. 15; Kudlich/Schuhr, in: Satzger/Schmitt/Widmaier, § 24 Rn. 36; Roxin, AT II, § 30 Rn. 163; Wessels/Beulke, AT, Rn. 633; Heinrich, AT I, Rn. 832; Rengier, AT, § 37 Rn. 36; Heger, StV 2010, 320, 321.

289 Heinrich, AT I, Rn. 832; Eser, in: Schönke/Schröder, § 24 Rn. 17 a.

290 BGHSt 36, 224, 226.

291 BGHSt 36, 224, 226.

bloßes Nichtweiterhandeln vom Versuch zurückzutreten[292]. Vielmehr ist auch hier stets die Tat als Ganzes zu betrachten. Ein kurzfristiger Irrtum des Täters kann nicht dazu führen, dass er zwar auf der einen Seite erkennt, dass der tatbestandliche Erfolg nicht ohne weitere Tathandlungen eintreten werde, auf der anderen Seite jedoch trotzdem gezwungen ist, aktive Maßnahmen zur Rettung des Opfers einzuleiten (die ja gar nicht notwendig und zum Teil auch unmöglich sind). In der Entscheidung vom 19. Juli 1989[293] weist der 2. Strafsenat darauf hin, dass ein Versuch so lange unbeendet sei, wie der Täter von weiteren Handlungsmöglichkeiten absieht, obwohl der Erfolg noch nicht herbeigeführt worden ist. Auch im umgekehrten Fall gilt die Lehre vom korrigierten Rücktrittshorizont. Geht der Täter zunächst davon aus, dass er noch weitere Handlungen durchführen muss, um den Erfolg herbeizuführen, erkennt er aber unmittelbar nach der letzten Handlung, dass die Gefahr des Erfolgseintritts gegeben ist, liegt im Ergebnis ein beendeter Versuch vor. Denn in diesem Fall geht der Täter nach der letzten Ausführungshandlung davon aus, dass seine Handlungen ausreichen, um den tatbestandlichen Erfolg herbeizuführen[294]. Um strafbefreiend zurückzutreten, genügt es nun nicht mehr, dass der Täter einfach nicht weiter handelt. Vielmehr muss er gemäß § 24 Abs. 1, S. 1 2. Alt. StGB nun aktiv etwas zur Rettung des Opfers unternehmen.

c) Die Möglichkeit des Rücktritts bei den „Denkzettelfällen"

Umstritten ist die Möglichkeit des Rücktritts in Fällen, in denen der Täter mit *dolus eventualis* handelt und primär ein anderes Handlungsziel angestrebt hat. Der Täter hat in diesem Fällen in erster Linie den Vorsatz, dem Opfer einen „Denkzettel" zu verpassen, und nimmt die außertatbestandliche Zielerreichung lediglich billigend in Kauf. Fraglich ist bei diesen Fallkonstellationen, ob der Täter strafbefreiend vom unbeendeten Tötungsversuch zurücktreten kann, obwohl er sein primäres Handlungsziel bereits erreicht hat.

---

292 BGHSt 36, 224, 225.

293 BGHSt 36, 224, 225.

294 BGH, NStZ 1998, 615; Beschluss des 3. Strafsenat vom 8.2.2011, Az. 3 StR 17/11 (zit. nach juris); der 5. Strafsenat des BGH erwägt in seiner Enscheidung vom 3.2.1999, BGH, StV 1999, 596, ob hier eine analoge Anwendung von § 24 Abs. 1 S. 2 StGB geboten ist, lässt eine abschließende Entscheidung jedoch in diesem Fall offen. Siehe dazu auch Heger, StV 2010, 320, 321.

aa) Der strafbefreiende Rücktritt ist nicht möglich

Die oben gestellte Frage ist bis heute in der Literatur umstritten und wurde früher auch zwischen den einzelnen BGH-Strafsenaten unterschiedlich beantwortet. Der 2. und der 5. Strafsenat, wie auch etliche Vertreter innerhalb der Literatur[295], verneinten hier einen strafbefreienden Rücktritt vom versuchten Tötungsdelikt. Voraussetzung für einen strafbefreienden Rücktritt sei, dass der Täter „die Durchführung des kriminellen Entschlusses aufgibt“[296]. Wolle der Täter jedoch mit den abgegebenen Schüssen das Opfer nur vertreiben und ist dieses Ziel erreicht, ist auch sein primäres Handlungsziel erreicht. Eine honorierbare Verzichtsleistung des Täters durch sein Nichtweiterhandeln liege dann nicht vor. Vielmehr habe der Täter genau das erreicht, was er erreichen wollte. Ein Aufgeben sei für ihn sinnlos[297]. Die Tötung werde in diesen Fällen eben „nur“ billigend in Kauf genommen. Wenn das Hauptziel der Tat erreicht sei, liege ein neuer Tatentschluss vor, wenn der Täter etwa erneut auf das Opfer schießt[298].

bb) Der strafbefreiende Rücktritt ist möglich

Gegen diese Auffassung wendeten sich der 1. Strafsenat[299] und Teile der Literatur[300]. Sie gehen davon aus, dass ein unbeendeter Tötungsversuch vorliege, wenn der Täter den Tod des Opfers billigend in Kauf nimmt. Von diesem unbeendeten Versuch könne der Täter durch Aufgeben der weiteren Tathandlung strafbefreiend zurücktreten. Der 1. Strafsenat begründete seine Auffassung damit, dass die Konsequenz bei der Verneinung der Rücktrittsmöglichkeit sei, dass der Täter, der von Anfang an mit direktem Tötungsvorsatz handelt, noch zu einem Zeitpunkt zurücktreten kann, zu welchem dem mit bedingtem Tötungsvorsatz handelnden Täter der Rücktritt verwehrt ist. Dies bedeute, dass im Zweifel zu Gunsten des Angeklagten die schwerere Vorsatzform angenommen werden müsste[301].

---

295 BGH, NStZ 1990, 77, 78; BGH, NStZ 1991, 127, 128; BGH, NJW 1990, 522; Roxin, AT II, § 30 Rn. 58; Kühl, AT, § 16 Rn. 40; Lackner/Kühl, § 24 Rn. 12; Wessels/Beulke, AT, Rn. 635; Heinrich, AT I, Rn. 837; Rudolphi, in: SK, § 24 Rn. 14 b; Schall, JuS 1990, 623, 627; Kudlich, JuS 1999, 349.

296 BGH, NStZ 1990, 522.

297 BGHSt 39, 221, 225; Otto, JURA 1992, 423, 427; Kudlich, JuS 1999, 349, 353; Bock, JuS 2006,606; Wessels/Beulke, AT, Rn. 635; Roxin, AT II, § 30 Rn. 58; Rudolphi, in: SK, § 24 Rn. 14 b; Lackner/Kühl, § 24 Rn. 12.

298 BGH, NStZ 1990, 77, 78; Heinrich, AT I, Rn. 837.

299 BGH, NStZ 1989, 317; BGH, NStZ 1990, 30; BGH, NJW 1990, 263; BGH, JZ 1993, 359.

300 Herzberg, JuS 1990, 273, 276; Lilie/Albrecht, in: LK, § 24 Rn. 124; Kudlich/Schuhr, in: Satzger/Schmitt/ Widmaier, § 24 Rn. 68; Rengier, AT, § 37 Rn. 62.

301 BGH, NStZ 1990, 77, 78.

Diese Benachteiligung des Täters, der nur mit *dolus eventualis* handelt, müsse vor allem aus Opferschutzgründen abgelehnt werden[302].

cc) Entscheidung durch den Großen Senat für Strafsachen

Da die oben beschriebene Frage von den Strafsenaten des BGH nicht einheitlich beantwortet wurde, wurde sie gemäß § 132 Abs. 4 GVG dem Großen Senat für Strafsachen vorgelegt. Der Große Senat für Strafsachen schloss sich im Ergebnis der Ansicht des 1. Strafsenats an und kam ebenfalls zu dem Ergebnis, dass ein unbeendeter Tötungsversuch auch dann vorliegt, wenn der Täter bezüglich der Tötung nur mit *dolus eventualis* gehandelt hat. Der Täter könne auch in diesem Fall durch einfaches Nichtweiterhandeln vom Versuch zurücktreten[303]. Der Große Strafsenat begründet seine Ansicht wie folgt[304]: § 24 Abs. 1 S. 1, 1. Alt. StGB ermögliche dem Täter vom Versuch zurückzutreten, wenn er die weitere Tatausführung aufgibt. „Tat" im Sinne des § 24 Abs. 1 StGB sei die Tat im sachrechtlichen Sinn, also die in den Tatbeständen umschriebene tatbestandsmäßige Handlung und der jeweilige Erfolg. Hierauf beziehe sich auch der Vorsatz des Täters. Demnach beschränke sich der Entschluss beim unbeendeten Versuch, die weiteren Handlungen aufzugeben, auf die Verwirklichung der gesetzlichen Tatbestandmerkmale. Auf weitere, außertatbestandliche Beweggründe oder Absichten stelle weder § 22 StGB, der die Versuchsstrafbarkeit begründet, noch § 24 StGB, der die Strafbefreiung durch Rücktritt regelt, ab[305]. Schon bei der Frage, ob der Rücktritt freiwillig erfolge, komme es nicht auf die sittliche oder ethische Bewertung des Rücktrittsmotivs an. Wenn aber selbst bei der Frage der Freiwilligkeit diese Gesichtspunkte keine Rolle spielen, könne dies erst recht nicht bei dem äußerlichen Akt der Aufgabe weiterer Tathandlungen gelten[306]. § 24 Abs. 1 S. 1, 1. Alt StGB fordere eben gerade nicht, dass ein honorierbarer Verzicht des Täters vorliege. Vielmehr honoriere das Gesetz, dass der Täter auf weitere Handlungen verzichtet, damit, dass der Täter Straffreiheit erlangt[307].

Ferner verwies der Große Strafsenat darauf, dass keine kriminalpolitisch bedenklichen Ergebnisse mit der oben gefundenen Lösung entstünden[308]. In vielen Fällen, bei denen der Täter mit bedingtem Tötungsvorsatz handele, wird bereits ein beendeter Versuch vorliegen, da der Täter den Erfolgseintritt im Sinne der

302 BGH, NJW 1990, 263.
303 BGHSt 39, 221, 223.
304 BGHSt 39, 221, 230.
305 BGHSt 39, 221, 230.
306 BGHSt 39, 221, 230.
307 BGHSt 39, 221, 230.
308 BGHSt 39, 221, 231.

Lehre vom Rücktrittshorizont für möglich hält. „Für möglich halten" bedeute hier, dass der Täter die tatsächlichen Umstände erkennt, die den Erfolgseintritt nach der Lebenserfahrung nahe legen[309]. Damit von einem unbeendeten Versuch ausgegangen werden könne, der Täter also den Erfolg nicht oder noch nicht für möglich hält, sind aus diesem Grund strenge Anforderungen zu stellen[310]. Ferner könne in vielen Fällen, in denen der Täter mit bedingtem Tötungsvorsatz eine andere Straftat begeht, davon ausgegangen werden, dass ein fehlgeschlagener Versuch vorliegt, so zum Beispiel, wenn nach anfänglichem Misslingen ein Weiterhandeln nicht mehr möglich ist[311]. Wenn dann jedoch ein Fall vorliege, in dem bei Erreichen des außertatbestandsmäßigen Handlungsziels von einem unbeendetem Versuch ausgegangen werden könne, müsse wegen dem Gesichtspunkt des Opferschutzes dem Täter die Möglichkeit gegeben werden, durch bloßes Nichtweiterhandeln strafbefreiend vom Versuch zurückzutreten[312].

dd) Die Ansicht der Literatur

Durch die Entscheidung des Großen Senats für Strafsachen besteht nun bezüglich dieses Problems eine einheitliche Rechtsprechung. Jedoch kann auch nach dieser Entscheidung festgehalten werden, dass nach wie vor die meisten Vertreter in der Literatur[313] mit überzeugenden Argumenten einen strafbefreienden Rücktritt bei einem mit *dolus eventualis* handelnden Täter ausschließen. Begründet wird dies damit, dass der Täter, der nur mit *dolus eventualis* handelt, sein Ziel eben früher erreicht hat, als der Täter, der mit direktem Tötungsvorsatz handelt. Mit der Zielerreichung endet jedoch auch die Gefährdung des Opfers[314]. Ferner kann die Überlegung angestellt werden, ob diese Ungleichbehandlung zwischen dem Täter, welcher mit *dolus eventualis* handelt und dem Täter, welcher mit *dolus directus* handelt, nicht sogar geboten ist. Sieht man den Strafgrund des Versuchs in der Betätigung des rechtsfeindlichen Willens, der geeignet ist, das Vertauen der Allgemeinheit in die Geltung der Rechtsordnung zu erschüttern, dann kann es auch als gerecht angesehen werden, dem Täter, der diesen rechtsfeindlichen Willen (Tötungsabsicht) nach außen hin erkennbar rechtzeitig aufgibt, die Möglichkeit des Rücktritts zu gewähren. Der Täter zeigt damit, dass er seine anfänglich starke Abkehr von den Werteprinzipien der Ge-

---

309 BGHSt 39, 221, 231.

310 BGHSt 39, 221, 231.

311 BGHSt 39, 221, 232.

312 BGHSt 39, 221, 232.

313 Roxin, AT II, § 30 Rn. 58; Kühl, AT, § 16 Rn. 40; Wessels/Beulke, AT, Rn. 635; Heinrich, AT I, Rn. 837; Schall, JuS 1990, 623, 627.

314 BGH, NStZ 1990, 77, 78; Roxin, AT II, § 30 Rn. 75; Kühl, AT, § 16 Rn. 40.

meinschaft wieder „gut machen“ möchte[315]. Der Täter, der dagegen mit *dolus eventualis* handelt, tritt einen solchen Umkehrprozess der Wertegemeinschaft gegenüber erst gar nicht an, da er sein deliktisches Vorhaben gewissermaßen bereits abgeschlossen hat, wenn er sein mit direktem Vorsatz verfolgtes Ziel erreicht hat[316]. Auch die Bedenken, dass der Täter von der Verteidigung unter Umständen als „krimineller“ dargestellt werden muss, als er in Wirklichkeit war, kann im Ergebnis nicht überzeugen. Zum einen ist heute allgemein anerkannt, dass die Absicht (beziehungsweise der direkte Vorsatz) für sich genommen noch nicht darlegt, wie groß der verbrecherische Wille des Täters ist[317]. Zum anderen kann die Überlegung angestellt werden, ob nicht sogar der Täter, der die Tötung nur billigend in Kauf nimmt, der „kriminellere“ Täter ist. Wer nämlich sogar zur Verfolgung von verhältnismäßig unbedeutenden Zielen, wie zum Beispiel der Wegnahme oder der Verpassung eines Denkzettels, somit in Situationen, die sich im alltäglichen Leben durchaus etliche Male wiederfinden, bereit ist, den Tod eines Menschen in Kauf zu nehmen, legt durchaus eine große kriminelle Energie an den Tag[318]. Diese kann unter Umständen sogar deutlich größer sein, als bei einem in einer einmaligen Ausnahme- oder Konfliktsituation handelnden „Absichtstäter“.

4. Objektive Abgrenzung und objektive-subjektive Abgrenzung

a) Voraussetzungen der Abgrenzung

Zum Teil wird auch versucht, die Abgrenzung zwischen unbeendetem und beendetem Versuch nach rein objektiven Kriterien oder unter der Verbindung von objektiven und subjektiven Kriterien durchzuführen. Dies soll die Unsicherheiten aus der Welt räumen, die bei einer rein subjektiven Abgrenzung entstehen können[319]. So will eine Ansicht die Abgrenzung einzig danach durchführen, ob die Handlung(en) den tatbestandsmäßigen Erfolg noch nicht herbeiführen kann (können) oder ob ohne Eingreifen des Täters, nur durch von diesem unabhängige Umstände, die Vollendung eintreten könne[320]. Diese Ansicht sieht zwar durchaus, dass es Situationen gibt, in denen die Frage, ob überhaupt schon ein Versuch vorliegt, nur nach dem Vorstellungsbild des Täters beurteilt werden kann. Jedoch

315 Schall, JuS 1990, 623, 628; Roxin, AT II, § 30 Rn. 75.
316 Puppe, NStZ 1986, 14, 18.
317 BGH, JR 1981, 512; Hirsch, in: LK, § 46 Rn. 72; Müller, NStZ 1985, 158, 161.
318 Schall, JuS 1990, 623, 628.
319 Borchert/Hellmann, GA 1982, 428, 437; Hauf, JR 1996, 28, 29; Geilen, JZ 1972, 335, 337.
320 Lilie/Albrecht, in: LK, § 24 Rn. 94; Borchert/Hellmann, GA 1982, 428, 437.

geht sie davon aus, dass es einen Zeitpunkt gebe, in dem objektiv feststeht, dass das Verhalten des Täters bereits den Tatbestand eines versuchten Delikts erfüllt. Wenn dies der Fall sei, könne völlig unabhängig von der Tätervorstellung festgelegt werden, welche Handlungen der Täter für den Rücktritt ergreifen muss[321]. Die rein subjektive Abgrenzung versage hier, da dann die subjektive Vorstellung des Täters „durch objektive Gegebenheiten überlagert werde"[322]. Ferner führt diese Ansicht an, dass eine objektive Abgrenzung systemkonformen sei, da auch alle anderen Stadien einer Straftat objektiv bestimmt werden[323].

Eine weitere Ansicht geht davon aus, dass ein beendeter Versuch nur in den Fällen vorliege, in denen auch tatsächlich eine Gefahr für das Rechtsgut durch den Täter geschaffen wurde. Dies ließe sich damit begründen, dass der Täter gar keinen Erfolg verhindern könne, wenn objektiv keine Gefährdung besteht. Wenn jedoch aufgrund des Verhaltens des Täters der Erfolg eintreten könne, reicht ein Aufgeben beziehungsweise das Bemühen um eine Verhinderung des Erfolges nicht mehr aus, um Straffreiheit zu erlangen[324]. Sie geht vor allem von einer subjektiv-objektiven Betrachtungsweise bezüglich der Abgrenzung aus. So komme es nach dieser Ansicht nicht darauf an, ob die Handlungen des Täters tatsächlich den Erfolg bewirken können. Vielmehr sei entscheidend, dass der Täter aufgrund der objektiven, ihm bekannten Umstände nicht ausschließt, dass der Erfolg eintreten wird. Der Täter, der durch seine Handlungen eine Verletzung der Rechtsgutssphäre des Opfers hervorgerufen habe, muss diese Verletzung durch seine Handlungen (Aufgabe der weiteren Handlungen oder Erfolgsverhinderung) wieder beseitigen[325]. Dies gelte unabhängig davon, wie schwer die Verletzungshandlung im Einzelfall wirklich ist[326].

Schließlich geht eine weitere Ansicht davon aus, dass das subjektive Vorstellungsbild des Täters vom objektiven Stand seines verbrecherischen Tuns für die Abgrenzung von unbeendetem und beendetem Versuch maßgeblich ist[327]. Da die Vorbereitung und der Versuch nach einem objektiven Bewertungsmaßstab und nach einer subjektiven, im Tatvorsatz zu findenden Beurteilungsgrundlage voneinander abgegrenzt würden, könne auch der unbeendete und der beendete Versuch nur so voneinander abgrenzt werden[328].

---

321 Borchert/Hellmann, GA 1982, 428, 438.
322 Hauf, JR 1996, 28, 29.
323 Borchert/Hellmann, GA 1982, 428, 439.
324 Lilie/Albrecht, in: LK, § 24 Rn. 94; Feltes, GA 1992, 395, 418.
325 Feltes, GA 1992, 395, 418.
326 Felts, GA 1992, 395, 418
327 Maurach/Gössel/Zipf, AT, § 41 Rn 22; Hauf, JR, 1996, 28, 29.
328 Maurach/Gössel/Zipf, AT, § 41 Rn. 22; Hauf, JR 1996, 28, 29.

b) Argumente gegen diese Ansichten

Allen Ansichten, die eine rein objektive oder eine objektiv-subjektive Abgrenzung vornehmen wollen, ist entgegenzuhalten, dass sie die kriminalpolitische Bedeutung und die Zielsetzung des Rücktritts nicht genügend berücksichtigen und den notwendigen Zusammenhang zu dem versuchten Delikt vernachlässigen[329]. Die Frage, ob der Versuch unbeendet oder beendet ist, wird eben nach der Vorstellung des Täters vom Verwirklichungsgrad seiner Tat beantwortet. Dies zeigt aber, dass die Abgrenzung überwiegend nach subjektiven Kriterien zu erfolgen hat. Darüber hinaus kommen selbst die Vertreter der rein objektiven Abgrenzung nicht ohne subjektive Kriterien aus. Auch sie greifen auf den Rücktrittswillen zurück und schränken somit ihre eigene Lehre ein. Die Ansicht, welche eine rein objektive Abgrenzung vornehmen will, wird der Tatsache nicht gerecht, dass der Versuch eine subjektiv-objektive Einheit darstellt und deswegen sowohl der Beginn als auch das Ende nur nach einheitlichen Kriterien erfolgen kann[330].

Die Ansicht, die eine Abgrenzung nach den selben Kriterien erfolgen lassen will[331] wie die Abgrenzung zwischen Vorbereitung und Versuch, kann im Ergebnis ebenfalls nicht überzeugen. Der von dieser Ansicht vorgebrachte Einwand, die Abgrenzung zwischen unbeendetem und beendetem Versuch müsse nach den selben Kriterien erfolgen, wie die Abgrenzung zwischen Vorbereitung und Versuch, betrifft gerade nicht die Unterscheidung zwischen unbeendetem und beendetem Versuch. Vielmehr geht es hierbei um die immer zu klärende Vorfrage, ob überhaupt schon ein Versuch gegeben ist oder ob noch eine grundsätzlich straflose Vorbereitungshandlung vorliegt[332].

Alle diese Ansichten sind somit nicht praktikabel, um eine Abgrenzung zwischen unbeendetem und beendetem Versuch vorzunehmen. Dies vor allem vor dem Hintergrund, dass auch bei der Frage, ob der Täter im Sinne von § 22 StGB überhaupt schon das Versuchsstadium erreicht hat, auf die Vorstellungen des Täters abgestellt wird[333]. Wenn also für die Frage, ob der Täter unmittelbar zur Tat angesetzt hat, auf die Vorstellung des Täters abzustellen ist, kann für die Umkehrleistungen des Täters kein anderer Maßstab zugrunde gelegt werden.

329 Lilie/Albrecht, in: LK, § 24 Rn. 95; Eser, in: Schönke/Schröder, § 24 Rn. 13; Küpper, JZ 1983, 262, 266.

330 Zaczyk, in: NK, § 24 Rn. 45; Eser, in: Schönke/Schröder, § 24 Rn. 13; Gössel, ZStW 87 (1975), 3, 28.

331 Lilie/Albrecht, in: LK, § 24 Rn. 95.

332 Lilie/Albrecht, in: LK, § 24 Rn. 95.

333 Vgl. 1. Kapitel B. I.

Auch kann von dem Täter nur verlangt werden, dass er sich so verhält, wie er denkt, dass es im Moment angebracht ist.

Darüber hinaus wird selbst bei der Abgrenzung nach rein subjektiven Kriterien, wie oben bereits erläutert[334], bei besonders schweren Gewalttaten auch eine gewisse objektive Komponente mitberücksichtigt, so dass sich der Täter bei solchen Gewalttaten nicht damit „herausreden“ kann, dass er davon ausging, dass seine Tathandlungen noch nicht unmittelbar zur Tatbestandsverwirklichung führen würden. Damit wird der „objektiven“ Seite bei der Abgrenzung zwischen unbeendeten und beendeten Versuch ausreichend Rechnung getragen, weil in Ausnahmefällen eine objektive Überlegung bezüglich der Abgrenzung mitberücksichtigt werden kann.

D. Zwischenergebnis

Zunächst ist im Rahmen einer Vorprüfung der Fall danach zu untersuchen, ob ein fehlgeschlagener Versuch vorliegt. Hierbei ist nicht auf die Einzelaktstheorie sondern auf die Gesamtbetrachtungslehre abzustellen. Wenn man zu dem Ergebnis gelangt, dass ein fehlgeschlagener Versuch vorliegt, scheidet ein Rücktritt aus, so dass der Täter keine Straffreiheit mehr erlangen kann. Liegt jedoch kein fehlgeschlagener Versuch vor, so ist der Fall weiter danach zu untersuchen, ob ein unbeendeter oder ein beendeter Versuch vorliegt. Diese Abgrenzung ist mit Hilfe der Gesamtbetrachtungslehre in Form der Lehre vom Rücktrittshorizont vorzunehmen, so dass auf die Vorstellung des Täters bei der letzten Tatausführung abgestellt werden muss. Geht der Täter zu dieser Zeit davon aus, dass der Erfolg ohne sein weiteres Zutun noch nicht eintreten wird, so ist der Versuch unbeendet, mit der Folge, dass sich der Rücktritt nach § 24 Abs. 1 S.1, 1. Alt. StGB richtet und ein bloßes Absehen von weiteren Tathandlungen zu einem strafbefreienden Rücktritt führt. Geht der Täter jedoch davon aus, dass der Erfolg ohne sein weiteres Zutun eintritt, ist der Versuch beendet; der Rücktritt richtet sich nun nach § 24 Abs. 1 S.1, 2. Alt. StGB, so dass der Täter die Vollendung der Tat aktiv verhindern muss. In diesem Zusammenhang muss dann unter Umständen auf die sogenannte Lehre vom korrigiertem Rücktrittshorizont zurückgegriffen werden. Dies dann, wenn der Täter zunächst irrig annahm, dass seine bisherigen Handlungen ausreichend beziehungsweise nicht ausreichend waren und in unmittelbarem zeitlichen und räumlichen Zusammenhang erkennt, dass sein erster Eindruck von den Folgen seiner bisherigen Handlungen nicht zutrifft. In diesem Fall richtet sich die Frage, ob der Versuch unbeendet oder beendet ist,

---

334 vgl. 1. Kapitel C. III. 1.

nach der korrigierten Vorstellung des Täters. Ferner können bei der Frage, ob ein Versuch unbeendet oder beendet ist, die Fälle problematisch werden, bei denen der Täter mit *dolus eventualis* handelt und primär ein anderes Ziel als zum Beispiel die Tötung des Opfers verfolgt („Denkzettelfälle"). Hier ist – nach hier vertretener Ansicht – abweichend von der Rechtsprechung davon auszugehen, dass ein Rücktritt bezüglich der billigend in Kauf genommenen schweren Folge ausscheidet, wenn der Täter sein primäres Handlungsziel erreicht hat.

2. Kapitel: Rechtsprechung und Literatur zu § 24 StGB

A. Analyse der Rechtsprechung des BGH zu § 24 Abs. 1 S. 1, 2. Alt. StGB

Bei der Rechtsprechung des BGH ist auffällig, dass die Urteile überwiegen, welche die reine Kausalität zwischen der Rücktrittshandlung des Täters und der Erfolgsverhinderung für einen strafbefreienden Rücktritt ausreichen lassen. Jedoch gibt es auch einzelne Urteile, welche als „Ausreißer" aus dieser Rechtsprechung gesehen werden können. Im Folgenden werden daher zunächst die Urteile des BGH analysiert, welche die reine Kausalität zwischen dem Rücktrittsverhalten des Täters und dem Ausbleiben des Taterfolges als ausreichend erachten. Im Anschluss daran werden dann die Urteile dargestellt, welche (zumindest scheinbar) neben der reinen Kausalität noch weitere Anforderungen an das Rücktrittsverhalten des Täters stellen. Diese Reihenfolge wurde gewählt, um zum einen darzustellen, dass der BGH auch bereits vor dem Anfrageverfahren aus dem Jahre 2002 überwiegend die Ansicht vertrat, dass eine rein kausale Rücktrittshandlung für einen strafbefreienden Rücktritt ausreichenden sei, sich zum anderen jedoch in einigen Entscheidungen deutlich gegen diese Ansicht entschied.

I. Reine Kausalität als ausreichendes Rücktrittsverhalten

1. Analyse der Urteile bei „fremdhändiger" Erfolgsverhinderung

Zunächst werden die Urteile des BGH bezüglich der sogenannten „fremdhändigen" Erfolgsverhinderung untersucht. Dies sind Fälle, in denen der Täter das Opfer nicht selbst rettet, sondern ein Dritter, zum Beispiel ein Arzt, auf Geheiß des Täters die Rettung des Opfers herbeiführt.

a) Entscheidungen des 1. Strafsenats des BGH

Der 1. Strafsenat verneinte in seinem Urteil vom 15.5.1990[335] einen strafbefreienden Rücktritt gemäß § 24 Abs. 1 S.1, 2. Alt. StGB, da „das bloße Gewähren lassen des Opfers bei Maßnahmen zur Eigenrettung" [....] „keine taugliche Erfolgsverhinderung im Sinne dieser Bestimmung" sei[336]. Grundlage dieser Entscheidung war der Fall, dass der Angeklagte dem Opfer mit einem Messer tief in den Bauch gestochen hatte. Dabei wusste er, dass er es lebensgefährlich verletzt hatte. Er ließ das Opfer den Notarzt erst rufen, nachdem es ihm versichert hatte, es werde ihn nicht belasten, sondern Selbsttötungsabsicht vortäuschen.

Der erkennende Strafsenat verneint hier den Rücktritt, da der Täter hier nicht aktiv zur Rettung des Opfers beigetragen habe. Im Hinblick auf das einzige in Betracht kommende Rücktrittsverhalten des Angeklagten, das darin bestand, auf die Sanitäter zu warten und sie zu dem Opfer zu führen, bezweifelte der Senat schon die Ursächlichkeit dieser Handlung für die Nichtvollendung der Tat, das heißt den Nichteintritt des Todes. Denn es spreche vieles „dafür, dass die Sanitäter den Weg in die Wohnung der Verletzten auch ohne die Hilfe des Angeklagten ohne wesentliche Verzögerung gefunden hätten"[337]. Darüber hinaus wies der 1. Strafsenat darauf hin, dass es erforderlich sei, „dass er [der Täter] den Erfolg tatsächlich verhindern wollte und deshalb – aus seiner Sicht – sein Handeln geeignet war, das Leben der Frau zu retten"[338]. Dies erschien dem erkennenden Senat jedoch fraglich, denn „war die Rettung nur unter Aufdeckung seiner Täterschaft möglich, so nahm er lieber den Tod der Frau in Kauf"[339]. In dieser Entscheidung stellte der 1. Strafsenat hauptsächlich auf den Rettungswillen des Täters ab, wobei er die hypothetische Annahme, dass der Angeklagte den Tod des Opfers einer Aufdeckung seiner Tat vorgezogen hätte, als ausschlaggebendes Argument für die Verneinung des Rücktritts heranzog.

In dieser Entscheidung ging der 1. Strafsenat davon aus, dass „ein strafbefreiender Rücktritt nicht dadurch ausgeschlossen sei, dass der Angeklagte zur Rettung mehr als geschehen hätte tun können, aber nicht getan hat"[340]. Vielmehr verneinte der 1. Strafsenat hier einen strafbefreienden Rücktritt mangels Rettungswillen des Täters. Grundsätzlich reiche aber die bloße Kausalität zwischen der Rücktrittshandlung und der Erfolgsverhinderung aus, um einen strafbefreienden Rücktritt zu bejahen.

335 BGH, NJW 1990, 3219.
336 BGH, NJW 1990, 3219.
337 BGH, NJW 1990, 3219.
338 BGHSt 31, 46 ff.
339 BGH, NJW 1990, 3219.
340 BGH, NJW 1990, 3219.

Der 1. Strafsenat ging jedoch nicht darauf ein, dass, selbst wenn hier ein Rettungswille des Täter vorgelegen hätte, die Handlungen des Täters für einen strafbefreienden Rücktritt nicht einmal kausal gewesen wären. Denn die einzige Handlung des Täters war hier das Warten auf die Sanitäter. Es ist aber durchaus fraglich, ob durch das Warten des Täters eine neue Kausalkette in Gang gesetzt wurde, durch die das Opfer gerettet wurde. Vielmehr hat der Täter hier keine Handlungen zur Rettung des Opfers entfaltet, da das Opfer selbst den Notarzt rief.

Auffällig ist an dieser Entscheidung, dass sich der 1. Strafsenat hier offensichtlich gegen seine eigene, in der Entscheidung vom 27.4.1982[341] aufgestellte strenge Rechtsprechung stellte. Hier ging der 1. Strafsenat (zumindest scheinbar) davon aus, dass der Täter optimale Verhinderungsmöglichkeiten an den Tag legen müsse, um in den Genuss des strafbefreienden Rücktritts zu gelangen. Der 1. Strafsenat des BGH brachte dies zum Ausdruck, indem er festhielt, dass der Täter „dem Zufall dort nicht Raum bieten [dürfe], wo er ihn vermeiden kann“[342].

b) Entscheidungen des 2. Strafsenats des BGH

Der 2. Strafsenat ließ in seinem Urteil vom 3.7.1981[343] die bloße Kausalität für den strafbefreienden Rücktritt genügen. Der Angeklagte hatte mit einem Küchenmesser mehrmals auf seine Ehefrau eingestochen und ihr dabei lebensgefährliche Verletzungen zugefügt. Da er jedoch einen Krankenwagen rief, konnte seine Ehefrau gerettet werden. Auch hier wird durch den erkennenden Senat darauf hingewiesen, „dass der Täter die Vollendung der Tat freiwillig verhindert“[344]. An weitere Voraussetzungen sei der strafbefreiende Rücktritt nicht geknüpft. Das Rufen des Krankenwagens sei hier kausal für die Rettung des Opfers gewesen.

Auch stellte der 2. Strafsenat hier fest, dass dem Täter die Möglichkeit des Rücktritts so lange offen bliebe, wie er den Erfolg der Tat noch verhindern könne. Aus diesem Grund sei es in diesem Fall unschädlich gewesen, dass der Angeklagte seine Ehefrau zunächst für tot gehalten habe. Denn gelinge es dem Täter, das Opfer zu retten und dadurch die Tat zu verhindern, komme es nicht darauf an, wann sich der Täter zur Rettung des Opfers entschlossen habe.

Auch in seinem Urteil vom 7.11.1984[345] stellte der 2. Strafsenat auf die reine Kausalität zwischen dem Verhalten des Täters und dem Verhinderungserfolg ab

---

341 BGHSt 31, 46 f.

342 BGHSt 31, 46, 49.

343 BGH, StV 1981, 515 f.

344 BGH, StV 1981, 515 f.

345 BGH, NJW 1985, 813 f.

und bejahte einen Rücktritt des Täters, wenn dieser „willentlich eine neue Kausalkette in Gang setzt, die für die Nichtvollendung der Tat mindestens mitursächlich wird“[346]. Nach Ansicht des Senats war diese Voraussetzung in folgendem Fall gegeben:

Der Angeklagte hatte in einem Zimmer des Hauses der zu dieser Zeit nicht anwesenden Eheleute M Feuer gelegt. Da ihn jedoch Gewissensbisse wegen der im Haus schlafenden Kinder plagten, rief er in der Gastwirtschaft X an, in der sich, wie er wusste, Frau M aufhielt und sagte: „M möchte bitte nach Hause kommen“[347]. M ließ sich nach Hause bringen. Dort entdeckt sie den Brand, welcher dann von der Feuerwehr gelöscht werden konnte. Der Angeklagte selbst „konnte nicht sicher sein, dass die Zeugin M tatsächlich aufgrund seines Anrufs nach Hause gehen würde, da er ihr einen Grund für die Aufforderung nicht genannt hatte“[348]. Er „fuhr deshalb zur Brandstelle, um sicherzugehen, dass der Brand alsbald entdeckt würde“[349] entfernte sich aber, als Frau M ihn als Brandleger verdächtigte und geäußert hatte, „er solle besser verschwinden, bevor die Polizei erscheint“[350].

Auch hier betonte der erkennende Senat, dass die reine Kausalität für einen strafbefreienden Rücktritt ausreichend sei. Interessant an dieser Entscheidung ist, dass diese direkt auf die Entscheidung des 1. Strafsenats vom 27.4.1982[351] folgte, wo die bisherige Rechtsprechung des BGH scheinbar aufgegeben wurde und von dem Täter augenscheinlich ein „optimales Verhinderungsverhalten“ gefordert wurde[352]. In der Entscheidung vom 7.11.1984 kehrte nun aber der 2. Strafsenat wieder zu der alten BGH-Linie zurück, wonach die bloße Kausalität zwischen Rücktrittsverhalten und Nichtvollendung für einen strafbefreienden Rücktritt ausreichend sei[353]. Dies ergibt sich deutlich daraus, dass in dieser Entscheidung hauptsächlich darauf abgestellt wurde, dass die Handlungen des Täters mitursächlich für die Erfolgsverhinderung waren[354]. Zwar nahm der 2. Strafsenat in diesem Fall Bezug auf die vom 1. Strafsenat in der Entscheidung vom 27.4.1982[355] aufgestellten strengen Rücktrittsvoraussetzungen, indem er noch anfügte, dass „der Angeklagte durch die Fahrt zur Brandstelle […] auch dafür

346 BGH, NJW 1985, 813 f.
347 BGH, NJW 1985, 813.
348 BGH, NJW 1985, 813, 814.
349 BGH, NJW 1985, 813, 814.
350 BGH, NJW 1985, 813, 814.
351 BGHSt 31, 46 ff.
352 Vgl. dazu 2. Kapitel, A. II. 1.
353 BGH, StV 1981, 396 f.; BGH, StV 1981, 514 f.; BGH, StV 1981, 515 f.; BGH, StV 1982, 467.
354 BGH, NJW 1985, 813, 814.
355 BGHSt 31, 46 ff.

Sorge getragen" habe, „dass es nicht dem Zufall überlassen bleibe [...] ob das Feuer alsbald entdeckt und bekämpft würde"[356]. Dadurch wird aber keineswegs die Rechtsprechung des 1. Strafsenats bestätigt. Bei genauerer Betrachtung geht der 2. Strafsenat nämlich eindeutig davon aus, dass die bloße (Mit)Ursächlichkeit für einen strafbefreienden Rücktritt bei § 24 Abs. 1 S. 1, 2. Alt. StGB genüge. Denn er stellt in dieser Entscheidung erneut fest, dass es einem strafbefreienden Rücktritt nicht entgegenstehe, wenn der Täter „etwas anderes oder mehr tun (kann), um die Vollendung der Tat mit größerer Sicherheit zu verhindern"[357].

Bloy geht davon aus, dass sich die Abkehr von der Entscheidung des 1. Strafsenats aus folgenden Überlegungen begründen lässt[358]: Da der Brandstifter in dem Telefongespräch nicht sagte, warum Frau M nach Hause gehen sollte, musste er damit rechnen, dass diese überhaupt nicht nach Hause gehen werde. Damit hat der Täter aber, genau wie in der Entscheidung des 1. Strafsenats vom 27.4.1982[359], dem „Zufall dort Raum gegeben, wo er ihn vermeiden konnte". An diesem Ergebnis ändere auch die Tatsache nichts, dass der Täter nach dem Anruf erneut zur Brandstelle gefahren sei. Diese Fahrt war für die Erfolgsabwendung nicht kausal, so dass sie nicht als Ausschöpfen der Verhinderungsmöglichkeiten betrachtet werden kann[360]. Dies ist aber durchaus fraglich. Denn dadurch, dass der Täter erneut zur Brandstelle gefahren war, hätte er, wenn M nicht gekommen wäre, weitere Rettungsmaßnahmen einleiten können, so dass er dem Zufall eben gerade keinen Raum geboten hat. Vielmehr hatte er das weitere Tatgeschehen selbst in der Hand.

Da der 2. Strafsenat jedoch eindeutig darauf abstellt, dass hier bereits die reine (Mit)Ursächlichkeit des Anrufs in der Gastwirtschaft ausreichend sei, kann als Ergebnis festgehalten werden, dass diese Entscheidung eine Abkehr zu der Entscheidung des 1. Strafsenats vom 27.4.1982[361] darstellt.

Der 2. Strafsenat bejahte auch in der Entscheidung vom 26.3.1997[362] einen strafbefreienden Rücktritt des Angeklagten. Dadurch, dass der Täter, nach dem er das Bett eines Mitbewohners in Brand gesetzt hatte, die Pflegedienstleiterin informierte, habe er eine neue Kausalkette in Gang gesetzt, welche dazu geführt habe, dass die Vollendung verhindert wurde. Auch hier wies der erkennende

356 BGH, NJW 1985, 813, 814.
357 BGH, NJW 1985, 813, 814.
358 Bloy, JuS 1987, 528, 529.
359 BGHSt 31, 46 ff.
360 Bloy, JuS 1987, 528, 529.
361 BGHSt 31, 46 ff.
362 BGH, NStZ-RR 1997, 233 f.

Senat darauf hin, dass es unerheblich sei, dass der Angeklagte unter Umständen mehr hätte tun können, um die Verhinderung zu vollenden[363].

c) Entscheidungen des 4. Strafsenats des BGH

Auch der 4. Strafsenat ließ in seinem Urteil vom 26.3.1981[364] die reine Kausalität zwischen dem Rücktrittsverhalten des Täters und dem Verhinderungserfolg ausdrücklich ausreichen. Der Entscheidung war folgender Sachverhalt vorausgegangen: Ein Polizist fand seine Lebensgefährtin und seinen Sohn zusammen im Bett vor. Er gab daraufhin in Tötungsabsicht drei Schüsse auf beide ab. Danach rief er bei der Hauptwache an und bat um die Entsendung eines Krankenwagens und einer Polizeistreife. Der Sohn verstarb im Krankenhaus, die Lebensgefährtin konnte jedoch gerettet werden.

Zur Begründung seiner Entscheidung verwies der erkennende Senat darauf, dass der „Rettungsversuch Erfolg […] hatte“[365]. „Ob er [der Täter] noch mehr hätte tun können, ist für die Anwendung der Vorschrift § 24 Abs. 1. S. 1, 2. Alt. StGB ohne Belang“[366]. Der 4. Strafsenat stellt somit unmissverständlich fest, dass die bloße Kausalität für die Annahme eines strafbefreienden Rücktritts ausreiche und über diese Anforderung hinaus keine weiteren Voraussetzungen an das Rettungsverhalten des Täters zu stellen sind.

In einem weiterem Fall[367] bejahte der 4. Strafsenat ebenfalls den Rücktritt des Täters, weil dieser mit seinem Pkw das Opfer angefahren hatte, danach jedoch durch seine Freundin die Polizei verständigen ließ, wodurch das Opfer gerettet wurde. Der erkennende Senat[368] bejahte hier einen strafbefreienden Rücktritt vom Versuch, da der Angeklagte freiwillig das Leben des Opfers gerettet habe. Durch sein Verhalten habe der Angeklagte gezeigt, dass er das Opfer retten wollte. Ob er noch mehr für die Rettung hätte tun können, sei unerheblich.

Der 4. Strafsenat blieb auch in seiner Entscheidung vom 22.8.1985[369] bei dieser Ansicht und bekräftigte damit die bereits überwiegend durch den BGH vertretene Auffassung[370]. In dieser Entscheidung verneinte er im Ergebnis zwar einen strafbefreienden Rücktritt, weil es „schon an der Ursächlichkeit oder wenigstens Mitursächlichkeit des Verhaltens des Angeklagten für die Erfolgsab-

363 BGH, NStZ-RR 1997, 233 f.
364 BGH, StV 1981, 396 f.
365 BGH, StV 1981, 396 f.
366 BGH, StV 1981, 396, 397.
367 BGH, StV 1982, 467.
368 BGH, StV 1982, 467.
369 BGHSt 33, 295 ff.
370 BGH, StV 1981, 514 f.; BGH, StV 1981, 515; BGH, StV 1982, 467.

wendung fehle“[371]; trotzdem wurde die ursprüngliche Rechtsprechung an sich bestätigt, wonach die bloße (Mit)Ursächlichkeit für einen strafbefreienden Rücktritt ausreichend sei. Der Entscheidung war folgender Sachverhalt vorausgegangen:

Der Angeklagte hatte mit einer Pistole auf die rechte Schläfe des Gebrauchtwagenhändlers K geschossen. Nach dem Schuss und einem kurzen Wortwechsel verließ der Angeklagte die Bürobaracke und sagte zu den Angestellten des K (P und T), die den Schuss gehört hatten und sich auf dem Weg zur Bürotür befanden, „sie sollten nach ihrem Chef sehen, diesem sei etwas passiert“[372]. Sodann fuhr er davon. P und T fanden K in der Baracke heftig blutend vor, woraufhin T einen Krankenwagen anforderte. Die Verletzungen von K wurden behandelt und dieser gerettet.

Auch in diesem Fall bestätigte der erkennende Senat, dass die Kausalität zwischen der Rücktrittshandlung des Täters und der Verhinderung der Tat ausreichend sei. Jedoch verneinte der erkennende Strafsenat hier bereits die Kausalität des Verhaltens des Angeklagten für die Nichtvollendung[373]. Der Angeklagte habe zwar P und T gesagt, sie sollten nach ihrem Chef sehen, weil diesem etwas passiert sei. „Ursächlich für die Rettung war aber die Äußerung nicht, denn die beiden Angestellten hatten [....] den Knall gehört“[374]. Sie gingen bereits ohne die Aussage des Angeklagten in Richtung Bürobaracke und wollten nachsehen, was geschehen war. Die Hilfeleistung, die zur Abwehr des Erfolges geführt hatte, erfolgte deshalb ohne Zutun des Angeklagten. Sie sei somit nicht einmal (mit)ursächlich für die Rettung des Opfers gewesen.

Zudem ging der 4. Strafsenat auf einen Rücktritt nach § 24 Abs. 1 S. 2 StGB ein[375]: „Strafbefreiender Rücktritt kommt bei dieser Sachlage nur in Frage, wenn sich der Angeklagte ernsthaft um die Erfolgsabwendung bemüht hätte (§ 24 Abs. 1 S. 2 StGB)“. Hier sei bereits fraglich, ob sich der Angeklagte wirklich ernsthaft um die Erfolgsabwendung bemüht habe. Im Ergebnis könne dies jedoch in diesem Fall dahin stehen, weil die Bemühungen um die Erfolgsabwendung des Angeklagten nicht ausreichend gewesen waren. Wenn sich der Täter bei der Erfolgsverhinderung der Hilfe eines Dritten bemühe, „reicht nicht ein irgendwie geartetes Bemühen aus“[376]. Vielmehr müsse der Täter nach seinen Vorstellungen die von ihm in Gang gesetzte Kausalkette bewusst abbrechen. Der Täter müsse sich hier um die „bestmögliche Maßnahme für die Erfolgsverhinderung bemü-

---

371 BGHSt 33, 295, 301.
372 BGHSt 33, 295, 296.
373 BGHSt 33, 295, 301.
374 BGHSt 33, 295, 301.
375 BGHSt 33, 295, 301.
376 BGHSt 33, 295, 301.

hen“[377]. Dies habe der Angeklagte in diesem Fall nach Ansicht des erkennenden Strafsenats nicht getan. Er habe vielmehr die Rettung des Opfers den Angestellten alleine überlassen und dadurch „dem Zufall dort Raum geboten, wo er ihn vermeiden konnte“[378].

In seiner Entscheidung vom 5.12.1985[379] nahm der 4. Strafsenat einen strafbefreienden Rücktritt des Täters an, da die Handlungen des Täters kausal für die Rettung des Opfers gewesen seien. Der Angeklagte hatte dem Opfer ein Küchenmesser in die linke Brustseite gestoßen. Da das schwerverletzte Opfer den Täter bat, einen Krankenwagen zu benachrichtigen, blätterte der Angeklagte einige Seiten im Telefonbuch um und erklärte dann, „er könne die Nummer nicht finden und reichte ihm das Telefon“[380]. Das Opfer „wählte die Nummer 110, sprach von einem Unglücksfall und bat um ärztliche Hilfe“[381], die auf Grund des Anrufs auch erfolgte.

Der 4. Strafsenat nahm hier einen Rücktritt vom Versuch an, da das Reichen des Telefons als ausreichende Rücktrittsleistung anzusehen sei[382]. In seiner Begründung verwies er auf eine frühere Entscheidung[383] und hob wiederum primär auf die Ursächlichkeit der Handlung des Täters (Reichen des Telefons) für die Nichtvollendung der Tat ab: „Wenn das Opfer wegen seiner Verletzung nicht in der Lage war, ohne Hilfe anderer an das Telefon zu gelangen“, so könne „dem Angeklagten [...] nicht entgegengehalten werden, dass er noch andere Rettungsmaßnahmen hätte ergreifen können“[384].

Dieser Begründung hätte es jedoch gar nicht bedurft, da die Frage, ob das Opfer auch ohne fremde Hilfe an das Telefon gelangt wäre, eine rein hypothetische Ersatzursache ist, die nichts an der Kausalität der Handlung des Täters ändert[385]. Gerade diese Begründung, dass das Opfer unter Umständen nicht in der Lage war, ohne fremde Hilfe an das Telefon zu gelangen, gibt aber Anlass zu folgender Überlegung:

Wenn man lediglich auf die Kausalität zwischen der Handlung des Täters und der Erfolgsverhinderung abstellt, bedarf es dieser von dem erkennenden Strafsenat angestellten Überlegung nicht. Wenn aber diese Begründung herangezogen wird, ist fraglich, ob der erkennende Strafsenat tatsächlich jede beliebige Ret-

---

377 BGHSt 33, 295, 302.

378 BGHSt 31, 46, 49.

379 BGH, NJW 1986, 1001 f.

380 BGH, NJW 1986, 1001.

381 BGH, NJW 1986, 1001.

382 BGH, NJW 1986, 1001, 1002.

383 BGH, StV 1981, 396.

384 BGH, StV 1981, 396.

385 Roxin, JR 1986, 420, 427; ders., AT II, § 30 Rn. 212; Herzberg, NJW 1989, 862, 865.

tungshandlung als „Verhindern" im Sinne des § 24 Abs. 1, S. 1, 2. Alt. StGB ausreichen lässt[386]. Hier zeigt sich auch ein Widerspruch zu der Entscheidung des 1. Strafsenats vom 27.4.1982[387]. Denn wenn wirklich jede nur irgendwie mitursächliche Rücktrittshandlung des Täters für ein „Verhindern" im Sinne des § 24 Abs. 1 StGB ausreichend sein soll, hätte auch der Angeklagte in der Entscheidung des 1. Strafsenats vom 27.4.1982 freigesprochen werden müssen. Seine Handlung (Fahren vor das Krankenhaus), war genauso kausal für die Rettung des Opfers, wie in der hier besprochenen Entscheidung, das Reichen des Telefons[388].

Interessant an dieser Entscheidung ist, dass der 4. Strafsenat die vom 1. Strafsenat in der Entscheidung vom 27.4.1982[389] aufgestellten strengen Kriterien für einen Rücktritt nach § 24 Abs. 1 S. 1, 2. Alt. StGB anscheinend nur noch auf § 24 Abs. 1 S. 2 StGB angewandt wissen will[390]: „Sollte die Handlung des Angeklagten nicht ursächlich für die Rettung gewesen sein, so würde dies aber auch die Anwendbarkeit von § 24 Abs. 1 S. 2 StGB nicht von vornherein ausschließen." Jedoch verlangt der erkennende Strafsenat dann aber „geeignete Maßnahmen für die Erfolgsabwendung [...]"[391], was nur dann der Fall sei, wenn sich der Angeklagte bezüglich des Eintreffens des Krankenwagens vergewissert hätte[392].

d) Entscheidungen des 5. Strafsenats des BGH

Der 5. Strafsenat hat – als einziger Strafsenat – in allen seinen Entscheidungen konsequent die Ansicht vertreten, dass die reine Kausalität zwischen dem Rücktrittsverhalten des Täters und der Verhinderung des tatbestandsmäßigen Erfolges ausreiche. Auffällig ist, dass es keine Entscheidung des 5. Strafsenats in der neueren Rechtsprechung gibt, die auch nur im Ansatz Zweifel an dieser Rechtsprechung aufkommen lässt. Bei den übrigen Strafsenaten existieren dagegen durchaus Entscheidungen, die als „Ausreißer" anzusehen sind oder zumindest Zweifel an einer einheitlichen Rechtsprechung aufkommen lassen[393].

Der 5. Strafsenat bejahte in der Entscheidung vom 8.9.1993[394] einen strafbefreienden Rücktritt. Der Täter habe dadurch, dass er den beiden Frauen erlaubte, Hilfe für das von ihm schwer verletzte Opfer zu holen, „eine Kausalkette in

386 Roxin, JR 1986, 420, 427; ders., AT II, § 30 Rn. 212.
387 BGHSt 31, 46 ff.
388 Roxin, JR 1986, 420, 427.
389 BGHSt 31, 46 f.
390 BGH, NJW 1986, 1002.
391 BGHSt 31, 46.
392 BGHSt 31, 46.
393 Vgl. dazu 2. Kapitel, A. II.
394 BGH, StV 1994, 304.

Gang gesetzt […], durch welche die Vollendung der Tat verhindert wurde“[395]. Dass der Angeklagte zunächst keine Rettung des Opfers veranlassen wollte, stehe hier einem strafbefreienden Rücktritt nicht entgegen. Ebenso hätten die beiden Frauen nicht auf eigene Initiative gehandelt, was sich deutlich an ihrem Verhalten zuvor gezeigt habe, zuerst keinen Krankenwagen herbeizurufen, weil der Täter ihnen dies verboten hatte. Der 5. Strafsenat hat sich somit der Ansicht angeschlossen, dass die bloße Kausalität zwischen der Rettungshandlung des Täters und der tatsächlichen Verhinderung der Tat ausreiche, damit der Täter strafbefreiend vom Versuch zurücktreten kann[396]. Auch bekräftigte er in dieser Entscheidung die Rechtsprechung, dass dem Täter so lange die Möglichkeit des Rücktritts offen stehe, bis der Erfolg der Tat eingetreten ist[397].

Auch in der Entscheidung vom 28.10.1998[398] blieb der 5. Strafsenat seiner Rechtsprechung treu, dass es für einen strafbefreienden Rücktritt ausreichend sei, „dass der Täter eine neue Kausalkette in Gang setzt, die für die Nichtvollendung der Tat mitursächlich ist“[399]. Bei den Angeklagten handelte es sich um mittelbare Täter (§ 25 Abs. 1, 2. Alt. StGB). Die beiden Angeklagten wirkten als Generäle in der DDR an sogenannten Jahresbefehlen mit, welche die Sicherung der innerdeutschen Grenze durch Schusswaffen und Minensperren betraf. In dem vom 5. Strafsenat entschiedenen Fall wurde das Opfer bei der versuchten Flucht durch Splittermienen schwer verletzt. Nachdem es so schwer verletzt von Grenzsoldaten gefunden wurde, wurde es zunächst liegengelassen und später in ein Krankenhaus gebracht, wo es gerettet wurde. Auch diese Rettungsmaßnahmen waren von den Befehlen der Angeklagten gedeckt.

Nach Ansicht des erkennenden Senats komme es für den Rücktritt darauf an, ob das Werkzeug – hier die Grenzsoldaten – nach den Weisungen des mittelbaren Täters zurückgetreten sei[400]. Wenn somit im Rahmen eines organisierten Systems für den Fall einer versuchten Tötung auch Anweisungen dahingehend gegeben worden seien, dass das Opfer zu retten ist, muss auch dem mittelbaren Täter diese Rettung unmittelbar durch anweisungsgemäß handelnde Dritte zugute kommen, sofern alle weiteren Voraussetzungen des § 24 StGB erfüllt sind.

Zwar hatte sich der 5. Strafsenat hier mit einem Fall mittelbarer Täterschaft auseinander zu setzen, im Ergebnis ergab sich hier jedoch kein Unterschied zu

395 BGH, StV 1994, 304.

396 BGHSt 33, 295 ff.; BGH, StV 1981, 396 f.; BGH, StV 1981, 514 f.; BGH, StV 1981, 515 f.; BGH, StV 1982, 467; BGH, NJW 1985, 813 f.; BGH, NJW 1986, 1001 ff.; BGH, NJW 1990, 3219.

397 BGH, StV 1981, 515, 516.

398 BGH, StV 1999, 203 f.

399 BGH, StV 1999, 203 f.

400 BGH, StV 1999, 203.

der Frage, welche Anforderungen an das Rettungsbemühen eines unmittelbaren Täters zu stellen sind. Vielmehr hat der 5. Strafsenat hier erneut seine Rechtsprechung bestätigt, dass die bloße Kausalität zwischen Rücktrittshandlung und Erfolgsverhinderung ausreichend sei[401].

Auch in der Entscheidung vom 9.12.1998[402] wich der 5. Strafsenat nicht von seiner konsequent vertretenen Rechtsprechung ab. Er begründete seine Entscheidung in diesem Fall damit, dass es für einen strafbefreienden Rücktritt ausreiche, wenn der „Täter eine neue Kausalkette in Gang setzt, die für die Nichtvollendung der Tat mitursächlich wird“[403]. Dadurch, dass sich der Angeklagte durch die Zeugin L davon überreden ließ, dass sie den zuvor von dem Täter mit einem Baseballschläger schwer verletzten Nebenkläger in ein Krankenhaus bringen konnte, sei eine neue Kausalkette in Gang gesetzt worden. Der erkennende Senat schloss sich somit erneut eindeutig der Rechtsprechung an, die davon ausgeht, dass die bloße (Mit)Ursächlichkeit für einen strafbefreienden Rücktritt ausreichend sei[404]. Er bekräftigte seine Rechtsprechung, in dem er darauf verwies, dass es unerheblich sei, ob der Täter mehr hätte tun können, um das Opfer zu retten[405]. Auch ging er davon aus, dass es ohne Belang sei, dass der Täter zunächst nichts zur Rettung des Opfers beitragen wollte. Erneut wird somit klargestellt, dass es für einen strafbefreienden Rücktritt unerheblich sei, wann sich der Täter zur Rettung des Opfers entschließt, wenn es ihm nur im Ergebnis gelingt, die Vollendung der Tat zu verhindern[406].

2. Analyse der Urteile bei „eigenhändiger“ Erfolgsverhinderung

Alle bisher dargestellten Entscheidungen des BGH betrafen Fälle, in denen stets ein Dritter die Rettung des Opfers unmittelbar herbeigeführt hatte. Die Rücktrittshandlung des Täters lag hier lediglich in der Benachrichtigung des Dritten beziehungsweise in dem „Gewähren lassen“ des Dritten. Man spricht daher von einer „fremdhändigen“ Erfolgsverhinderung“. In einigen wenigen Fällen hatte sich der BGH aber mit Fällen zu beschäftigen, in denen der Täter die Rettung des

---

401 BGHSt 33, 295 ff.; BGH, StV 1981, 396 f.; BGH, StV 1981, 514 f.; BGH, StV 1981, 515 f.; BGH, StV 1982, 467; BGH, NJW 1985, 813 f.; BGH, NJW 1986, 1001 ff.; BGH, NJW 1990, 3219; BGH, StV 1994, 304; BGH, NStZ-RR 1997, 233 f.

402 BGH, StV 1999, 204 f.

403 BGH, StV 1999, 204 f.

404 BGHSt 33, 295 ff.; BGH, StV 1981, 396 f.; BGH, StV 1981, 514 f.; BGH, StV 1981, 515; BGH, StV 1982, 467; BGH, NJW 1985, 813 f.; BGH, NJW 1986, 1001 ff.; BGH, NJW 1990, 3219; BGH, StV 1994, 304; BGH, NStZ-RR 1997, 233 f.; BGH, StV 1999, 203 f.

405 BGH, StV 1999, 203, 204.

406 Vgl. auch schon BGH, StV 1981, 515 f.; BGH, StV 1994, 304.

Opfers selbst herbeigeführt hatte. Man spricht hier von den Fällen einer „eigenhändigen Erfolgsverhinderung“. Auch in diesen Fällen ließ der BGH durchweg die reine Kausalität zwischen der Rücktrittshandlung des Täters und der Verhinderung des tatbestandsmäßigen Erfolges genügen.

So ging der 4. Strafsenat in seiner Entscheidung vom 25.6.1981[407] davon aus, dass der Täter die Vollendung der Tat bereits dann verhindere, wenn „er willentlich eine neue Kausalreihe in Gang setzt, die für die Nichtvollendung der Tat mindestens mitursächlich wird“[408]. Der Täter wollte mit Selbsttötungsabsicht und bedingtem Vorsatz bezüglich der Tötung seiner Freundin mit seinem Pkw frontal auf deren Pkw auffahren. Als seine Freundin den herannahenden Pkw sah, führte sie eine Vollbremsung durch. Im letzten Moment vollzog auch der Angeklagte eine Vollbremsung, die dazu beitrug, dass seine Freundin bei dem nunmehr abgemilderten Zusammenprall unverletzt blieb. Aus diesem Grund nahm der 4. Strafsenat hier einen strafbefreienden Rücktritt an[409]. Wiederum verwies er darauf, dass „die Möglichkeit, etwas anderes oder mehr zu tun, um die Vollendung der Tat mit größerer Sicherheit zu verhindern“, einem strafbefreienden Rücktritt gemäß § 24 Abs. 1 S. 1, 2. Alt. StGB nicht entgegenstehe[410]. Damit bestätigte der erkennende Senat erneut die bis dahin bereits überwiegend vertretene Rechtsprechung[411], dass bloße Kausalität für einen strafbefreienden Rücktritt vom beendeten Versuch gemäß § 24 Abs. 1 S. 1, 2. Alt. StGB ausreichend sei und darüber hinaus keine Anforderungen an das Rücktrittsverhalten des Täters zu stellen seien.

Diese Rechtsprechung bekräftigte derselbe Strafsenat mit seinem Urteil vom 16.3.2006[412]:

Auch hier wollte ein Geisterfahrer auf der Autobahn einen Frontalzusammenstoß herbeiführen. Er fuhr daher in der Nacht ohne Licht auf die Autobahn auf. Als ein Zusammenstoß mit dem ihm entgegenkommenden Fahrzeug nicht mehr zu verhindern war, gab der Angeklagte – „jedenfalls nicht ausschließbar“[413] – seine Selbsttötungsabsicht auf und schaltete das Licht ein, um den Fahrer des entgegenkommenden Pkws auf sich aufmerksam zu machen. Dieser versuchte zwar noch, nach links auszuweichen, konnte jedoch einen Zusammenstoß mit dem Pkw des Angeklagten nicht mehr vermeiden. Die beiden Fahrzeuge stießen überlappend mit dem jeweils rechten Frontbereich zusammen. Der Beifahrer, die

407 BGH, StV 1981, 514 f.
408 BGH, StV 1981, 514, 515.
409 BGH, StV 1981, 514, 515.
410 BGH, StV 1981, 514, 515.
411 BGH, StV 1981, 396 f.
412 BGH, NStZ 2006, 503.
413 BGH, NStZ 2006, 503, 504.

Ehefrau des Fahrzeugführers, sowie dessen eine Tochter erlitten bei diesem Zusammenstoß tödliche Verletzungen. Der Fahrer und seine beiden weiteren Töchter erlitten schwere Verletzungen.

Auch hier blieb der 4. Strafsenat[414] der Rechtsprechung treu, dass das Ingangsetzen einer neuen Kausalkette für einen strafbefreienden Rücktritt ausreichend sei und bejahte deswegen einen strafbefreienden Rücktritt vom versuchten Mord an den noch lebenden Fahrzeuginsassen. Der erkennende Senat ging davon aus, dass der Angeklagte durch das Anschalten der Scheinwerfer dem Fahrer des entgegenkommenden Pkws ermöglichte, einen Frontalzusammenstoß zu vermeiden. Das Verhalten des Angeklagten sei daher „zumindest mitursächlich“ dafür, dass die Insassen, welche auf der Fahrerseite gesessen hatten, keine tödlichen Verletzungen erlitten hatten. Der Täter habe „eine neue Kausalreihe in Gang gesetzt, die für die Nichtvollendung der Tat mindestens mitursächlich“[415] gewesen sei. Dies sei hier ausreichend, um einen strafbefreienden Rücktritt vom beendeten Versuch anzunehmen.

II. Über die reine Kausalität hinausgehende Entscheidungen

Auch wenn es auf den ersten Blick so erscheinen mag, als würde der BGH stets die bloße Kausalität zwischen der Rücktrittshandlung und der Verhinderung des tatbestandsmäßigen Erfolgs ausreichen lassen, gibt es doch einige Urteile, die zumindest auf den ersten Blick den Anschein erwecken, als ob der BGH hier keine einheitliche Rechtsprechung verfolgte und neben der reinen Kausalität weitere Anforderungen an das Rücktrittsverhalten des Täters stellt. Diese Urteile werden im Folgenden analysiert. Dabei wird insbesondere auf die Entscheidung des 1. Strafsenats vom 27.4.1982[416] Bezug genommen, da dies die erste Entscheidung in der neueren Rechtsprechung des BGH war, die anscheinend die bloße Kausalität nicht mehr für einen strafbefreienden Rücktritt ausreichen ließ und diese Entscheidung – wie oben gezeigt – auch immer wieder als Maßstab genommen wurde, wenn es um die Auseinandersetzung mit den oben ausgeführten, Kausalität genügend lassenden Judikaten ging.

414 BGH, NStZ 2006, 503, 505.
415 BGH, NStZ 2006, 503, 505.
416 BGHSt 31, 46 ff.

1. Entscheidung des 1. Strafsenats des BGH vom 27.4.1982

Dieser Entscheidung ging folgender Sachverhalt voraus[417]: Der Angeklagte hatte seine Ehefrau, die er schon wiederholt „in brutalster, sadistischer Weise“[418] geschlagen hatte, bedrängt, in die Scheidung einzuwilligen, da er seine neue Freundin heiraten wollte. Als sich seine Ehefrau weigerte, schlug er aus Wut mit einer Bierflasche und einem schweren Glasaschenbecher auf sie ein. Schließlich nahm er die Stuhlbeine eines Holzstuhls und schlug damit mehrmals auf den Kopf seiner Ehefrau ein. Als seine Frau am Kopf heftig blutete, unterließ er weitere Schläge. Der Angeklagte war sich darüber im klaren, dass er seiner Frau schwere, möglicherweise auch lebensgefährliche Verletzungen zugefügt hatte. Der Täter entschloss sich daher, seine Frau in ein Krankenhaus zu bringen. Da er jedoch nicht wusste, wie er den auf ihn fallenden Tatverdacht entkräften sollte, fuhr er seine schwer verletzte Ehefrau bis auf 95 m an den Nebeneingang eines Krankenhauses heran, ließ sie aus dem Wagen steigen und alleine in Richtung Krankenhaus gehen. Der Angeklagte selbst entfernte sich daraufhin von dem Krankenhaus. Wenig später wurde die Ehefrau des Angeklagten bewusstlos und mit einem Blutverlust von 30% etwa 40 Meter vom Haupteingang des Krankenhauses entfernt von Passanten gefunden. Ohne die sofort nach dem Auffinden erfolgte ärztliche Behandlung hätte die Ehefrau des Angeklagten zumindest an Herz-Kreislaufversagen versterben können. Der Angeklagte selbst unterbrach seine Heimfahrt und kehrte nochmals in die Nähe des Krankenhauses zurück, „um […] seine anfänglichen Zweifel, ob seine Ehefrau das Krankenhaus erreichte, zu beruhigen“[419]. Als er in der Eingangshalle des Krankenhauses „eine weibliche Person mit einer weißen Kopfbedeckung wahrnahm, beruhigte er jedoch seine Zweifel und fuhr in der Überzeugung, seine Frau in ärztliche Hände gebracht zu haben, nach Hause“[420].

2. Die Begründung des 1. Strafsenats

Der 1. Strafsenat[421] hat in dieser Entscheidung einen strafbefreienden Rücktritt vom beendeten Versuch abgelehnt. In seiner Begründung führte er aus, dass der Täter „in seiner Vorstellung die Gefahr der Verwirklichung des tatbestandsmäßigen Erfolges gesetzt“ habe und „infolgedessen […] den Willen der Abstands-

417 BGHSt 31, 46 ff.
418 BGHSt 31, 46, 47.
419 BGHSt 31, 46, 48.
420 BGHSt 31, 46, 48.
421 BGHSt 31, 46, 48 f.

nahme von der Tat durch Handlungen manifestieren“[422] müsse, die „auf die Vereitelung der Tatvollendung abzielen und objektiv oder wenigstens aus seiner Sicht dazu ausreichen“[423]. Der Täter dürfe „sich nicht mit Maßnahmen begnügen, die, wie er erkennt, möglicherweise unzureichend sind, wenn ihm bessere Verhinderungsmöglichkeiten zur Verfügung stehen [...]“[424]. Der 1. Strafsenat bekräftigt diese Aussage noch, indem er darauf hinwies, dass der Täter dem Zufall dort nicht Raum bieten dürfe, wo er ihn vermeiden könne, weil er „das volle Risiko des Erfolgseintritts“ trägt[425].

Aus dieser Urteilsbegründung zeigt sich, dass die Rechtsprechung des BGH bei der Frage an die Anforderungen des Rücktrittsverhaltens nicht einheitlich gewesen ist[426]. So hielt hier der 1. Strafsenat ein für das Ausbleiben des (Todes-) Erfolges lediglich (mit)ursächliches Rücktrittsverhalten nicht für ausreichend, um einen strafbefreienden Rücktritt anzunehmen. Stattdessen werden an das Rücktrittsverhalten des Täters weitere – über die reine Kausalität hinausgehenden – Anforderungen gestellt. Der 1. Strafsenat verlangt hier vom Täter ein nahezu optimales Verhinderungsverhalten und auch, dass der Täter von allen ihm zur Verfügung stehenden Verhinderungsmöglichkeiten die bestmögliche wählen müsse. Dabei beruft sich jedoch der erkennende Strafsenat auf eine frühere Entscheidung, in der ebenfalls – wenn gleich mit Blick auf § 46 StGB a.F. – durch den 1. Strafsenat festgestellt wurde, dass der Täter die besten Verhinderungsmöglichkeiten voll ausschöpfen müsse[427].

Auffällig ist, dass der 1. Strafsenat diese Verschärfung der Anforderungen an das Rücktrittsverhalten zumindest in Bezug auf § 24 Abs. 1 S. 1, 2. Alt. StGB nicht näher begründete. Stattdessen zog der 1. Strafsenat hier § 24 Abs. 1 S. 2 StGB heran und führte aus[428]:

„Stellt sich heraus, dass der Erfolg ohne Zutun des Täters nicht eingetreten ist, weil er – wie in Fällen des untauglichen Versuchs – nicht eintreten konnte, oder weil das Eingreifen Dritter die Tatvollendung verhindert, entfällt zwar das Erfordernis des Gelingens der Erfolgsabwendung. Aber an den Anforderungen, die an das auf Erfolgsvereitelung gerichtete Tun zu stellen sind, ändert sich dadurch nichts. Das freiwillige und ernsthafte Bemühen um Verhinderung der Vollendung [...] kann der Sache nach nur ein der Intention der Erfolgsabwendung bestimmtes Bemühen sein. Der Täter muss eine ihm bekannte, objektiv oder

422 BGHSt 31, 46, 49.
423 BGHSt 31, 46, 49.
424 BGHSt 31, 46, 49.
425 BGHSt 31, 46, 49.
426 Vgl. dazu 2. Kapitel, A. I.
427 BGH, NJW 1973, 623, 633.
428 BGHSt 31, 46, 49.

wenigstens aus seiner Sicht ausreichende Verhinderungsmöglichkeit voll ausschöpfen".

Warum der 1. Strafsenat hier § 24 Abs. 1 S. 2 StGB heranzieht, ist nicht ersichtlich. Es erscheint hier vielmehr so, als ob er die gleichen Anforderungen an das Rücktrittsverhalten des Täters bei § 24 Abs. 1 S. 1, 2. Alt. StGB und § 24 Abs. 1 S. 2 StGB stellen möchte[429]. Dies spricht er jedoch nicht aus, so dass im Ergebnis nicht abschließend geklärt ist, ob der 1. Strafsenat sich hier tatsächlich auf den Standpunkt stellt, dass auch bei § 24 Abs. 1 S. 1, 2. Alt. StGB ein „ernstliches Bemühen" gefordert werden sollte[430].

Der 1. Strafsenat ging in dieser Entscheidung davon aus, dass der Angeklagte hier die geeigneten Verhinderungsmöglichkeiten nicht voll ausgeschöpft habe. Es sei eben nicht ausreichend, dass der Angeklagte nur hoffe, dass „alles gut gehen" wird[431]. Der erkennende Senat lässt hier somit die bloße (Mit)Ursächlichkeit nicht mehr ausreichen, sondern fordert darüber hinaus noch weitere Handlungen des Täters. Die Formulierung, „der Täter dürfe sich nicht mit Maßnahmen begnügen, die, wie er erkennt, unzureichend sind, wenn ihm bessere Verhinderungsmöglichkeiten zur Verfügung stehen, sondern müsse vielmehr solche Verhinderungsmöglichkeiten voll ausschöpfen, weil er dem Zufall dort nicht Raum bieten dürfe, wo er ihn vermeiden könne"[432], stellt dabei eine Konkretisierung des ernsthaften Bemühens dar. Da es der 1. Strafsenat jedoch in dieser Entscheidung unterließ, diesen Rechtsprechungswandel hinsichtlich § 24 Abs. 1 S. 1, 2. Alt. StGB zu begründen, konnte diese Entscheidung keinen Beitrag zur abschließenden Klärung der Frage leisten, ob und vor allem warum besondere Anforderungen an das Rettungsbemühen des Täters bei § 24 Abs. 1 S. 1. 2. Alt. StGB zu stellen sind.

3. Ansicht des 1. Strafsenats des BGH nach dem Anfrageverfahren

Als der 2. Strafsenat im August 2002 ein Anfrageverfahren durchführte[433] und bei den übrigen Strafsenaten anfragte, ob sich alle Strafsenate der Ansicht anschließen, dass die bloße Kausalität zwischen dem Rücktrittsverhalten des Täters und der Erfolgsverhinderung ausreichend sei, bestätigte der 1. Strafsenat diese Rechtsprechung und führte aus, dass er nie eine entgegenstehende Rechtspre-

429 Puppe, NStZ 1984, 488 f.; Bloy, JuS 1987, 528, 529.
430 Puppe, NStZ 1984, 488, 489.
431 BGHSt 31, 46, 50.
432 BGHSt 31, 46, 49.
433 Vgl. ausführl. 2. Kapitel A. III.

chung vertreten habe. Die Entscheidung vom 27.4.1982[434] sei von der Literatur falsch interpretiert worden[435]. Der 1. Strafsenat habe nie ein optimales Rücktrittsverhalten gefordert. Er habe lediglich verlangt, dass der Täter die von ihm gewählte, aus seiner Sicht geeignete Verhinderungsmöglichkeit voll ausschöpfen solle[436]. Dies sei aber in dieser Entscheidung nicht der Fall gewesen, da zur Rettung des Opfers hier noch weitere, vom Täter nicht veranlasste Rettungsmaßnahmen hätten durchgeführt werden müssen.

Auch wenn der 1. Strafsenat mit dieser Begründung versucht hat darzulegen, warum seine Entscheidung vom 27.4.1982 angeblich von der Literatur falsch interpretiert worden sei, kann dies im Ergebnis nicht überzeugen, da der Wortlaut dieser Entscheidung eindeutig ist[437] und zeigt, dass der 1. Strafsenat darin eben die reine Kausalität gerade nicht ausreichen lassen will. Denn für die Annahme der Kausalität reichen – im Sinne der conditio-sine-qua-non-Formel – grundsätzlich auch unsichere Rettungsmaßnahmen, wenn sie nur im Ergebnis zur Rettung des Opfers geführt haben[438]. In diesem Fall wäre das Opfer nicht durch Passanten gerettet worden, wenn der Täter es nicht bis kurz vor den Eingang des Krankenhauses verbracht hätte. Dadurch, dass der 1. Strafsenat ausdrücklich an dieser Entscheidung festhält und sich nun aber auf den Standpunkt stellt, dass diese Entscheidung falsch interpretiert wurde, zeigt sich vielmehr, dass der 1. Strafsenat eben doch nicht jede kausale Handlung als ausreichende Handlung für einen strafbefreienden Rücktritt werten will[439]. Es ist somit fraglich, ob durch diese „ungenaue" Stellungnahme nicht weitere Spielräume eröffnet werden sollten, um, je nach Intensität des Rettungsbemühens des Täters, auf den konkreten Einzelfall abstellen zu können[440].

4. Kritik der Literatur an dieser Entscheidung

Auch wenn die Entscheidung des 1. Strafsenats vom 27.4.1982 vor allem innerhalb der Literatur an sich auf wenig Kritik gestoßen ist, verwunderte die Stellungnahme des 1. Strafsenats auf das Anfrageverfahren doch sehr. Denn es erscheint hier eindeutig so, dass es sich bei dieser Entscheidung[441] um eine Ent-

434 BGHSt 31, 46 ff.
435 BGHSt 48, 147, 151.
436 BGHSt 48, 147, 151.
437 Zwiehoff, StV 2003, 631, 632; Engländer, JuS 2003, 641, 644.
438 Puppe, NStZ 1984, 488, 489; Bloy, JuS 1987, 528, 529, 530; Roxin, JR 1986, 420, 427; Herzberg, NJW 1989, 862, 865; Engländer, JuS 2003, 641, 644.
439 Zwiehoff, StV 2003, 631, 632.
440 Zwiehoff, StV 2003, 631, 632.
441 BGHSt 31, 46 ff.

scheidung handelte, in der neben der reinen Kausalität noch weitere Anforderungen an das Rücktrittsverhalten des Täters gestellt werden. Da der 1. Strafsenat nach dem Anfrageverfahren des 2. Strafsenats hier plötzlich der Ansicht war, dass seine Entscheidung vom 27.4.1982 von der Literatur falsch interpretiert wurde und nie über die bloße Kausalität hinausgehende Anforderungen an das Rücktrittsverhalten des Täters gestellt worden seien, ist fraglich, ob diese Argumentation überhaupt überzeugen kann.

Im Ergebnis ist nämlich – entgegen der Stellungnahme des 1. Strafsenats – sehr wohl davon auszugehen, dass es sich hier nicht um eine Fehlinterpretation der Literatur handelt. Vielmehr handelte es sich hier tatsächlich um eine Entscheidung, in der der erkennende Strafsenat an das Rücktrittsverhalten des Täters neben der reinen Kausalität weitere Anforderungen gestellt hat. Da nach den Tatsachenfeststellungen klar war, dass hier kein untauglicher Versuch vorlag[442], weil das Opfer ohne Hilfe hätte sterben können, ist fraglich, warum der 1. Strafsenat in der Begründung auch § 24 Abs. 1 S. 2 StGB heranzieht, obwohl dieser hier nicht einschlägig ist. Es liegt eindeutig ein beendeter Versuch vor. Somit hätte – wenn der 1. Strafsenat wirklich die reine Kausalität genügen lassen wollte – einzig und allein geprüft werden müssen, ob das Verhalten des Täters hier für die Rettung des Opfers (mit)kausal war.

Dies ist aber zu bejahen. Denn hätte der Täter das Opfer nicht bis kurz vor das Krankenhaus gefahren, hätte es keine Hilfe bekommen und wäre wohl gestorben. Nach der anscheinend bis zu dieser Entscheidung geltenden Rechtsprechung[443], welche die bloße Kausalität zwischen Rücktrittsverhalten und Verhinderung des Erfolges ausreichen ließ, hätte der Angeklagte daher von dem Mordversuch freigesprochen werden müssen[444].

Da hier jedoch ein strafbefreiender Rücktritt durch den 1. Strafsenat verneint wurde, kann im Ergebnis nur ein Bruch mit der bis dahin überwiegend vertretenen Rechtsprechung dahingehend festgestellt werden, dass an das Rücktrittsverhalten höhere Anforderungen als die bloße Kausalität gestellt werden. Der 1. Strafsenat hat sich in dieser Entscheidung offensichtlich der Ansicht angeschlossen – welche auch teilweise in der Literatur vertreten wird[445] – dass an das Rücktrittsverhalten des Täters „optimale“ Anforderungen zu stellen sind[446]. Der 1. Strafsenat betonte hier selbst, dass der Täter die beste Verhinderungsmöglich-

---

442 BGHSt 31, 46 ff.

443 Vgl. Kapitel 2. A. I.

444 Puppe, NStZ 1984, 488, 489; Herzberg, NJW 1989, 862, 865; Roxin, JR 1986, 420, 427; ders., in: FS Hirsch S. 328; Bloy, JuS 1987, 528, 529, 530.

445 Vgl. u.a. Heckler, S. 184 ff.; Roxin, in: FS Hirsch, S. 328, Fn. 3; Bloy, JuS 1987, 528 f.; Herzberg, NJW 1989, 862 ff.; Baumann/Weber/Mitsch AT, § 27 Rn. 28.

446 Bloy, JuS 1987, 528, 529.

keit zu wählen habe[447]. Er stellte somit wörtlich fest, dass der Täter die bestmöglich Verhinderungsmöglichkeit wählen müsse, um in den Genuss der Straffreiheit zu gelangen. Reine (Mit)Ursächlichkeit ist jedoch deutlich weniger als eine optimale, bestmögliche Rücktrittshandlung.

Fraglich und ungeklärt bleibt letztlich, warum der 1. Strafsenat nicht zu diesem „Ausreißer" seiner Rechtsprechung „steht" und stattdessen versucht hat zu begründen, dass diese Entscheidung lediglich falsch interpretiert wurde. Immerhin hätte ein Anfrageverfahren klar stellen können, dass er an einer möglicherweise entgegenstehenden Rechtsprechung nicht festhält. Unklar bleibt darüber hinaus, warum der 1. Strafsenat nicht schon früher klar gestellt hat, dass die Entscheidung vom 27.4.1982 von der Literatur falsch interpretiert wurde.

5. Weitere (scheinbar) über die bloße Kausalität hinausgehende Entscheidungen

Neben dieser ersten Entscheidung gibt es noch einige weitere Urteile des BGH, welche zumindest scheinbar zusätzliche Anforderungen an das Rücktrittsverhalten des Täters stellen.

a) Entscheidung des 2. Strafsenats des BGH vom 1.2.1989

So verneinte der 2. Strafsenat in seiner Entscheidung vom 1.2.1989[448] den strafbefreienden Rücktritt der Angeklagten, welche ihrem Ehemann eine Dosis des Giftes E-605 verabreicht hatte. Als sie auf die Aufforderungen ihres Ehemanns den Notarzt rief, verschwieg sie diesem, dass ihr Ehemann Gift zu sich genommen hatte. Daraus schloss das Gericht, dass es der Angeklagten an einem fortbestehenden Rettungswillen gefehlt habe. Der erkennende Strafsenat führte aus, die Angeklagte habe den Rettungswillen „in einem Zeitpunkt wieder aufgegeben, in dem es erforderlich und ihr auch möglich war, mehr zur Verhinderung des schädigenden Erfolges beizutragen"[449]. Das ergebe sich daraus, dass sie die Vergiftung verschwieg, obwohl sie annahm, dass sie den Arzt über die Giftbeibringung hätte informieren müssen. Trotz (Mit)Ursächlichkeit der Rettungshandlung sei daher ein strafbefreiender Rücktritt zu verneinen.

Unklar ist, weshalb der 2. Strafsenat hier auf einen fortbestehenden Rettungswillen abstellte. Denn ein Rücktritt hätte auch mit der Begründung abgelehnt werden können, dass die Angeklagte nicht alle Verhinderungschancen aus-

447 BGHSt 31, 46, 49.
448 BGH, NStZ 1989, 525.
449 BGH, NStZ 1989, 525.

geschöpft habe. Dann hätte sich der 2. Strafsenat aber deutlich zu der Rechtsprechung bekannt, dass neben der bloßen (Mit)Ursächlichkeit noch weitere Anforderungen an das Rücktrittsverhalten des Täters zu stellen sind. So aber „bestätigte“ der 2. Strafsenat scheinbar seine Auffassung, dass (Mit)Ursächlichkeit grundsätzlich für eine Erfolgsverhinderung ausreichend sein kann. Es hat hier aber eher den Anschein, dass der erkennende Strafsenat zu den vom 1. Strafsenat in der Entscheidung vom 27.4.1982[450] aufgestellten strengen Anforderungen zurückkehrt und neben der reinen Kausalität weitere Anforderungen an das Rücktrittsverhalten des Täters stellt. Denn objektiv betrachtet war der Anruf der Angeklagten zumindest mitursächlich für die Erfolgsverhinderung. Nun auch noch zu fordern, dass die Angeklagte dem Notarzt die Vergiftung und das entsprechende Gift hätte mitteilen müssen, bedeutet im Ergebnis, dass das Rücktrittsverhalten „optimal“ sein muss und eben mehr als nur (mit)ursächlich[451]. Da sich der 2. Strafsenat jedoch offensichtlich nicht „offiziell“ zu dieser Rechtsprechung bekennen mochte, bestätigt er zunächst die Ansicht, dass die bloße Kausalität zwischen Rücktrittsverhalten und Ausbleiben des tatbestandlichen Erfolges ausreichend sei, um dann auf das Korrektiv des Rücktrittswillens zurückzugreifen.

aa) Kritik der Literatur

Ohne dass es der 2. Strafsenat ausspricht, schließt er sich in dieser Entscheidung der Ansicht an, dass die bloße Kausalität der Rettungshandlung zumindest im Einzelfall für einen strafbefreienden Rücktritt nicht ausreicht. Denn wenn man die bloße Kausalität hier ausreichen lassen würde, hätte die Angeklagte freigesprochen werden müssen. Durch das Herbeirufen des Notarztes hat die Angeklagte bewusst und gewollt eine neue Kausalkette in Gang gesetzt, durch die das Opfer im Ergebnis gerettet wurde[452]. Für das angebliche Fehlen eines Rücktrittswillens sind keine Anhaltspunkte erkennbar. Selbst wenn der Rücktrittswille aber im Laufe der Rücktrittshandlung nicht mehr vorhanden war, ändert dies grundsätzlich nichts daran, dass die Angeklagte strafbefreiend vom Versuch zurückgetreten ist, wenn man eine rein kausale Rücktrittshandlung als ausreichend ansieht[453]. Da hier jedoch ein strafbefreiender Rücktritt verneint wurde, ist diese Entscheidung jedenfalls im Ergebnis den Entscheidungen zuzuordnen,

---

450 BGHSt 31, 46 ff.

451 Rudolphi, NStZ 1989, 508, 509; Herzberg, JR 1989, 449.

452 Rudolphi, NStZ 1989, 508, 509; sinngemäß auch Roxin, in: FS Hirsch, S. 331; Herzberg, JR 1989, 449, 450.

453 Herzberg, JR 1989, 449, 451.

welche neben der reinen Kausalität noch weitere Anforderungen an das Rettungsverhalten des Täters stellen.

bb) Ansicht des 2. Strafsenats des BGH nach dem Anfrageverfahren

Da der 2. Strafsenat selbst das Anfrageverfahren durchführte, hielt er selbstverständlich an eventuell entgegenstehenden Urteilen nicht weiter fest. Interessant ist allerdings, dass der 2. Strafsenat mit keinem Wort auf diese Entscheidung einging und somit seine eigene Ansicht, die dem Anfrageverfahren entgegenstehen könnte, einfach überging.

b) Entscheidung des 4. Strafsenats des BGH vom 25.9.1997

Auch wenn es in der Entscheidung des 4. Strafsenats vom 25.9.1997[454] zunächst so scheint, als ob die überwiegende Rechtsprechung des BGH, dass die reine Kausalität zwischen dem Rücktrittsverhalten des Täters und der Verhinderung des tatbestandsmäßigen Erfolges ausreiche, durch diese Entscheidung bestätigt wird, ist diese Entscheidung nicht den „klassischen" Urteilen zuzuordnen, welche die reine Kausalität für einen strafbefreienden Rücktritt ausreichen lassen. Der Entscheidung des 4. Strafsenats lag folgender Sachverhalt zugrunde: Der Angeklagte wollte das Haus seiner Lebensgefährtin, die sich von ihm trennen wollte, niederbrennen. Nachdem er den Brand gelegt hatte, lief er aus der Wohnung zu einem ca. 100 Meter entfernten Feuermelder, mit dem er die Sirene auslöste. Sodann lief er zur Wohnung zurück. Aufgrund der Beschaffenheit der in Brand gesetzten Gegenstände war es in der Wohnung nicht zu einem Brand mit heller Flamme, sondern nur zu Schwelbränden mit heftiger Rauchentwicklung gekommen. Die Feuerwehr löschte das Feuer.

Der 4. Strafsenat[455] ging hier zunächst auf den Zusammenhang zwischen dem Auslösen der Sirene und dem Löschen des Brandes ein und bejahte die Kausalität der Rettungshandlung für die Nichtvollendung. Damit hätte der erkennende Strafsenat hier eigentlich einen strafbefreienden Rücktritt bejahen müssen, ohne auf weitere Ansatzpunkte zu verweisen, wie hier jedoch geschehen.

Zwar betont der 4. Strafsenat wiederholt[456], dass es für einen strafbefreienden Rücktritt gemäß § 24 Abs. 1 S. 1, 2. Alt. StGB ausreiche, wenn der Täter eine neue Kausalkette in Gang setzt, die für die Nichtvollendung der Tat zumindest

454 BGH, NStZ-RR 1997, 193 f.
455 BGH, NStZ-RR 1997, 193.
456 BGH, StV 1981, 396 f.; BGH, StV 1981, 514 f.; BGHSt 33, 295 f.

mitursächlich ist[457]. Dennoch erscheint es hier mehr so, als ob der 4. Strafsenat zu der, vom 1. Strafsenats in der Entscheidung vom 27.4.1982[458] aufgestellten Rechtsprechung der strengen Anforderungen an einen Rücktritt nach § 24 Abs. 1 S. 1, 2. Alt. StGB zurückkehrte. Denn der 4. Strafsenat[459] verwies nicht nur ausdrücklich auf diese Entscheidung, sondern führte auch aus, dass ein Verhalten, das für die Nichtvollendung mitursächlich geworden sei, einen Rücktritt nach § 24 Abs. 1 S. 1, 2. Alt. StGB darstellen „kann", also nicht zwingend muss. Zudem müsse „der Täter, der sich die Straffreiheit verdienen will, [...] alles tun, was in seinen Kräften steht und was, zumindest nach seiner Überzeugung, zur Erfolgsabwendung erforderlich ist"[460]. So soll unter Umständen die Alarmierung der Feuerwehr nicht ausreichen, „wenn es dem Zufall überlassen bleibt, ob die Feuerwehr rechtzeitig das Brandobjekt erreicht und die richtigen Maßnahmen einleitet"[461]. Weil der Angeklagte hier jedoch zu dem Haus zurückfuhr, habe er ein „optimales" Verhinderungsverhalten an den Tag gelegt, da er ja im Notfall auch noch weitere Rettungsmaßnahmen hätte ergreifen können.

Somit hat sich der 4. Strafsenat der Sache nach gegen seine eigene, zuvor vertretene Ansicht[462] gestellt, dass die bloße (Mit)Ursächlichkeit der Rücktrittshandlung für die Erfolgsverhinderung ausreiche, um einen strafbefreienden Rücktritt anzunehmen. Erstmals geht hier nun auch der 4. Strafsenat – wie schon der 1. Strafsenat in seiner Entscheidung vom 27.4.1982[463] und auch der 2. Strafsenat in seiner Entscheidung vom 1.2.1989[464] – davon aus, dass an das Rücktrittsverhalten des Täters höchste Anforderungen zu stellen sind. Überraschend ist, dass sich der 4. Strafsenat im Anfrageverfahren nicht zu diesem Rechtsprechungswandel bezüglich seiner Rechtsprechung bekennt, sondern wiederum bestätigt, dass der Täter lediglich eine neue Kausalkette in Gang setzen müsse, um strafbefreiend vom Versuch zurückzutreten.

c) Die Ansicht des 4. Strafsenats des BGH nach dem Anfrageverfahren

Auf das Anfrageverfahren des 2. Strafsenats gab der 4. Strafsenat lediglich die Auskunft, dass an entgegenstehenden Urteilen nicht festgehalten wird. Damit

---

457 BGH, NStZ-RR 1997, 193.

458 BGHSt 31, 46 ff.

459 BGH, NStZ-RR 1997, 193, 194.

460 BGH, NStZ-RR 1997, 193, 194.

461 BGH, NStZ-RR 1997, 193, 194.

462 BGH, StV 1981, 396 f.; BGH, StV 1981, 515 f.; BGH, StV 1982, 467; BGHSt 33, 295 ff.; BGH, NJW 1986, 1001 f.

463 BGHSt 31, 46 f.

464 BGH, NStZ 1989, 525.

gab der 4. Strafsenat auf der einen Seite – anders als der 1. Strafsenat – durchaus zu verstehen, dass er in früheren Entscheidungen die bloße Kausalität für einen strafbefreienden Rücktritt nicht ausreichen ließ. Auf der anderen Seite gibt er diese Rechtsprechung nun jedoch eindeutig auf.

III. Das Anfrageverfahren des 2. Strafsenats

Da, wie oben gezeigt, nicht immer eine einheitliche Rechtsprechung des BGH bezüglich der Frage, welche Anforderungen an das Rücktrittsverhalten des Täters zu stellen sind, ersichtlich war, oder dies zumindest auf Grund der oben geschilderten „Ausreißer" nicht ganz deutlich war, kam es schließlich im August 2002 zu einem Anfrageverfahren des 2. Strafsenats. Dieses Vorlageverfahren war gemäß § 132 Abs. 3 S.1 GVG durchzuführen. Grundsätzlich hätte hier bei der uneinheitlichen Rechtsprechung der Große Senat für Strafsachen auf Vorlage des anfragenden Senats entscheiden müssen, um eine einheitliche und bindende Rechtsprechung herbeizuführen. Solch eine Vorlage bei dem Großen Senat für Strafsachen ist jedoch nur zulässig, wenn vorher ein Vorlageverfahren durchgeführt wurde (vgl. § 132 Abs. 3 S.1 GVG). Das bedeutet, dass der erkennende Strafsenat, bei dem Strafsenat, von dessen Ansicht abgewichen werden soll, anfragen muss, ob dieser an seiner bisherigen Rechtsprechung festhält[465]. Wenn der angefragte Strafsenat durch Beschluss festlegt, dass er an seiner bisherigen Rechtsprechung nicht festhält, kann der erkennende Strafsenat auf Grundlage seiner Rechtsansicht entscheiden. Er kann jedoch von dieser Rechtsansicht nun nicht mehr abweichen[466].

1. Sachverhalt

Dem Anfrageverfahren des 2. Strafsenats war folgender Sachverhalt vorausgegangen[467]: Der Angeklagte öffnete in Selbsttötungsabsicht zwei Gashähne in seiner Wohnung, welche sich in einem 12-Familien-Haus befanden. Danach wurde ihm bewusst, dass es durch das ausströmende Gas zu einer Explosion kommen könnte und dadurch andere Hausbewohner verletzt oder getötet werden könnten. Dies nahm er zunächst billigend in Kauf. Kurz danach „änderte er jedoch seine Willensrichtung"[468]. Er rief zunächst die Feuerwehr, von der er sich

---

465 Kissel/Mayer, § 132 Rn. 26; Meyer/Goßner, § 132 Rn. 8.
466 Kissel/Mayer, § 132 Rn. 28.
467 BGHSt 48, 147 ff.
468 BGHSt 48, 147, 148.

jedoch nicht ernst genommen fühlte, und danach unmittelbar die Polizei an, gab seinen Namen und seine Adresse an und forderte die Polizei auf, sofort eine Rettung der übrigen Hausbewohner in die Wege zu leiten. Seinen Entschluss der Selbsttötung gab der Angeklagte jedoch nicht auf und kam aus diesem Grund der Aufforderung, den Gashahn abzudrehen, auch nicht nach. Wenige Minuten nach dem Telefongespräch wurde der Angeklagte bewusstlos. Kurze Zeit später traf die Feuerwehr ein, evakuierte die übrigen Hausbewohner und drehte den Gashahn zu. Ob das Gasgemisch in der Wohnung des Angeklagten schon explosionsfähig war, ließ sich nicht mehr feststellen.

2. Entscheidung des 2. Strafenats

Der 2. Strafsenat[469] bejahte hier einen strafbefreienden Rücktritt des Angeklagten. Er begründete seine Entscheidung damit, dass es für einen Rücktritt gemäß § 24 Abs. 1 S. 1, 2. Alt. StGB nur entscheidend sei, dass „sich das auf Erfolgsabwendung gerichtete Handeln des Versuchstäters als erfolgreich und für die Verhinderung der Tatvollendung ursächlich" erweise[470]. Wenn dies bejaht werden könne, komme es nicht darauf an, ob der Täter schnellere oder sicherere Verhinderungshandlungen ergreifen konnte. Der erkennende Strafsenat war in diesem Fall der Ansicht, dass das „ernsthafte Bemühen", wie es in § 24 Abs. 1 S. 2 StGB gefordert wird, auf den Rücktritt nach § 24 Abs. 1 S. 1, 2. Alt StGB nicht angewandt werden könne. Zwar sehe er, dass mit dieser Entscheidung eine ungleiche Behandlung des Rücktritts zwischen § 24 Abs. 1 S. 1, 2. Alt. StGB und dem Rücktritt nach § 24 Abs. 1 S. 2 StGB entsteht. Diese Ungleichbehandlung sei aber gerechtfertigt, da der Wortlaut des § 24 Abs. 1 S. 1, 2. Alt. StGB klar festlegt, dass über die bloße Kausalität hinaus keine weiteren Anforderungen an das Rücktrittsverhalten des Täters zu stellen sind[471]. Der 2. Strafsenat bekräftigt hier somit erneut die Rechtsprechung, dass neben der Kausalität an das Rücktritssverhalten des Täters keine weiteren Anforderungen zu stellen seien[472].

469 BGHSt 48, 147, 148.

470 BGHSt 48, 147, 150.

471 BGHSt 48, 147, 152.

472 BGH, StV 1981, 396 f.; BGH, StV 1981, 514 f.; BGH, StV 1981, 515 f.; BGH, StV 1982, 467; BGH, NJW 1985, 813 f.; BGHSt 33, 295 ff.; BGH, NJW 1986, 1001 ff.; BGH, NJW 1990, 3219; BGH, StV 1994, 304; BGH, NStZ-RR 1997, 233 f.; BGH, StV 1999, 203 f.

3. Das Anfragverfahren im konkreten Fall

Da hier eine uneinheitliche Rechtsprechung fast aller Strafsenate vorlag, fragte der 2. Strafsenat bei allen Strafsenaten an, ob an der beabsichtigten Entscheidung Zweifel bestünden oder ob alle Strafsenate hier die Rechtsansicht des 2. Strafsenates teilen würden[473]. Diese Anfrage beziehungsweise eine eventuelle Vorlage an den Großen Senat für Strafsachen war schon seit langer Zeit von Nöten. Genau genommen hätte bereits der 1. Strafsenat mit seiner Entscheidung vom 27.4.1982[474] ein Vorlageverfahren durchführen müssen. Auch wenn der 1. Strafsenat sich nun auf den Standpunkt stellt, dass in dieser Entscheidung nicht ausgedrückt werden sollte, dass über die bloße Kausalität hinaus an das Rettungsverhalten des Täters weitere Anforderungen zu stellen seien, ergibt sich aus dieser Entscheidung, dass der 1. Strafsenat hier ein optimales Verhinderungsverhalten des Täters gefordert hat[475]. Damit ist der 1. Strafsenat von der bisherigen Rechtsprechung des BGH[476] abgewichen. Auch der 2. Strafsenat stellte sich mit seiner Entscheidung vom 1.2.1989[477] der Sache nach gegen die bisher ergangenen Urteile, dass die bloße Kausalität für einen strafbefreienden Rücktritt ausreiche[478], so dass auch hier eigentlich ein Vorlageverfahren hätte durchgeführt werden müssen. Ebenso hätte der 4. Strafsenat ein Vorlageverfahren anstreben müssen, als er in seiner Entscheidung vom 25.9.1997[479] davon ausging, dass neben der bloßen Kausalität noch weitere Anforderungen an das Rücktrittsverhalten des Täters zu stellen seien. Somit haben hier drei Strafsenate ohne Vorlageverfahren entschieden, obwohl sie mit ihren Entscheidungen gegen die Rechtsansicht anderer Strafsenate entschieden haben. Dadurch wurde zwar gegen das Recht auf den gesetzlichen Richter verstoßen (§ 16 GVG), dies ändert jedoch nichts an der Gültigkeit der ergangenen Entscheidungen[480].

Nunmehr führte der 2. Strafsenat das seit langem fällige Vorlageverfahren durch und fragte mit Beschluss vom 14.8.2002 erstmals bei den übrigen Strafsenaten an, ob mit der Rechtsprechung Einverständnis bestünde, dass die bloße Kausalität für einen strafbefreienden Rücktritt gemäß § 24 Abs. 1 S. 1, 2. Alt. StGB ausreichend sei. Der 1. Strafsenat erklärte in seinem Beschluss vom

---

473 BGHSt 48, 147, 151.

474 BGHSt 31, 46 ff.

475 BGHSt 31, 46, 49; Vgl. Kapitel 2 A. II.1.

476 BGH, StV 1981, 396 f.; BGH, StV 1981, 515 f.

477 BGH, NStZ 1989, 522.

478 BGH, StV 1981, 396 f.; BGH, StV 1981, 514 f.; BGH, StV 1991, 515 f.; BGH, StV 1982, 467; BGH, NJW 1985, 813 f.; BGHSt 33, 295 ff.; BGH, NJW 1986, 1001 ff.

479 BGH, NStZ-RR 1997, 193 f.

480 Kissel/Mayer, § 121 Rn. 24.

26.9.2002[481], dass der oben genannten Rechtsprechung nicht entgegengetreten werde. Soweit in dem Urteil vom 27.4.1982[482] darauf verwiesen wurde, dass der Täter ein „optimales“ Rücktrittsverhalten an den Tag legen müsse, um strafbefreiend vom Versuch zurückzutreten, sei dies so von dem 1. Strafsenat nicht ausgedrückt worden. Vielmehr handele es sich hierbei um einen Interpretationsfehler der Literatur[483]. Der 3. Strafsenat hatte mit Beschluss vom 12.11.2002[484] mitgeteilt, dass seine Rechtsprechung dem Urteil des 2. Strafsenats nicht entgegenstehe. Interessant hieran ist, dass keine Rechtsprechung zu diesem Problem vom 3. Strafsenat veröffentlicht wurde. Auch der 4. Strafsenat hat mit Beschluss vom 21.10.2002[485] mitgeteilt, dass der Entscheidung des 2. Strafsenats nicht entgegengetreten werde und an einer etwa entgegenstehenden Rechtsprechung nicht festgehalten werde. Hieran zeigt sich, dass der 4. Strafsenat seine Entscheidung vom 25.9.1997[486] aufgab und sich voll und ganz der auch von dem 4. Strafsenat selbst überwiegend vertretenen Auffassung anschließt, dass die reine Kausalität für einen strafbefreienden Rücktritt ausreiche.

Der 5. Strafsenat hat mit Beschluss vom 21.10.2002[487] mitgeteilt, dass dem Leitsatz der Entscheidung des 2. Strafsenats zugestimmt werde. Vor dem Hintergrund, dass der 5. Strafsenat nie irgendwelche Zweifel an dieser Rechtsprechung aufkommen ließ, war diese Entscheidung zu erwarten.

So kam es dann auch am 20.12.2002 zu dem Beschluss des 2. Strafsenats, welcher festlegte, dass die bloße Kausalität zwischen Rücktrittsverhalten und Verhinderungserfolg ausreichend sei, um einen strafbefreienden Rücktritt gemäß § 24 Abs. 1, S. 1, 2. Alt. StGB zu bejahen.

IV. Zusammenfassung der Rechtsprechung des BGH zu § 24 Abs. 1 S. 1, 2. Alt. StGB

1. Die Rechtslage bis zu der Entscheidung des 2. Strafsenats vom 20.12.2002

Wenn man die Entscheidungen des BGH betrachtet, fällt auf, dass die Rechtsprechung zunächst bezüglich der Anforderungen an das Rettungsbemühen des

481 BGHSt 48, 147, 151.
482 BGHSt 31, 46 ff.
483 BGHSt 48, 147, 151.
484 BGHSt 48, 147, 151.
485 BGHSt 48, 147, 151.
486 BGH, NStZ-RR 1997, 193 f.
487 BGHSt 48, 147, 151.

Täters uneinheitlich war, auch wenn sich der 1. Strafsenat im Nachhinein in seiner Entscheidung vom 27.4.1982 missverstanden fühlte. Zum einen ist dies hier wohl nicht der Fall, zum anderen gab es auch noch einige weitere Urteile – auch anderer Senate – die von der überwiegend vertretenen Rechtsprechung, dass die bloße Kausalität zwischen Verhinderungserfolg und Rücktrittshandlung ausreichend sei, abwichen[488]. Die Ansichten der einzelnen Strafsenate schwankten damit zwischen der Ansicht, dass bloße Kausalität für einen strafbefreienden Rücktritt ausreiche[489] und der Ansicht, dass bloße (Mit)Ursächlichkeit nicht ausreichend sei und der Täter ein optimales Rettungsbemühen an den Tag legen muss[490]. Auffällig ist, dass selbst innerhalb der einzelnen Strafsenate keine gefestigte Rechtsprechung zu erkennen war. Jedoch war stets ein Übergewicht der Urteile festzustellen, welche die bloße (Mit)Ursächlichkeit zwischen Rücktrittshandlung und Erfolgsverhinderung ausreichen ließen[491].

So ging zwar der 1. Strafsenat in der Entscheidung vom 27.4.1982[492] zunächst davon aus, dass der Täter ein optimales Rettungsverhalten an den Tag legen müsse, um strafbefreiend von dem Versuch zurücktreten zu können, um dann in der Entscheidung vom 15.5.1990[493] zumindest teilweise davon auszugehen, dass die bloße Kausalität für einen strafbefreienden Rücktritt ausreichend sei. Dadurch, dass der 1. Strafsenat auch nach dem Anfrageverfahren nicht von der ersten Entscheidung Abstand genommen hat, sondern lediglich behauptete, dass diese Entscheidung falsch interpretiert wurde, ist im Ergebnis fraglich, ob sich der 1. Strafsenat tatsächlich der Ansicht des 2. Strafsenats angeschlossen hat, dass die bloße Kausalität zwischen der Handlung des Täters und dem Verhinderungserfolg ausreiche.

Ebenso schwankte auch der 2. Strafsenat zwischen der Ansicht, dass eine bloße (Mit)Ursächlichkeit für einen strafbefreienden Rücktritt ausreiche[494] und der Ansicht, dass der Täter ein optimales Rettungsverhalten an den Tag zu legen habe[495]. Mit seiner Entscheidung vom 20.12.2002[496] und der damit verbundenen

---

488 Vgl. 2. Kapitel A. II.

489 BGH, StV 1981, 396 f.; BGH, StV 1981, 514 f.; BGH, StV 1981, 515 f.; BGH, StV 1982, 467; BGH, NJW 1985, 813 f.; BGHSt 33, 295 ff.; BGH, NJW 1986, 1001 ff.; BGH, NJW 1990, 3219; BGH, StV 1994, 304; BGH, NStZ-RR 1997, 233 f.; BGH, StV 1999, 203 f.; BGH, StV 1999, 204.

490 BGHSt 31, 46 ff.; BGH, NStZ 1989, 522 f.; BGH, NStZ-RR 1997, 193 f.

491 Vgl. 2. Kapitel A. I.

492 BGHSt 31, 46 ff.

493 BGH, NJW 1990, 3219.

494 BGH, StV 1981, 515 f.; BGH, NJW 1985, 813 f.; BGH, NStZ-RR 1997, 233 f.

495 BGH, NStZ 1989, 525.

496 BGHSt 48, 147 ff.

Anfrage an die übrigen Strafsenate versuchte der 2. Strafsenat jedoch eine einheitliche Rechtsprechung zu schaffen.

Auch der 4. Strafsenat ging überwiegend davon aus, dass die bloße (Mit)Ursächlichkeit für einen strafbefreienden Rücktritt ausreichend sei[497], betont jedoch das optimale Rettungsbemühen in der Entscheidung vom 25.9.1997[498].

Lediglich der 5. Strafsenat blieb in all seinen Entscheidungen konsequent bei der Ansicht, dass eine bloße (Mit)Ursächlichkeit zwischen dem Rücktrittsverhalten des Täters und der Verhinderung der Tat ausreiche[499]. Vor diesem Hintergrund ist es auch nicht verwunderlich, dass der 5. Strafsenat auf Anfrage des 2. Strafsenat diese Rechtsprechung erneut bestätigte[500].

Wie oben gezeigt, ließ sich zunächst, obwohl ein deutliches Übergewicht der Urteile vorlag, die die bloße (Mit)Ursächlichkeit genügen ließen, keine einheitliche Rechtsprechung bezüglich der Anforderungen an das Rücktrittsverhalten des Täters feststellen. Die ergangenen Urteile erweckten vielmehr den Anschein, dass der BGH sich möglichst viele Entscheidungsmöglichkeiten offen halten wollte, um im Einzelfall flexibel zu sein und nach dem jeweiligen Gerechtigkeitsempfinden des erkennenden Strafsenats und aus kriminalpolitischen Erwägungen heraus urteilen zu können.

2. Die Rechtsprechung nach der Entscheidung des 2. Strafsenats vom 20.12.2002

Erst durch das von dem 2. Strafsenat durchgeführten Vorlageverfahren kann nun von einer einheitlichen Rechtsprechung ausgegangen werden. Alle Strafsenate haben sich hierbei der Ansicht angeschlossen, dass bei einem Rücktritt gemäß § 24 Abs. 1 S.1, 2. Alt. StGB die bloße (Mit)Ursächlichkeit ausreichend sei. Daher kann nun seit dem Jahre 2002 von einer einheitlichen Rechtsprechung bezüglich der Frage, welche Anforderungen an das Rücktrittsverhalten des Täters zu stellen sind, ausgegangen werden. Die Rechtsprechung des BGH hat sich seitdem auf den Standpunkt gestellt, dass außer der Kausalität zwischen dem Verhinderungsverhalten und dem Ausbleiben des tatbestandlichen Erfolges keine weiteren Anforderungen an das Rücktrittsverhalten des Täters zu stellen sind. Diese Rechtsprechung wurde nach dem Anfrageverfahren durch eine Entschei-

---

497 BGH, StV 1981, 396 f.; BGH, StV 1981, 515 f.; BGH, StV 1982, 467 f.; BGHSt 33, 295 ff.; BGH, NJW 1986, 1001 f.

498 BGH, NStZ-RR 1997, 193 f.

499 BGH, StV 1994, 304; BGH, StV 1999, 203, 204.

500 BGHSt 48, 147, 151.

dung des 5. Strafsenats bestätigt[501]. Auch in der neusten veröffentlichten Entscheidung des 3. Strafsenats des BGH vom 20.5.2010[502] wird erneut die Ansicht bekräftigt, dass es für einen strafbefreienden Rücktritt gemäß § 24 Abs. 1 S. 1, 2. Alt. StGB ausreichend sei, wenn der Täter eine neue Kausalkette in Gang setzt, welche für die Erfolgsverhinderung zumindest mitursächlich wird. Er müsse unter mehreren Möglichkeiten der Erfolgsverhinderung eben gerade nicht die optimale wählen[503].

B. Analyse der Literaturansichten bezüglich § 24 Abs. 1 S. 1, 2. Alt. StGB

Auch wenn seit der Entscheidung des 2. Strafsenats vom 20.12.2002 von einer einheitlichen Ansicht in der Rechtsprechung gesprochen werden kann, wird die Frage, welche Anforderungen an das Rücktrittsverhalten des Täters zu stellen sind, in der Literatur nach wie vor unterschiedlich beantwortet. Einigkeit herrscht lediglich darin, dass der Täter freiwillig eine aktive, auf Erfolgsabwendung gerichtete Tätigkeit entfalten muss[504]. Umstritten ist jedoch, welche Qualität an das Rücktrittsverhalten des Täters zu stellen ist. Im Folgenden werden die verschiedenen Ansichten, die sich zu der Frage, welche Anforderungen an die Qualität des Rettungsbemühens beim Rücktritt vom Versuch nach § 24 Abs. 1 S. 1, 2. Alt. StGB entwickelt haben, dargestellt. Bei der Betrachtung der Literaturansichten lassen sich vor allem drei wesentliche Ansichten feststellen. So haben sich einige Vertreter in der Literatur der Rechtsprechung des BGH angeschlossen und stellen neben der bloßen Kausalität keine weiteren Anforderungen bezüglich des Rücktrittsverhaltens des Täters. Andere Vertreter fordern, dass neben der reinen Kausalität zumindest die objektive Zurechenbarkeit des Verhinderungserfolges vorliegen muss und wieder andere fordern von dem Täter Bestleistungen bezüglich seiner Rücktrittshandlung.

501 BGH, NStZ 2006, 503.

502 BGH, NStZ-RR 2010, 276 f.

503 BGH, NStZ-RR 2010, 276 f.

504 Rudolphi, in: SK, § 24 Rn. 27 c, Zaczyk, in: NK, § 24 Rn. 57; Joecks, § 24 Rn. 25; Lilie/Albrecht, in: LK, § 24 Rn. 280 f; Kudlich/Schuhr, in: Satzger/Schmitt/Widmaier, § 24 Rn. 30.

I. Reine Kausalität als ausreichende Rücktrittsvoraussetzung

Ebenso wie die Rechtsprechung vertreten einige Autoren in der Literatur die Ansicht, die „bloße“ Kausalität zwischen Rücktrittshandlung und Erfolgsabwendung sei für einen strafbefreienden Rücktritt gemäß § 24 Abs. 1 S. 1, 2. Alt. StGB ausreichend. Der Täter müsse eben nicht die bestmögliche Verhinderungsmöglichkeit wählen; es reiche aus, wenn er ein Rücktrittsverhalten an den Tag legt, welches kausal für die Verhinderungsvollendung ist[505]. Weitere Anforderungen an die Qualität des Rettungsbemühens sind nach dieser Ansicht für einen strafbefreienden Rücktritt nach § 24 Abs. 1 S. 1, 2. Alt. StGB nicht erforderlich. Diese Betrachtungsweise ist daher rein „erfolgsbezogen“[506]. Als Argumente für diese Ansicht werden insbesondere zwei Hauptargumente angeführt, welche im Folgenden dargestellt werden.

1. Wortlaut des § 24 Abs. 1 S. 1, 2. Alt. StGB

Die Vertreter dieser Ansicht berufen sich insbesondere darauf, dass der Wortlaut des § 24 Abs. 1 S. 1, 2. Alt. StGB jeglichen zusätzlichen Anforderungen an die Qualität des Rettungsbemühens entgegenstehe und folglich nicht mehr als die (Mit)Ursächlichkeit der Handlung des Täters für die Nichtvollendung verlangt werden könne[507].

Puppe kritisiert in diesem Zusammenhang vor allem die Entscheidung des 1. Strafsenats vom 27.4.1982[508]. Diese Entscheidung sei „kaum ein tauglicher Versuch, den Wortlaut des Gesetzes dafür in Anspruch zu nehmen, dass der Täter sich auch dann ernstlich bemüht haben muss, wenn er den Erfolg tatsächlich verhindert hat“[509]. Denn „die Alternative des ernstlichen Bemühens bezeichnet [....] nicht den allgemeinen Fall des tätigen Rücktritts, sondern nur eine aus Billigkeitserwägungen, vor allem für den von vornherein untauglichen Versuch, vorgenommene Erwägung“[510]. Sie vermag nichts daran zu ändern, dass es allein das „grobschlächtige Prinzip, Ende gut, alles gut“[511] sei, welches die Rücktrittre-

---

505 Fischer, § 24 Rn. 35; Hillenkamp, JuS 1997, 821, 827; Maurach/Gössel/Zipf; AT, § 41 Rn. 89; Marxen, AT, Fall 22c S. 202, 203; Zwiehoff, StV 2003, 631, 635.

506 Bloy, JuS 1987, 528, 529.

507 Puppe, NStZ 1984, 488, 489; Fischer, § 24 Rn. 35; Marxen, AT, Fall 22 c S. 202, 203; Rudolphi, in: SK, § 24 Rn. 27; Joecks, § 24 Rn. 25; Neubacher, NStZ 2003, 576, 580; Seelmann, JR 2004, 162, 163.

508 BGHSt 31, 46 ff.

509 Puppe, NStZ 1984, 488, 489.

510 Puppe, NStZ 1984, 488, 489.

511 Puppe, NStZ 1984, 488, 489.

gelung als Ganzes zu erklären vermag. Deswegen sollte es für den Fall, dass der Täter den Erfolg tatsächlich abwendet, bei einer Straffreiheit bleiben, ohne dass weitere Anforderungen an die Ernstlichkeit seines Bemühens gestellt werden sollten[512]. Da sich der Gesetzgeber nun einmal dafür entschieden habe, dass es einzig und allein auf die Frage ankommt, ob der Erfolg verhindert wurde, komme es somit lediglich darauf an, ob der Täter sein im Ergebnis erfolgreiches Handeln für geeignet hält, um den tatbestandsmäßigen Erfolg zu verhindern[513].

2. Das Opferschutzargument

Als weiteres Argument dafür, dass die bloße Kausalität zwischen dem Rücktrittsverhalten und der Tatvollendung ausreiche, wird oftmals auch auf die „Lehre von der goldenen Brücke" und das damit einhergehende Argument des Opferschutzes verwiesen[514]. Demnach soll dem Täter möglichst lange der Weg zum Rücktritt offen bleiben, um das Opfer vor weiteren Handlungen des Täters zu schützen. Der Opferschutz lege es nahe, alle kausalen und erfolgreichen Rettungsbemühungen ausreichen zu lassen, auch wenn diese nicht „optimal" sind. Denn würde vom Täter ein optimales Rettungsbemühen gefordert, hätte dies zur Folge, dass er seine Tat unter Umständen preisgeben müsste, was ihn im Ergebnis von einem Rücktritt abhalten könnte[515].

3. Weitere Argumente

Neben diesen beiden Argumenten wird auch angeführt, dass es anerkannt sei, dass auch ein zögernder Täter noch zurücktreten kann, wenn er den tatbestandsmäßigen Erfolg in „letzter Sekunde" verhindert und dafür möglicherweise die letzte, bei weitem nicht beste, ihm verbleibende Verhinderungsmöglichkeit wählt. Aus diesem Grund sei es nicht verständlich, einem Täter, der nicht in „letzter Sekunde" die Verhinderung vollendet (und somit noch die bestmögliche Verhinderungshandlung ergreifen könnte), den Rücktritt zu versagen, nur weil er eben nicht eine optimale Verhinderungsmöglichkeit gewählt hat[516]. Ferner wird darauf hingewiesen, dass der Täter ganz allein das Erfolgsrisiko und somit auch das Risiko trage, dass sein Rücktrittsverhalten möglicherweise nicht ausreicht

---

512 Puppe, NStZ 1984, 488, 489.
513 Fischer, § 24 Rn. 35; Puppe, NStZ 1984, 488, 490; Marxen, AT, Fall 22 c S. 202, 203.
514 Puppe, NStZ 1984, 488, 490; Fischer, § 24 Rn. 35; Vgl. Kapitel 1 B. IV. 2.
515 Puppe, NStZ 1984, 488, 490; Fischer, § 24 Rn. 35.
516 Fischer, § 24 Rn. 35.

und es aus diesem Grund doch zum Eintritt des Erfolges kommt und eine Straffreiheit daher nicht eintritt[517]. Auch werde oftmals der Täter wegen weiterer, bereits vollendeter Delikten zu bestrafen sein[518]. Darüber hinaus spreche die Entstehungsgeschichte des RStGB für die Annahme, dass ein rein kausales Rücktrittsverhalten ausreichend ist[519]. Durch das 2. StrRG vom 4. Juli 1969 habe die Rücktrittregelung ihre auch heute noch geltende Fassung erhalten. Jedoch sei weder in der Vorarbeit noch im Gesetzgebungsverfahren jemals die Frage diskutiert worden, ob an das Rücktrittsverhalten des Täters neben der reinen Kausalität noch weitere Anforderungen zu stellen sind[520].

II. Zusätzliche Anforderungen an die Qualität des Rettungsbemühens beim Rücktritt

Zahlreiche Stimmen in der Literatur sind jedoch der Ansicht, dass neben der reinen Kausalität noch weitere Anforderungen an das Rücktrittsverhalten des Täters zu stellen sind. Hierbei sind im Wesentlichen drei Ansichten zu unterscheiden. Einige Vertreter in der Literatur fordern vom Täter Bestleistungen, damit dieser in den Genuss der Straffreiheit kommen könne. Andere Autoren differenzieren bei der Frage, ob Bestleistungen von dem Täter zu fordern sind, zwischen den Fällen der eigenhändigen und der fremdhändigen Erfolgsverhinderung und eine dritte Meinung geht davon aus, dass das Ausbleiben des tatbestandlichen Erfolges dem Täter zumindest objektiv zurechenbar sein muss. Dies solle unabhängig davon gelten, ob ein Fall der eigenhändigen oder der fremdhändigen Erfolgsverhinderung vorliegt.

1. Optimales Verhinderungsverhalten

Einige Vertreter innerhalb der Literatur verlangen vom Täter – und zwar unabhängig davon ob es sich um einen Fall der eigenhändigen oder der fremdhändigen Erfolgsverhinderung handelt – für einen strafbefreienden Rücktritt gemäß § 24 Abs. 1 S. 1, 2. Alt. StGB ein „optimales" Rücktrittsverhalten[521]. *Roxin* be-

517 Neubauer, NStZ 2003, 576, 580.

518 Zwiehoff, StV 2003, 631, 635.

519 Zwiehoff, StV 2003, 631, 634.

520 Zwiehoff, StV 2003, 631, 634.

521 Baumann/Weber/Mitsch, AT § 27 Rn. 28; Blei, AT S. 242; Frister, AT, 24. Kapitel Rn. 40 f.; Römer, MDR 1989, 945 ff.; Murmann S. 61 ff.; Heckler, 184, 187 ff.; Jakobs, AT, 26. Abschn. Rn. 20 ff.; v. Heintschel-Heinegg, ZStW 109 (1997), 29, 52.

tont dabei jedoch, dass an das optimale Verhinderungsverhalten keine all zu exzessiven Forderungen gestellt werden dürften[522]. Dieser Ansatz ist somit eine „verhaltensbezogene Betrachtungsweise“[523] und wird im Folgenden als „Bestleistungstheorie“[524] bezeichnet.

Blei[525] folgert aus den vom 1. Strafsenat in der Entscheidung vom 27.4.1982[526] aufgestellten Grundsätzen, dass die Erfolgsverhinderung das Ergebnis eines ernsthaften Bemühens des Täters sein müsse. Der Täter müsse die Rettungsaktion zumindest so lange selbst ernsthaft steuern, bis anderweitige qualifizierte Hilfe wirksam wird. Erst ab diesem Zeitpunkt, also wenn der Täter den qualifizierten Dritten herbeigerufen hat, habe er die Rücktrittsvoraussetzungen erfüllt. Daher sei der Täter nach dieser Ansicht (und auch nach der Ansicht des 1. Strafsenats) in der Entscheidung vom 27.4.1982 nicht gemäß § 24 Abs. 1 S. 1, 2. Alt. StGB zurückgetreten, da er seine Ehefrau eben gerade nicht in die Obhut der Ärzte übergeben, sondern lediglich in der Nähe des Krankenhauses abgesetzt hat.

Zur Begründung dieser Theorie werden in der Literatur vor allem drei Begründungsansätze herangezogen.

a) Der Vergleich mit dem Unterlassungsdelikt

Jakobs[527] vergleicht hier den beendeten Versuch mit der Situation bei einem Unterlassungsdelikts. Dort würden vom Täter wegen der Haftung kraft Ingerenz ebenfalls Bestleistungen verlangt, also müsse dies auch für den Rücktritt nach § 24 Abs. 1 S.1, 2. Alt. StGB gelten[528]. Ansonsten käme es zu dem Wertungswiderspruch, dass die „materiell durch die Versuchstat begründete Ingerenzgarantenpflicht auf optimale Bemühungen ziele“, während ein strafbefreiender Rücktritt durch ein weniger intensives Rücktrittsverhalten möglich wäre[529]. Das vorangegangene Versuchsverhalten des Täters begründe ebenfalls eine Garantenpflicht (kraft Ingerenz), und wenn der Täter dann nicht das aussichtsreichste Rettungsmittel einsetze, mache er sich eines weiteren Versuchs schuldig, und zwar diesmal durch Unterlassen. *Jakobs* führt hierfür folgendes Beispiel an[530]:

---

522 Roxin, in: FS Hirsch, S. 339; ders., AT II, § 30 Rn. 253.
523 Bloy, JuS 1987, 528, 529.
524 So Roxin, in: FS Hirsch, S. 328, Fn. 3.
525 Blei, AT, S. 242.
526 BGHSt 31, 46 ff.
527 Jakobs, AT, 26. Abschn. Rn. 21.
528 Jakobs, AT, 26. Abschn. Rn. 21; v. Heintschel-Heinegg, ZStW 109 (1997), 29, 45; ahnl. auch Heckler, 184, 189; Murmann S. 65
529 Murmann S. 65.
530 Jakobs, AT, 26. Abschn. Rn. 21.

„Wer sein Opfer so zusammenschlägt, dass er den Tod für nicht unwahrscheinlich hält, wenn Hilfe ausbleibt, tritt [...] zwar vom Tötungsversuch zurück, wenn er eine letztlich effektive Hilfe initiiert, nicht aber vom Tötungsversuch durch Unterlassen, wenn seine Hilfe keine optimale Nutzung der ihm verfügbaren Abwendungschancen ist".

Auch *Römer*[531] vergleicht die Situation des Rücktritts nach § 24 Abs. 1 S. 1, 2. Alt. StGB mit der Situation, dass der Täter wegen eines unechten Unterlassungsdelikts hafte: „Wer die Möglichkeit, dass es trotz seines Handelns zum Eintritt des tatbestandsmäßigen Erfolges kommen kann, als Ingerenz erkennt und sich mit ihr abfindet, begeht mit dem angeblichen strafbefreienden Rücktritt zugleich den Versuch des Ommisivdelikts"[532]. Der Garant sei schließlich stets verpflichtet, die aussichtsreichste Handlung vorzunehmen, wenn ihm in einem Zeitpunkt Rettungshandlungen mit unterschiedlichen Erfolgsaussichten möglich sind[533]. Wegen der Parallelität der Haftung aus Ingerenz und der Situation des Täters beim Rücktritt vom beendeten Versuch sei daher stets ein ernsthaftes Bemühen vom Täter zu fordern, da nur so die Diskrepanz zwischen den unterschiedlichen Anforderungen an § 24 Abs. 1 S. 1, 2. Alt. StGB und § 24 Abs. 1 S. 2 StGB gelöst werden könnte[534].

b) Der Vergleich mit dem untauglichen Versuch

Einige Vertreter der Bestleistungstheorie sprechen sich ausdrücklich für eine Harmonisierung der Rücktrittsvorschriften im Wege einer systematischen Auslegung von § 24 Abs. 1 S. 1, 2. Alt. StGB und § 24 Abs. 1 S. 2 StGB aus[535]. Für die Bestleistungstheorie wird hierbei angeführt, dass vom Versuchstäter für einen strafbefreienden Rücktritt nach § 24 Abs. 1 S. 2 StGB (untauglicher Versuch) mehr gefordert werde, als für einen Rücktritt nach § 24 Abs. 1 S. 1, 2. Alt. StGB (beendeter Versuch)[536]. Wenn schon beim untauglichen oder aus anderen Gründen nicht zur Vollendung gelangten Versuch der Rücktritt ein „ernsthaftes Bemühen", also eine Bestleistung des Täters voraussetze, müsse dies beim tauglichen Versuch nach § 24 Abs. 1 S. 1, 2. Alt. StGB erst recht gelten[537]. Denn hier

531 Römer, MDR 1989, 945, 947.
532 Römer, MDR 1989, 945, 947.
533 Römer, MDR 1989, 945, 947.
534 Römer, MDR 1989, 945,947.
535 Römer, MDR 1989, 945, 947; Herzberg, NJW 1989, 862, 869 ff.; ders. NJW 1991, 1633, 1637; Heckler, 184, 189; Roxin, JR 1986, 420, 427; ähnl. auch Blei, AT, S. 242; Frister, AT, 24. Kapitel Rn. 41.
536 Herzberg, NJW 1989, 862,863; Roxin, in: FS Hirsch, S. 334.
537 Roxin, in: FS Hirsch, S. 334.

könne der Versuch ja jederzeit zur Tatvollendung führen. Es mache keinen Sinn, bei objektiv unnötigen Bemühungen (untauglicher Versuch) mehr vom Täter zu verlangen als dort, wo ein optimales Rettungsbemühen dringend erforderlich ist (beendeter Versuch)[538].

Ferner werde der Täter bei der momentanen Gesetzeslage gezwungen, sein Tun als tatsächlich (dann beendeter Versuch) und nicht nur scheinbar gefährlich (dann untauglicher Versuch) darzustellen, um in den Genuss der Straffreiheit zu kommen, wenn sein Rücktrittshandeln lediglich kausal für die Erfolgsverhinderung war[539]. Dies führe für den Strafverteidiger zu dem bereits in der Einleitung dargestellten Problem, dass er im Zweifelsfall seinen Mandanten als deutlich gefährlicher und krimineller erscheinen lassen müsste, als er unter Umständen in Wirklichkeit war, damit ein tauglicher Versuch vorliegt. Dann reiche nach Ansicht der Rechtsprechung nämlich jedes kausale Verhalten aus, um in den Genuss des strafbefreienden Rücktritts zu gelangen, wohingegen der Täter im Fall des untauglichen Versuch eine optimale Rücktrittsleistung an den Tag legen müsse.

c) Das „doulus-eventualis-Argument“

Als weiteres Hauptargument der „Bestleistungstheorie“ wird angeführt, dass der Täter, welcher lediglich ein „halbherziges“ Verhinderungsverhalten an den Tag lege, damit rechne und sich auch dessen bewusst sei, dass die Wahrscheinlichkeit der Erfolgsverhinderung eher gering ist. Er nehme somit einen, durch optimales Verhinderungsverhalten vermeidbaren, Erfolgseintritt, bewusst in Kauf[540]. Wenn der Täter jedoch mit *dolus eventualis* bezüglich des Erfolges handele, erbringe er keine ausreichende Rücktrittshandlung, da auch der *dolus eventualis* für die Zurechnung zur vorsätzlichen Vollendungstat ausreicht. Nichts anderes könne folglich bei dem Rücktritt gelten[541]. Indem der Täter bewusst in Kauf nehme, dass der tatbestandliche Erfolg unter Umständen doch eintrete, habe er nicht den Willen gezeigt, dass er die Tat tatsächlich verhindern möchte. Bezüglich dieser bewussten Inkaufnahme bleibe es somit bei der Versuchsstrafbarkeit.

d) Weitere Argumente

Weiter wird zur Begründung der Bestleistungstheorie angeführt, der Täter müsse ein optimales Verhalten an den Tag legen, wenn er schon in den Genuss der

538 Roxin, in: FS Hirsch, S. 338.

539 Jakobs, JZ 2003, 743, 744; Herzberg, NJW 1989, 862, 862; Römer, MDR 1989, 945.

540 Roxin, in: FS Hirsch, S. 333; ähnl. auch Puppe, NStZ 1984, 488, 489; Murmann, S. 64.

541 Roxin, in: FS Hirsch, S. 333.

Straffreiheit kommt. Das Gesetz könne ein „weniger“ an Rücktrittsverhalten oder einen halbherzigen Rücktritt nicht ausreichen lassen, wenn es dem Täter völlige Straffreiheit und nicht eine bloße Strafmilderung gewährt, da in Fällen, in denen der Täter kein optimales Verhinderungsverhalten an den Tag legt, kein derart honorierbares Rückrittsverhalten vorliegt[542]. Weil der Rücktritt die Umkehrleistung eines vorsätzlichen, auf Deliktsvollendung bezogenen Verhaltens sei, muss aber auch bei der Rücktrittsleistung beachtet werden, dass der Täter ernsthaft mit der Möglichkeit rechnen muss, dass sein Handeln den Erfolg verhindert. Nur dann könne er in den Genuss der Straffreiheit kommen. Bei einer lediglich kausalen Verhinderungshandlung ist es jedoch unter Umständen denkbar, dass der Täter eben nicht mit der ernsthaften Verhinderungsmöglichkeit rechnet[543].

Ein ähnliches Argument führt *Heckler* zur Begründung der „Bestleistungstheorie“ an[544]. Er geht davon aus, dass der Täter eine „ausreichende Umkehrleistung“ an den Tag legen müsse, welche das Risiko der Vollendung sicher ausscheiden lässt, um in den Genuss der Straffreiheit zu gelangen[545]. Wenn der Täter das Risiko des Erfolgseintritts nur minimiere, stellt dieses Verhalten gerade keine ausreichende Umkehrleistung dar[546]. Sollte es auf Grund dieser Minimierung zu einem Ausbleiben des Erfolges kommen, sei es vielmehr Glück, wenn der Taterfolg nicht eintrete[547]. Es sei jedoch unbillig, einem Täter Straffreiheit zu gewähren, wenn das Ausbleiben des Erfolges einzig auf Glück oder Zufall und nicht auf den Handlungen des Täters basiert.

Auch *Jakobs*[548] fordert von dem Versuchstäter eine optimale Nutzung der ihm zur Verfügung stehenden Abwendungschancen, um Straffreiheit nach § 24 Abs. 1 S. 1, 2. Alt. StGB zu erlangen. Dabei fordert er nicht nur, dass der Täter die Erfolgsabwendung *ex ante* für geeignet halte, sondern auch, dass er seine Sicht sicher überprüft hat[549]. Es genüge eben nicht, dass der Täter die Gefahr der Tatbestandsverwirklichung nur verkleinert. Denn in diesem Fall bliebe ein Restrisiko bestehen und für dieses noch verbleibende Restrisiko bleibe es bei der Strafbarkeit des Versuchs. Es liege somit nur ein „Teilrücktritt“ vor[550]. *Jakobs* geht ferner davon aus, dass nur ein optimales Verhalten den Wertungswider-

---

542 Herzberg, NJW 1989, 862, 867; Baumann/Weber/Mitsch, AT, § 27 Rn. 28.

543 Herzberg, NJW 1989, 862, 868; ähnl. auch Römer, MDR 1989, 945, 947.

544 Heckler, 184 ff.

545 Heckler, 184, 188.

546 Heckler, 184, 188; ähnl. auch Murrmann, S. 64.

547 Heckler, 184, 188.

548 Jakobs, AT, 26.Abschn. Rn. 20 ff.; ders., JZ 2003, 743,744; zustimmend Roxin, in: FS Hirsch, S. 335.

549 Jakobs, AT, 26 Abschn. Rn. 21; ders., ZStW 104 (1992), 82, 93.

550 Jakobs, AT, 26. Abschn. Rn. 21; ders., ZStW 104 (1992), 82, 89 f.; v. Heintschel-Heinegg, ZStW 109 (1997), 29, 53; ähnl. auch Römer, MDR 1989, 945, 947; Murmann, S. 64.

spruch lösen könne, dass der Täter, welcher vor Versuchsbeginn Gegenmaßnahmen ergreift und trotzdem nicht verhindern kann, dass der Taterfolg ausbleibt, strafbar bleibt. Ergreife der Täter jedoch nicht optimale, aber im Ergebnis erfolgreiche Gegenmaßnahmen *nach* dem Versuchsbeginn, ist er strafbefreiend zurückgetreten. Dies führe nach Ansicht von *Jakobs* zu nicht gerechtfertigten Wertungswidersprüchen[551]. Nur wenn man von dem Täter ein optimales Rücktrittsverhalten fordere, könne man dem „grobschlächtigen Prinzip Ende gut, alles gut" entgehen und nur dann könne eine Privilegierung des leichtfertigen und optimistischen Täters entgegen gewirkt werden[552]. Ferner wird für die Begründung der Bestleistungstheorie angeführt, dass es im Sinne des Opferschutzes angebracht sei, von dem Täter Bestleistungen zu fordern, da dann für das Opfer die größte Rettungschance besteht[553].

2. Die „Differenzierungstheorie"

Einige Vertreter in der Literatur, die neben der bloßen Kausalität weitere Anforderungen an das Rücktrittsverhalten des Täters stellen, unterscheiden bei der Frage, welche Anforderungen an das Rücktrittsverhalten des Täters zu stellen sind, zwischen den Fällen einer eigenhändigen und einer fremdhändigen Erfolgsverhinderung.

a) Die „eigenhändige" Erfolgsverhinderung

Roxin und einige weitere Vertreter innerhalb der Literatur[554] lassen zumindest für die Fälle, in denen der Täter das Opfer selbst und ohne die Hilfe eines Dritten rettet (= Fälle der „eigenhändigen Erfolgsverhinderung"), die bloße Kausalität des Täterverhaltens für einen strafbefreienden Rücktritt nach § 24 Abs. 1 S. 1, 2. Alt. StGB genügen. Denn der Wortlaut des Gesetzes lasse in solchen Fällen keine andere Aussage zu, als dass der Täter den Erfolg verhindert. Beim Gelingen der eigenhändigen Rettung sei etwas anderes mit den *nullum-crimen-*

551 Jakobs, AT, 26. Abschn. Rn. 21.; ähnl. auch v. Heintschel-Heinegg, ZStW 109 (1997), 29, 46; Puppe, NStZ 1984, 488, 489.

552 Jakobs, AT, 26. Abschn. Rn. 21.

553 Roxin, AT II, § 30 Rn. 247.

554 Roxin, in: FS Hirsch, S. 335; ders., AT II, § 30 Rn. 243 ff.; Lackner/Kühl, § 24 Rn. 19 b; Heinrich, AT I, Rn. 851; Engländer, JuS 2003, 641, 644 f.; ähnl. auch Herzberg, NJW 1989, 862, 866 f.; teilweise, zumindest für die Fälle der eigenhändigen Erfolgsverhinderung auch Rudolphi, NStZ 1989, 508, 511 ff.

Grundsatz daher nicht vereinbar[555]. Auch kriminalpolitisch sei dieser Ansatz überzeugend. Denn wenn der Täter eigenhändig und ohne fremde Hilfe den Erfolgseintritt verhindert habe, habe er in ausreichender Weise gezeigt, dass er den festen Willen zur Rückkehr in die Legalität hat[556]. Eine Bestrafung dieses Täters sei dann weder aus general- noch aus spezialpräventiven Gesichtspunkten nötig.

Herzberg[557] geht ebenfalls auf den Fall ein, in dem der Täter allein die Rettung des Opfers herbeiführt („eigenhändige Erfolgsverhinderung"), obwohl das Herbeirufen eines Dritten eigentlich die „optimale" Rettungsmaßnahme gewesen wäre. Er geht in diesen Fällen davon aus, dass der Täter ebenfalls nach den Grundsätzen der Verhinderungstäterschaft zurückgetreten sei, da er immerhin sein „Bestes" für die Erfolgsverhinderung gegeben habe. Denn „dem Alleintäter der Verhinderung gibt der Erfolg recht; ob er sich noch mehr hätte anstrengen können, wird der Richter kaum fragen"[558].

Innerhalb der Rechtsprechung des BGH gab es bisher lediglich zwei Entscheidungen, in der eine eigenhändige Erfolgsverhinderung des Täters zur Tatverhinderung geführt hat[559]. In beiden Fällen hat auch der jeweils erkennende Strafsenat die bloße Kausalität für einen strafbefreienden Rücktritt ausreichen lassen, ohne hierbei aber auf eine Differenzierung zwischen eigenhändiger und fremdhändiger Erfolgsverhinderung einzugehen. Wenn man die Rechtsprechung des BGH zu der Frage, welche Anforderungen an das Rücktrittsverhalten des Täters zu stellen sind, betrachtet[560], wird auch deutlich, dass der BGH keine Unterscheidung zwischen eigenhändiger und fremdhändiger Erfolgsverhinderung vornimmt.

b) Die „fremdhändige" Erfolgsverhinderung

Die Vertreter der Differenzierungstheorie sind jedoch in Fällen der „fremdhändigen" Erfolgsverhinderung der Ansicht, dass für einen Rücktritt gemäß § 24 Abs. 1 S. 1, 2. Alt. StGB andere, höhere Anforderungen an das Rücktrittsverhalten des Täters zu stellen seien, als dies bei den Fällen der „eigenhändigen" Erfolgsverhinderung der Fall ist[561]. *Roxin* fordert, dass man in diesen Fällen für

555 Roxin, in: FS Hirsch S 332; ähnlich auch Engländer, JuS 2003, 641, 645; Rudolphi, NStZ 508, 511.

556 Roxin, in: FS Hirsch, S. 335; ders., AT II, § 30 Rn. 243.

557 Herzberg, NJW, 1989, 862, 867.

558 Herzberg, NJW 1989, 862, 867; Roxin, in: FS Hirsch, S. 336.

559 BGH, StV 1981, 514; BGH, NStZ 2006, 503.

560 Vgl. ausführl. 2. Kapitel A. I., II.

561 Roxin, in: FS Hirsch, S. 336 ff.; Lackner/Kühl, § 24 Rn. 19 b.

eine Verhinderung im Sinne des § 24 Abs. 1 S. 1, 2. Alt. StGB ein freiwilliges und ernsthaftes Bemühen verlangen müsse, das zu einer Bedingung für die Erfolgsabwendung geworden ist. So sei für die Fälle der sogenannten „fremdhändigen“ Erfolgsverhinderung zu verlangen, dass der Täter die beste ihm erkennbare Rettungsmöglichkeit ergreift[562]. Der Wortlaut des § 24 Abs. 1 S. 1, 2. Alt. StGB zwinge nach der Ansicht *Roxins* eben nicht dazu, in allen Fällen der fremdhändigen Erfolgsverhinderung die bloße Kausalität ausreichen zu lassen. Gerade wenn sich der Täter der Hilfe eines Dritten für die Erfolgsverhinderung bediene, sei eben „jeder Mitverursacher schon als Verhinderer (...)“ anzusehen[563]. Es sei kriminalpolitisch nicht sinnvoll, dem Täter die Möglichkeit des strafbefreienden Rücktritts schon durch halbherzige Rettungsmaßnahmen zu eröffnen. Vielmehr handele der Täter bei nicht optimalem Rücktrittsverhalten mit *dolus eventualis* bezüglich der Möglichkeit, dass der Erfolg doch eintritt[564]. Dieser *dolus eventualis* reiche jedoch aus, um die Strafbarkeit bestehen zu lassen. Auch sei in Fällen der fremdhändigen Erfolgsverhinderung aus kriminalpolitischer Sicht kein hinreichender Grund ersichtlich, den *dolus eventualis* des Täters zu ignorieren, der nur ein halbherziges Verhinderungsverhalten an den Tag legt[565].

Dementsprechend widerspricht *Roxin* dem 4. Strafsenat in der Entscheidung vom 5.12.1985[566]. Dort hätte der Sohn seinem Vater das Telefonbuch nicht nur reichen, sondern auch das Eintreffen des Krankenwagens abwarten müssen[567]. Das bloße Reichen des Telefonbuchs sei zwar (mit)ursächlich für die Rettung des Vaters gewesen. Jedoch könne dieses Geben des Telefonbuchs nicht dazu ausreichen, dem Täter die Tatverhinderung zu Gute zu halten[568]. Ebenfalls anderer Ansicht als der BGH ist *Roxin* in Bezug auf die Entscheidung des 2. Strafsenats vom 7.11.1984[569]. Hier hätte der Täter selbst (und nicht Frau M) sofort die Feuerwehr rufen müssen[570]. Nur dann hätte der Täter ein optimales Verhinderungsverhalten an den Tag gelegt, was wiederum zur Bejahung eines strafbefreienden Rücktritts erforderlich gewesen wäre. Dagegen stimmt *Roxin* der Entscheidung des 1. Strafsenats vom 27.4.1982[571] zu und ist ebenfalls der Ansicht,

562 Roxin, in: FS Hirsch, S. 336.
563 Roxin, in: FS Hirsch, S. 337.
564 Vgl. dazu 2. Kapitel B. II. 1. c)
565 Roxin, AT II, § 30 Rn. 247.
566 BGH, NJW 1986, 1001 f.
567 Roxin, in: FS Hirsch, S. 337.
568 Roxin, in: FS Hirsch, S. 342.
569 BGH, NJW 1985, 831 f.
570 Roxin, in: FS Hirsch, S. 329.
571 BGHSt 31, 46 ff.

dass ein Rücktritt hier ausscheidet, da der Täter kein optimales Verhinderungsverhalten an den Tag legte, in dem er seine Ehefrau lediglich in die Nähe eines Krankenhauses brachte[572].

Herzberg und auch *Kühl*[573] haben die Frage, wann und in welchem Umfang der Täter das Verhindern der Vollendung seiner Tat anderen Personen überlassen dürfte („fremdhändige Erfolgsverhinderung"), in der Weise beantwortete, dass hierfür ein „optimales" Rettungsbemühen des Täters zu fordern sei. So verlangt *Herzberg*[574] vom Täter ein „ernsthaftes Bemühen", um die Vollendung nach § 24 Abs. 1 S. 1, 2. Alt. StGB zu verhindern. Dabei erklärt er das Kriterium der Tatherrschaft (im Sinne einer „Verhinderungstäterschaft") als maßgebliches Kriterium für die Rücktrittsleistung des Täters, in dem er formuliert, dass derjenige die Tat „verhindert", der mit Tatherrschaft das Ausbleiben des Taterfolges bewirke. *Herzberg* räumt jedoch ein, dass dieses Kriterium für die Fälle eingeschränkt werden müsse, in denen der Täter einen qualifizierten Dritten, zum Beispiel einen Arzt, zur Rettung „anstifte" [575]. Dann nämlich träfe der Täter gerade die bestmögliche und damit einzig richtige Maßnahme, da das Misslingensrisiko bei der eigenhändigen Rettung größer sei, als bei der Rettung durch einen qualifizierten Dritten. Der Zurücktretende müsse das Verhinderungsgeschehen aber mitbeherrschen, also zum Beispiel nach dem Rufen des Arztes nicht einfach weggehen, sondern das Opfer betreuen und der weiterführenden Rettung übergeben; eine bloße „Beihilfe" oder „Anstiftung" (ohne „Tatherrschaft") zur Rettung des Opfers soll dementsprechend nicht genügen.

Durch ernsthaftes Bemühen verhindern heiße daher zusammenfassend, die Abwendung des Erfolges zu beherrschen oder zumindest mitzubeherrschen[576]. *Herzberg* versteht unter einem optimalen Verhinderungsbemühen, dass der Täter entweder die aussichtsreichste Maßnahme oder die Ausschöpfung der eigenen Leistungskraft wählen müsse[577]. Er begründet diese strengen Rücktrittsanforderungen auch mit seiner „Schulderfüllungstheorie"[578]. Danach sei „äußerste Anstrengung, die das Vollendungsrisiko so weit wie möglich ausschließt, [...] nach Begehung des Versuchs nichts weiter als die rechtliche Pflicht des Täters"[579].

572 Roxin, JR 1986, 420, 427; ders., in: FS Hirsch, S. 328.

573 Herzberg, NJW 1989, 862, 866 f.; Lackner/Kühl, § 24 Rn. 19 b; Kühl, AT, § 16 Rn. 74.

574 Herzberg, NJW 1989, 862, 866.

575 Herzberg, NJW 1989, 862, 866.

576 Herzberg, NJW 1989, 862, 866.

577 Herzberg, NJW 1989, 862,867.

578 Herzberg, NJW 1989, 862, 869; ders., NStZ 1990, 172; siehe dazu auch schon 1. Kapitel, A. IV. 5.

579 Herzberg, NJW 1989, 862,869, ders., NStZ 1989, 49 f.; ähnl. auch, NJW 1991, 1633, 1637.

Denn, so *Herzberg* weiter, wer jemanden in Lebensgefahr gebracht habe, sei es ihm schuldig, alles für dessen Rettung zu unternehmen[580].

Engländer[581] geht davon aus, dass in Fällen der fremdhändigen Erfolgsverhinderung der Täter die Rücktrittshandlung wie ein Mittäter oder mittelbarer Täter beherrschen müsse. Sei dies der Fall, liegt ein gleichwertiges Verhalten vor, wie wenn der Täter die Tat eigenhändig verhindert. Ein optimales, beziehungsweise „verlässliches" Rücktrittsverhalten sei von dem Täter nur dann zu fordern, wenn der Täter die Vollendung völlig einem Dritten überlässt und nicht mehr korrigierend in das Rettungsverhalten eingreifen kann (= „fremdhändige Erfolgsverhinderung")[582].

3. Objektive Zurechenbarkeit des Verhinderungserfolges

Innerhalb der Vertreter in der Literatur, welche neben der bloßen Kausalität weitere Anforderungen an das Rettungsverhalten des Täters stellen, gehen einige davon aus, dass der Täter zwar kein optimales Rettungsbemühen an den Tag legen müsse, ihm aber der Verhinderungserfolg zumindest objektiv zurechenbar sein muss, so dass die Verhinderung als das Werk des Täters anzusehen ist[583]. Erst dann könne der Täter in den Genuss der Straffreiheit gemäß § 24 Abs. 1 S. 1, 2. Alt. StGB gelangen.

a) Die Ansicht von Bloy

Bloy[584] hat als erster Autor in der Literatur die Frage aufgeworfen, welche Tätigkeit der Täter entfalten müsse, damit ihm die Verhinderung der Vollendung seiner Tat als seine eigene Rücktrittsleistung zugerechnet werden kann. Er stellt bei der Frage nach der Qualität des Rettungsbemühens bei § 24 Abs. 1 S. 1, 2. Alt. StGB auf die Kriterien der objektiven Zurechnung des Erfolges ab[585]. So

---

580 Herzberg, NStZ 1989, 49.

581 Engländer, JuS 2003, 641, 645.

582 Engländer, JuS 2003, 641, 645.

583 Bloy, JuS 1987, 528 ff.; Rudolphi, NStZ 1989, 508, 511 ff.; ders., in: SK, § 24 Rn. 27 c; Kühl, AT, § 17 Rn. 72 f.; Stratenwerth/Kuhlen, AT I, Rn. 90; Rengier, JuS 1991, 983, 941; ders., AT, § 37 Rn. 124; Wessels/Beulke, AT, Rn. 644; Eser, in: Schönke/Schröder, § 24 Rn. 59; Kudlich/Schuhr, in: Satzger/Schmitt/Widmaier, § 24 Rn. 44; Ambos, in: Dölling/Duttge/Rössner, § 24 Rn. 15; im Ansatz auch Römer, MDR 1989, 945, 947.

584 Bloy, JuS 1987, 528, 533 ff.

585 Bloy, JuS 1987, 528, 533.

müssen nach seiner Ansicht die betreffenden Zurechnungskriterien dann auch im Hinblick auf den Rücktritt erfüllt sein[586].

Bloy vertritt somit eine vermittelnde Ansicht zwischen der Rechtsprechung und Teilen der Literatur, welche die bloße Kausalität als ausreichend erachten, und der Ansicht in der Literatur, die fordert, dass an das Verhalten des Täters optimale Anforderungen zu stellen seien. *Bloy* geht davon aus, dass hinter allen Ansichten, die ein „nur" äquivalent-kausales Handeln für den Rettungserfolg als nicht ausreichend betrachten, der „zutreffende Gedanke" stecke, dass „der Täter nur dann straffrei bleiben darf, wenn er den Deliktserfolg objektiv zurechenbar abgewendet habe, denn ansonsten sei das Bewirken Zufall und nicht seine Leistung"[587].

Für die Fälle „fremdhändiger Erfolgsverhinderung" greift *Bloy,* ähnlich wie *Herzberg*[588], neben der Lehre von der objektiven Zurechnung auch auf die Grundsätze der Täterschafts- und Teilnahmelehre zurück[589]. Danach solle ein ausreichendes Verhindern im Sinne des § 24 Abs. 1 S. 1, 2. Alt. StGB dann vorliegen, wenn der Täter den eingeschalteten Dritten als sein bloßes „Werkzeug" benutzt, der Dritte als „Gehilfe" des Täters fungiert oder eine gemeinschaftliche Erfolgsabwendung im Sinne von „Mittäterschaft" durch den Täter und den Dritten vorliegt. Außerdem behandelt er noch den Fall, in dem der Täter wie ein „Anstifter" auftritt. Bei der Einschaltung von „Rettungsexperten" (Arzt, Feuerwehr etc.) handele es sich, so *Bloy*, geradezu um den „Prototyp" eines strafbefreienden Rücktritts unter Mitwirkung Dritter, auch wenn dort der Täter das Verhinderungsverhalten nicht beherrsche. Jedoch setze eine Straffreiheit nach § 24 Abs. 1 S. 1, 2. Alt. StGB in den „Anstifter-Fällen" voraus, dass der Täter im Dritten den Entschluss zur Rettungstat hervorruft[590], was bei „Rettungsexperten" wohl stets der Fall sein wird.

Als problematisch erachtet *Bloy* jedoch die „Anstiftung" von nicht besonders qualifizierten Helfern zur Rettung. Jedoch soll nach seiner Ansicht auch in solchen Fallkonstellationen das Risiko, das im Zurückbleiben hinter der optimalen Rettungsmaßnahme liege, die strafbefreiende Wirkung des Rücktritts solange nicht ausschließen, wie die allgemeinen Zurechnungsvoraussetzungen erfüllt sind. Letztlich „schadet das Spiel mit dem Zufall dem Zurücktretenden erst dann, wenn er die Situation so arrangiert, dass die letztendlich erfolgte Rettung nicht mehr als seine Leistung erscheint"[591]. Dementsprechend scheide eine bloße „Ge-

---

586 Bloy, JuS 1987, 528, 533; ähnl. auch Heckler, 184, 189.

587 Bloy; JuS 1987, 528, 533.

588 Herzberg, NJW 1989, 862, 866 f.

589 Bloy, JuS 1987, 528, 534 f.; ähnl. auch Jäger, S 41.

590 Bloy, JuS 1987, 528, 534 f.; ähnl. auch Eser, in: Schönke/Schröder, § 24 Rn. 66.

591 Bloy, JuS 1987, 528, 535.

hilfenstellung" des Täters als ausreichendes Rettungsbemühen aus, da dann die Initiative vom Dritten ausgeht und der Täter nicht den Entschluss zur Rettungstat hervorgerufen hat[592]. Insgesamt müsse also eine „qualifizierte Mitwirkung" des Täters vorliegen, die Rettungstat müsse als Verdienst des Täters erscheinen.

b) Die Ansicht von Rudolphi

Rudolphi[593] stimmt *Bloy* darin zu, dass der Täter den Nichteintritt des tatbestandsmäßigen Erfolges in objektiv zurechenbarer Weise bewirkt haben muss. *Rudolphi* ist der Meinung, dass mit dem Kriterium der objektiven Zurechenbarkeit die Ansicht, welche die reine Kausalität ausreichen lassen will, eine Konkretisierung erhält, da die reine Kausalität nicht ausreichend sei. Der Täter verhindere die Tatvollendung nur dann, wenn er eine Rücktrittshandlung an den Tag legt, welche dazu führt, dass ihm das Ausbleiben des tatbestandlichen Erfolges objektiv als sein Werk zuzurechnen ist[594].

Rudolphi sieht das entscheidende Problem in der Frage, welche Tätigkeit der Täter entfalten müsse, damit ihm die Verhinderung der Vollendung durch eine andere Person als seine eigene Rücktrittsleistungen zugerechnet werden kann[595]. Eine solche „gemeinsam bewirkte Verhinderung der Tatvollendung" müsse zumindest auch als das „Werk" des Täters betrachtet werden können. Wie *Herzberg*[596] und *Bloy*[597] greift somit auch *Rudolphi* auf das Kriterium der „Tatherrschaft" zurück. Somit habe der Täter stets dann die Vollendung seiner Tat im Sinne des § 24 Abs. 1 S. 1, 2. Alt. StGB verhindert, wenn er das die Verhinderung der Tatvollendung bewirkende Rettungsgeschehen entweder als „mittelbarer Täter", als „Mittäter" gemeinsam mit einer anderen Person oder als Alleintäter mit Unterstützung durch einen oder mehrere Gehilfen beherrscht[598]. Jedoch könne das Kriterium der Tatherrschaft nicht alleine maßgebend sein. So führt *Rudolphi* als Beispiel den Fall an, in dem der Täter „nur" einen Arzt rufe, der das Opfer dann auch rettet. Zwar habe dann ausschließlich der Arzt die Tatherrschaft über das Rettungsgeschehen. Dies müsse dem Täter aber zugerechnet werden, da er den Rettungsentschluss in dem Dritten hervorgerufen hat. Daher ergänzt

592 Bloy, JuS 1987, 528, 535.

593 Rudophi, NStZ 1989, 508, 511 ff.; ders., in: SK, § 24 Rn. 27 c.

594 Rudolphi, NStZ 1989, 508, 511.

595 Rudolphi, NStZ 1989, 508, 513.

596 Herzberg, NJW 1989, 862, 866.

597 Bloy, JuS 1987, 528, 534 f.

598 Rudolphi, NStZ 1989, 508, 513; ders., in: SK, § 24 Rn. 27 d; Roxin, in: FS Hirsch, S.342 f.

Rudolphi, dass der Zurücktretende den Rettungsentschluss des letztlich rettenden Dritten bewusst initiiert haben müsse[599].

Wie *Bloy*[600] widerspricht auch *Rudolphi* dem 1. Strafsenat des BGH in der Entscheidung vom 27.4.1982[601], denn der Täter habe durch sein Verhalten (Absetzen des Opfers in der Nähe des Krankenhauses) eine Situation geschaffen, in der Dritte aus eigener Initiative das Rettungswerk vollendeten. Der Täter habe durch sein Verhalten das Eingreifen der Dritten zumindest bewusst initiiert, so dass die Voraussetzungen eines strafbefreienden Rücktritts im Ergebnis vorgelegen haben[602]. *Rudolphi* widerspricht dem BGH auch bezüglich der Entscheidung des 2. Strafsenats vom 1.2.1989[603]. Die Angeklagte habe dort durch ihren Anruf bei dem Arbeiter-Samariter-Bund in objektiv zurechenbarer Weise die Rettung ihres Mannes durch Hervorrufen des Rettungsentschlusses in dem Notarzt bewerkstelligt und daher die Tat im Sinne des § 24 Abs. 1 S. 1, 2. Alt. StGB verhindert[604].

4. Subjektive Betrachtungsweise

Teilweise wird in der Literatur auch die Ansicht vertreten, dass bei der Frage, welche Anforderungen an das Rücktrittsverhalten des Täters zu stellen sind, einzig auf die Sicht des Täters abzustellen sei. Er müsse sein Handeln für geeignet halten, den tatbestandsmäßigen Erfolg zu verhindern[605]. Überlasse der Täter es dagegen dem Zufall, ob der Erfolgseintritt tatsächlich verhindert wird, in dem er eben nicht die aus seiner Sicht sicherstes Handlung ergreift, ist kein auf Erfolgsverhinderung gerichtetes Verhalten gegeben[606]. Dies gelte selbst dann, wenn der Verhinderungserfolg dem Täter zwar objektiv zurechenbar ist, er jedoch ein Rettungsmittel ergriffen hat, welches aus seiner Sicht nur möglicherweise zum Verhinderungserfolg führt[607].

Zieschang[608] bemüht für diese Ansicht die Entstehungsgeschichte der Versuchs- und Rücktrittregelungen. So seien die Versuchsregeln des StGB von 1871

---

599 Rudolphi, NStZ 1989, 508, 513; ders., in: SK, § 24 Rn. 27 d.

600 Bloy, JuS 1987, 528, 535.

601 BGHSt 31, 46 ff.

602 Rudolphi, in: SK, § 24 Rn. 27 c; Bloy, JuS 1987, 528, 535.

603 BGH, NStZ 1989, 525.

604 Rudolphi, NStZ 1989, 508, 514.

605 Lilie/Albrecht, in: LK, § 24 Rn. 295; Zaczyk, in: NK, § 24 Rn. 61; Eser, in: Schönke/Schröder, § 24 Rn. 59; Zieschang, GA 2003, 353 ff.

606 Lilie/Albrecht, in: LK, § 24 Rn. 295.

607 Lilie/Albrecht, in: LK, § 24 Rn. 295.

608 Zieschang, GA 2003, 353, 354 ff.; ähnl. auch Römer, MDR 1989, 945.

durch die Versuchsregeln des preußischen StGB von 1851 beeinflusst worden, die wiederum auf den französischen *Code pénal* zurückzuführen sind. All diese Versuchsvorschriften waren objektiv gefasst[609]. Der Rücktritt setzt voraus, dass die Vollendung nicht bloß zufällig ausbleibt, sondern dass die Nichtvollendung von dem Willen des Täters getragen wurde. Auch § 46 Nr. 1 a.F. StGB stellte darauf ab, dass die Nichtvollendung vom Willen des Täter abhing. *Zieschang* liest aus dieser historischen Entwicklung heraus, dass der Täter lediglich den Zufall ausschließen müsse, um strafbefreiend von dem Versuch zurückzutreten[610]. Gleichzeitig bedeute die Ausschaltung des Zufalls jedoch nicht, dass an das Verhalten des Täters optimale Anforderungen zu stellen sind, da sich diese Anforderung nicht aus der historischen Entwicklung herleiten lässt, vielmehr müsse der Täter berechenbare Abwehrmaßnahmen ergreifen[611]. Dieser Ansatz, die Ausschaltung des Zufalls, sei auch ein wesentlich geeigneteres Kriterium für die Frage der Straffreiheit, als die Frage, ob der Verhinderungserfolg dem Täter objektiv zurechenbar ist. Gleichzeitig finde sich bei dieser Ansicht jedoch auch der Ansatz wieder, dass an das Rücktrittsverhalten des Täters höhere Anforderungen als die bloße Kausalität zu stellen sind[612].

III. Zwischenergebnis

Als Zwischenergebnis lässt sich festhalten, dass die Meinungen in der Literatur bezüglich der Frage, welches Verhalten der Täter an den Tag legen muss, um gemäß § 24 Abs. 1 S. 1, 2. Alt. StGB strafbefreiend vom Versuch zurücktreten zu können, höchst unterschiedlich sind. Zum einen haben sich einige Vertreter in der Literatur der Ansicht des BGH angeschlossen, dass die bloße Kausalität zwischen dem Rücktrittsverhalten des Täters und der Verhinderung des Erfolges ausreichend ist. Andererseits sind etliche Autoren in der Literatur der Ansicht, dass neben der bloßen Kausalität noch weitere objektive Anforderungen an das Rücktrittsverhalten des Täter zu stellen sind. Wieder andere Vertreter wollen nach einem rein subjektiven Maßstab entscheiden, ob der Täter nach seiner Ansicht geeignete Rücktrittshandlungen ergriffen und den Zufall ausgeschaltet hat.

---

609 So heißt es in § 40 ALR: „Hat der Thäter zu Vollziehung des Verbrechens von seiner Seite alles gethan; die zum Wesen des strafbaren Handlung erforderliche Wirkung aber ist durch einen bloßen Zufall verhindert worden; so hat er diejenige Strafe, welche der ordentlichen am nächsten kommt, verwirkt.

610 Zieschang, GA 2003, 353, 358.

611 Zieschang, GA 2003, 353, 358, 359.

612 Zieschang, GA 2003, 353, 360.

IV. Würdigung der Literaturansichten

1. Bloße Kausalität als ausreichendes Rücktrittsverhalten

Die Meinung, dass für einen strafbefreienden Rücktritt bloße Kausalität ausreicht, wird vor allem auf zwei Argumente gestützt, welche nun einer genauen Überprüfung unterzogen werden. Dabei wird auffallen, dass diese Ansicht im Ergebnis nicht überzeugend und daher abzulehnen ist.

a) Das Wortlautargument

Vor allem das Wortlautargument scheint auf den ersten Blick nicht von der Hand zu weisen zu sein, da es so scheint, als würde § 24 Abs. 1 S. 1, 2. Alt. StGB nur Kausalität zwischen der Rücktrittshandlung und dem Verhinderungserfolg voraussetzen. Jedoch lässt sich bei genauerer Überprüfung gegen das Wortlautargument auch anführen, dass es nicht darum geht, Satzteile isoliert zu betrachten und jedes einzelne Wort im Gesetz für sich zu lesen. Vielmehr muss stets der gesamte systematische Zusammenhang des Gesetzes gesehen werden. Hier muss dann auch § 24 Abs. 1 S. 1, 2. Alt. StGB im Zusammenhang der gesamten Rücktrittregelung gelesen werden[613]. § 24 StGB verwendet eben nicht nur die Formulierung „Verhinderung der Vollendung“[614]. Wenn man den Wortsinn des Wortes „verhindern“ genauer betrachtet, kann damit nicht gemeint sein, dass jedes Ausbleiben des tatbestandlichen Erfolges zur Straffreiheit führen soll. Vielmehr kann aus dem Wort „verhindern“ auch herausgelesen werden, dass weitere Anforderungen zu stellen sind und vor allem der Zufall ausgeschaltet werden muss[615]. Bei dem Wort „verhindern“ handelt es sich um einen Tätigkeitsbegriff, wie zum Beispiel „nötigen“ (§ 240 StGB), „wegnehmen“(§ 242 StGB), oder „töten“ (§§ 211, 212 StGB). Auch bei diesen Tätigkeitsbegriffen ist mittlerweile fast einhellig anerkannt, dass man sie eben nicht „im Sinne beliebiger Verursachung des jeweiligen Erfolges interpretieren darf“[616], sondern zusätzlich weitere Anforderungen (mindestens objektive Zurechnung) zu stellen sind, damit hier der objektive Tatbestand bejaht werden kann. Auch kann man nicht davon ausgehen, dass derjenige Täter die Vollendung der Tat „verhindert“ hat, welcher ein (erhebliches) Restrisiko bestehen lässt. Aufgrund dieses Restrisikos liegt eben gerade

613 Jakobs, JZ 2003, 743, 744; ähnl. auch Herzberg, NJW 1989, 862, 865.

614 Jakobs, JZ 2003, 743, 744, ähnl. auch Herzberg, NJW, 1989, 862, 866.

615 Zieschang, GA 2003, 353, 360; ähnl. auch Herzberg, NJW 1989, 862, 866; Heckler, 184, 188.

616 Herzberg, NJW 1989, 862, 866.

kein „Verhindern“ vor[617]. Denn das Wort „verhindern“ setzt ein „mehr“ als nur die bloße Kausalität voraus. Dies verstößt nicht gegen das Analogieverbot (vgl. Art 103 Abs. 2 GG und § 1 StGB), da auch bei der Frage, wann zum Beispiel ein „Wegnehmen“ bejaht werden kann, neben der Kausalität noch weitere Voraussetzungen gefordert werden.

b) Das Opferschutzargument

Bezüglich des Opferschutzarguments ist zu beachten, dass dieses Argument von einigen Vertretern dieser Ansicht überbewertet wird und die Motivation des Täters verdrängt[618]. Das Argument des Opferschutzes ist ferner nicht geeignet, um die Anforderungen an das Rettungsbemühen des Zurücktretenden nach § 24 Abs. 1 S. 1, 2. Alt. StGB zugunsten bloßer (Mit)Ursächlichkeit zu qualifizieren. Vielmehr wird der „Durchschnittstäter“ die exakte Regelung des § 24 Abs. 1 S. 1, 2. Alt. StGB sicher gar nicht kennen[619]. Auch ist bezüglich des Opferschutzes folgender Gedanke einzubeziehen: Es kann sich unter Umständen auch gerade opferschützend auswirken, wenn der Täter nicht davon ausgeht, dass er ohnehin durch seinen Rücktritt noch straffrei davon kommt, sondern eine gewisse „Abschreckungswirkung“ besteht[620]. Der Täter wird durch den Gedanken, dass ihm für sein Verhalten Strafe droht, davon abgehalten, eine Straftat zu begehen, beziehungsweise „überlegt es sich zweimal“, bevor er tatsächlich eine strafbare Handlung an den Tag legt.

c) Weitere Argumente

Gegen die Ansicht, die sowohl bei der eigenhändigen, als auch bei der fremdhändigen Erfolgsverhinderung die bloße Kausalität zwischen Rücktrittshandlung des Täters und der Erfolgsverhinderung ausreichen lassen will, spricht weiter, dass der Täter nur dann in den Genuss der Straffreiheit gelangen darf, wenn er vollständig in die Legalität zurück findet und die von ihm geschaffene Gefahr gänzlich beseitigt. Dazu muss er jedoch alles ihm Mögliche unternehmen, um die Tatvollendung zu verhindern[621]. Dies steht auch im Einklang mit der oben beschriebenen Eindruckstheorie[622], die den Grund des strafbefreienden Rücktritts darin sieht, dass der Täter durch sein Verhalten in die Legalität zurückkehrt und

617 Jakobs, ZStW 104 (1992), 82, 92.
618 Lilie/Albrecht, in: LK, § 24 Rn. 293.
619 Puppe, NStZ 2003, 308, 310; Seelmann, JR 2004, 162, 163.
620 Puppe, NStZ 2003, 308, 310.
621 Heinrich, AT I, Rn. 849; Puppe, NStZ 2003, 308, 309.
622 Vgl. 1. Kapitel B II. 3.

daher eine Strafe weder aus general- noch aus spezialpräventiven Gesichtspunkten nötig ist. Aus diesem Grund kann der Täter jedoch nicht mit Straffreiheit rechnen, wenn er ein Verhalten an den Tag legt, welches bei einem Fahrlässigkeitsdelikt nicht einmal dazu ausreichen würde, seine Garantenpflicht zu erfüllen[623].

Darüber hinaus verkennt diese Ansicht, dass bei einem rein kausalen Handeln die Anwendbarkeit des § 24 Abs. 1 S. 1, 2. Alt. StGB sehr weit ausgedehnt wird und damit der Stellung als persönlicher Strafaufhebungsgrund nicht genügend Rechnung getragen wird[624]. Ferner wird bei der Annahme, dass die reine Kausalität zwischen Rücktrittshandlung und Verhinderung des Erfolges ausreicht, nicht ausreichend berücksichtigt, dass § 24 Abs. 1 S. 1, 2. Alt. StGB „ein auf die Verhinderung der Vollendung gerichtetes Verhalten voraussetzt und die damit verbundene Straffreiheitsebene nicht alleine auf der vom Täter bewirkten Verhinderung beruht“[625]. Damit bestehen, zumindest insoweit, keine Unterschiede zu § 24 Abs. 1 S. 2 StGB[626]. Auch kann die reine Kausalität für sich alleine nie, weder „im Guten“ noch „im Bösen“, einen ausreichenden Grund für die Verantwortlichkeit und somit die Strafbegründung beziehungsweise die Straffreiheit eines Menschen geben[627].

2. Die „Bestleistungstheorie“

Die Argumente der Vertreter der Bestleistungstheorie lassen sich zu drei zentralen Ansatzpunkten zusammenfassen, welche im Folgenden eingehend geprüft werden.

a) Der Vergleich mit dem Unterlassungsdelikt

Die Argumentation der Bestleistungstheorie, hier einen Vergleich mit einem Unterlassungsdelikt zu ziehen, kann im Ergebnis nicht überzeugen, denn das Unterlassen ist lediglich die Kehrseite eines positiven Tuns und kann daher nicht zum Begehungsdelikt hinzutreten. Andernfalls würde jedes Begehungsdelikt von einem Unterlassungsdelikt begleitet sein, was offenbar nicht sinnvoll ist[628]. Vielmehr kann nur alternativ entweder ein Begehungs- oder Unterlassungsdelikt

623 Puppe, NStZ 2003, 308, 309; Roxin, in: FS Hirsch, S. 337.
624 Lilie/Albrecht, in: LK, § 24 Rn. 293.
625 Lilie/Albrecht, in: LK, § 24 Rn. 293.
626 Lilie/Albrecht, in: LK, § 24 Rn. 293; Herzberg, NJW 1989, 862, 865 f.
627 Römer, MDR 1989, 945, 947; Murmann, S. 62.
628 Bloy, JuS 1987, 528, 531.

vorhanden sein. Denn das Unrecht der einer Begehungstat folgenden Unterlassungstat ist in dem Unrecht der Begehungstat mit erfasst. Das Unterlassen des Rücktritts kann daher kein „Unterlassungsversuch“ sein[629]. Zudem liegen der Rücktrittsregelung des § 24 StGB andere Wertungspunkte zu Grunde, als dies bei einem Garanten im Sinne des § 13 StGB bei dem unechten Unterlassungsdelikt der Fall ist. Die Konstruktion des „Unterlassungsversuchs“ zur Begründung dafür, dass der nach § 24 Abs. 1 S. 1, 2. Alt. StGB Zurücktretende „Bestleistungen“ wie ein Garant zu erbringen habe, ist daher keine tragfähige Begründung für eine Forderung nach einem optimalen Rücktrittsverhalten, sondern vielmehr der wenig überzeugende Versuch, die Rücktrittslehre vom Unterlassungsdelikt her aufzurollen[630].

b) Der Vergleich mit dem untauglichen Versuch nach § 24 Abs. 1 S. 2 StGB

Die oben dargestellte Argumentation, dass an das Rücktrittsverhalten des Täters bei einem beendeten Versuch und bei einem untauglichen Versuch das selbe Rücktrittsverhalten an den Tag gelegt werden müsse, klingt zunächst nachvollziehbar und entspricht wohl auch dem Gerechtigkeitsgefühl. Zudem scheint damit das in der Einleitung dargestellte „Dilemma“ des Strafverteidigers gelöst zu sein[631]. Denn wenn sowohl beim tauglichen wie auch beim untauglichen Versuch die gleichen Rücktrittsvoraussetzungen gelten, ist der Verteidiger im Zweifelsfall nicht gezwungen, den Täter als krimineller darzustellen, als dieser möglicherweise war. Dies hat den bereits beschriebenen Vorteil, dass auch im Fall einer Ablehnung des Rücktritts die Tatsache, dass ein tauglicher Versuch vorlag, im Rahmen der Strafzumessung nicht negativ berücksichtigt werden kann. Vielmehr kann der Verteidiger im Zweifelsfall auf einen untauglichen Versuch plädieren.

Herzberg[632] hat gar vorgeschlagen, die Vorschrift des § 24 StGB insgesamt neu zu fassen. Sein Gesetzesvorschlag lautet: *„Wegen Versuchs wird nicht bestraft, wer sich freiwillig und ernsthaft bemüht, die Vollendung der Tat zu verhindern“.* Diese Formulierung solle für alle denkbaren Rücktrittsfälle gelten.

So überzeugend diese Argumente zunächst auch erscheinen, so lange die Bestleistungstheorie jedoch nicht derartig gesetzlich normiert ist, bleibt sie eine Theorie *contra legem*. Hätte der Gesetzgeber gewollt, dass die strengen Anforderungen des Rücktritts nach § 24 Abs. 1 S. 2 StGB auch für § 24 Abs. 1 S. 1,

629 Bloy, JuS 1987, 528, 531.

630 Bloy, JuS 1987, 528, 532; Fischer, § 24 Rn. 35; Zaczyk, in: NK, § 24 Rn. 61

631 Römer, MDR 1989, 945; Herzberg, NJW 1989, 862, 863.

632 Herzberg, NJW 1991, 1633, 1641.

2. Alt. StGB gelten sollen, so hätte er auch für die letztgenannte Rücktrittsalternative das „ernsthafte Bemühen“ in den Gesetzeswortlaut aufgenommen. Daher kann nicht im Wege eines „erst-recht-Schlusses“ für das Rettungsbemühen des Täter nach § 24 Abs. 1 S. 1, 2. Alt. StGB gefordert werden, dass der Täter sich auch hier „ernsthaft bemühen“ muss (im Sinne eines optimalen Rücktrittsverhaltens), um in den Genuss der Straffreiheit zu gelangen. Denn dies stellt eine strafbegründende Analogie zu Ungunsten des Täters dar, die mit Art. 103 Abs. 2 GG und § 1 StGB nicht zu vereinbaren ist[633].

Auch muss beachtet werden, dass die strengen Anforderungen an das Rücktrittsverhalten des Täters beim untauglichen Versuch historisch zu rechtfertigen sind. So sah § 46 a.F. StGB einen Rücktritt vom untauglichen Versuch gar nicht vor[634]. Somit ist es nur konsequent, wenn der Gesetzgeber den Rücktritt vom untauglichen Versuch an höhere Rücktrittsvoraussetzungen knüpft.

c) Das „dolus-eventualis-Argument“

Gegen das Argument, dass der Täter, welcher lediglich halbherzige Rücktrittshandlungen ergreift, stets mit *dolus eventualis* bezüglich des vermeidbaren Restrisikos handelt, wendet sich *Bloy* indem er bestreitet, dass in diesen Fällen überhaupt ein *dolus eventualis* vorliege. Er begründet dies damit, dass sich ein Gesinnungswandel bei dem Täter in dem Zeitpunkt einstelle, wenn „die unsichere Rettungsmaßnahme zurechenbar den Eintritt des Deliktserfolgs vereitelt […]“[635].

Dieses Argument kann jedoch nicht überzeugen. Denn wenn sich der Täter darüber im klaren ist, dass seine Rettungshandlungen auch misslingen können, rechnet er eben doch mit beiden Möglichkeiten (Gelingen und Misslingen). Der Täter nimmt somit den Misserfolg seiner Rücktrittshandlung zumindest billigend in Kauf. Dass er zugleich auch auf das Gelingen seiner Rücktrittshandlung hofft, schließt den *dolus eventualis* jedoch nicht aus[636].

Auch der Vergleich bezüglich der Abgrenzung zwischen unbeendetem und beendetem Versuch zeigt, dass das „*dolus-eventualis*-Argument“ durchaus seine Berechtigung hat. Denn bei der Frage, ob der Versuch bereits beendet ist, herrscht Einigkeit darüber, dass ein beendeter Versuch bereits dann vorliegt, wenn der Täter auch nur damit rechnet (= *dolus eventualis*), dass der tatbestandliche Erfolg ohne weitere Handlungen eintreten könnte[637]. Gleichwohl vermag

633 Seelmann, JR 2004, 162, 163; Ambos, in: Dölling/Duttge/Rössner, § 24 Rn. 16.
634 Zieschang, GA 2003, 353, 361.
635 Bloy, JuS 1987, 528, 532.
636 Roxin, in: FS Hirsch, S. 333.
637 BGHSt 35, 90 f.; BGHSt 22, 330 f.; Fischer, § 24 Rn. 15.

auch dieses Argument nichts daran ändern, dass eine Forderung nach einem optimalen Rettungsbemühen des Täters mit der aktuellen Gesetzeslage nicht zu vereinbaren ist.

d) Weitere Argumente

Der „Bestleistungstheorie“ ist weiter entgegen zu halten, dass die Wirkung des strafbefreienden Rücktritts gemäß § 24 Abs. 1 S. 1, 2. Alt. StGB an die tatsächliche Verhinderung der Vollendung anknüpft und nicht daran, ob dem Täter bessere Verhinderungsmöglichkeiten zur Verfügung gestanden haben[638]. Es existiert somit keine rechtliche, allenfalls eine ethische und moralische Grundlage für die Forderung nach einem optimalen Verhinderungsverhalten[639]. Auch kann der Gedanke der „Spiegelbildlichkeit“ gegen die Bestleistungstheorie angeführt werden, denn zur Begründung der Strafbarkeit des Versuchs muss der Täter kein optimales Vollendungsverhalten an den Tag legen, um bei Erfolgseintritt mit Strafe belegt zu werden. Somit ist es widersprüchlich, an das Rücktrittsverhalten des Täters andere Anforderungen zu stellen als an das Verwirklichungsverhalten[640].

3. Differenzierungstheorie

Gegen diese Ansicht wird zum Teil angeführt, dass der Bezug auf die Täterschaftsregeln hier nicht möglich sei, weil an die Anforderungen bei eigenhändiger oder fremdhändiger Erfolgsverhinderung keine unterschiedlichen Anforderungen zu stellen sind[641]. Es sei daher nicht möglich, hier auf die Täterschaftsregeln zurückzugreifen, da diese eine besondere Erscheinungsform des Delikts darstellen und eine Übertragung außerhalb dieser Erscheinungsform nicht möglich ist, weil die Lehre über die Mittäterschaft einzig entwickelt wurde, um einem Ausufern der Strafbarkeit entgegenzusteuern[642]. Ferner sei die Differenzierung zwischen der „eigenhändigen“ und der „fremdhändigen“ Erfolgsverhinderung vom Gesetz nicht vorgesehen[643]. Oftmals sei davon auszugehen, dass die Einschaltung eines Dritten die bessere und sicherere Rettungsmaßnahme

---

638 Lilie/Albrecht, in: LK, § 24 Rn. 187.

639 Lilie/Albercht, in: LK, § 24 Rn. 292; Zaczyk, in: NK, § 24 Rn. 61.

640 Bloy, JuS 1987, 528, 533.

641 Lilie/Albrecht, in: LK, § 24 Rn. 294; ähnl. auch Zwiehoff, StV 2003, 631, 634; und Zieschang, GA 2003, 353, 362.

642 Zwiehoff, StV 2003, 631, 634.

643 Neubauer, NStZ 2003, 576, 580.

darstellt, als wenn der Täter das Opfer durch eine eigenhändige Rücktrittshandlungen zu retten versucht[644].

Trotz dieser nicht von der Hand zu weisenden Gegenargumente scheint die Differenzierungstheorie auf den ersten Blick zu logischen und konsequenten Ergebnissen zu kommen. In Fällen, in denen der Täter ohne Mithilfe Dritter die Nichtvollendung der Tat verursacht, sprechen gewichtigte Argumente für die Ansicht, dass für das Rücktrittsverhalten des Täters nicht mehr als die reine Kausalität gefordert werden kann. Hierfür ein Beispiel[645]:

Wenn die Ehefrau, nachdem sie ihrem Ehemann Gift verabreicht hat, ein Brechreiz auslösendes Mittel einflösst und das Gift durch das Erbrechen seine tödliche Wirkung nicht entfaltet, hat die Ehefrau es pflichtwidrig versäumt, eine optimale Rettungshandlung an den Tag zu legen. Diese hätte im Rufen des Notarztes gelegen. Trotzdem hat sie durch das Verabreichen des Mittels ihrem Ehemann eine Rettungschance eröffnet und dadruch den Eintritt des tatbestandlichen Erfolges verhindert. Trotz dieser scheinbar überzeugenden Ergebnisse, wird sich aber noch zeigen, dass die Differenzierungstheorie im Ergebnis nicht haltbar ist.

a) „Eigenhändige" Erfolgsverhinderung

In solchen Fällen lässt der Wortlaut des Gesetzes tatsächlich keine andere Wertung zu, als dass der Täter die Nichtvollendung der Tat „verhindert" hat. Denn hier ist die Erfolgsabwendung evident, und wer sonst sollte sie verhindert haben als der Täter[646]? Zumindest für die Fälle „eigenhändiger" Erfolgsverhinderung des Täters kann somit – anscheinend – nicht mehr gefordert werden, als dass die Handlung des Täters für die Erfolgsverhinderung nur kausal ist. Für diese Fälle aufgrund teleologischer Erwägungen ein optimales Rettungsbemühen zu fordern, würde eine strafbegründende Analogie zu Ungunsten des Täters bedeuten, was wiederum einen Verstoß gegen Art. 103 Abs. 2 GG und § 1 StGB darstellen würde. Dies ergibt sich auch daraus, dass der Gesetzgeber in § 24 Abs. 1 S. 2 StGB seinen Willen, eine „optimale" Rücktrittsleistung zu verlangen, eindeutig zum Ausdruck gebracht hat, indem er für diesen Fall ein „ernsthaftes Bemühen" fordert, während er diese Formulierung in § 24 Abs. 1 S. 1, 2. Alt. StGB nicht verwendet[647]. Denn wenn der Täter vollständig allein gehandelt hat und dadurch die Nichtvollendung der Tat bewirkt, wird man kaum sagen können, dass er die Vollendung der Tat nicht „verhindert" hat. Somit ist für die Fälle „eigenhändi-

644 Neubauer, NStZ 2003, 576, 580.

645 Nach Rudolphi, NStZ 1989, 508, 512.

646 Rudolphi, NStZ 1989, 508, 512.

647 Rudolphi, NStZ 1989, 508, 512; Marxen, AT, Fall 22 c S. 202, 203; Seelmann, JR 2004, 162, 163.

ger“ Erfolgsverhinderung das Wortlautargument – anscheinend – nicht widerlegbar. In diesen Fällen erscheint diese Ansicht auch kriminalpolitisch sinnvoll. Denn der Täter hat in diesen Fällen das gesamte Rettungswerk mit eigenen Händen vollbracht, anstatt andere für sich die Rettungsmaßnahmen ergreifen zu lassen.

b) „Fremdhändige“ Erfolgsverhinderung

Etwas anderes als bloße Ursächlichkeit des Rücktrittsverhaltens des Täters für die Nichtvollendung wollen die Vertreter der Differenzierungstheorie jedoch für die Fälle „fremdhändiger Erfolgsverhinderung“ gelten lassen. Denn dort sei es zweifelhaft, ob dem Täter die Mitwirkung Dritter noch als eigene Rücktrittsleistung zugute gehalten werden kann und ob es dann wirklich der Täter ist, der die Vollendung der Tat im Sinne des § 24 Abs. 1 S. 1, 2. Alt. StGB verhindert. Der Wortlaut des vom Gesetzgeber verwendeten Begriffs „die Vollendung verhindern“ ist für diese Fälle mehrdeutig. Im Übrigen hatte der Gesetzgeber im Gegensatz zu § 46 Nr. 2 a. F. StGB bewusst darauf verzichtet, ein Verhindern durch „eigene Tätigkeit“ zu fordern[648]. Der Formulierung „Verhindern der Tatvollendung“ sind daher keine zwingenden Aussagen darüber zu entnehmen, welche objektiven Anforderungen an die Qualität des Rettungsbemühens des Täters zu stellen sind, damit ihm die letztlich von einer anderen Person bewirkte Verhinderung der Tatvollendung als eigenes Verhindern zugebilligt werden kann[649]. Jedoch ergibt sich aus dem Wortlaut auch nicht, dass von dem Täter bei Einschaltung eines Dritten optimales Verhinderungsverhalten an den Tag gelegt werden muss. Zum einen unterscheidet § 24 Abs. 1 S. 1, 2. Alt. StGB schon gar nicht zwischen eigenhändiger und fremdhändiger Erfolgsverhinderung. Zum anderen lässt sich aus dem Wort „verhindern“ allenfalls eine Forderung nach einer objektiven Zurechnung des Verhinderungserfolges herauslesen. Denn auch bei der Frage der Strafbarkeit ist eine objektive Zurechnung des tatbestandlichen Erfolges notwendig, eine Bestleistung zum Erfolgseintritt wird jedoch nicht verlangt. Aus diesem Grund kann aber auch in das Wort „verhindern“ nicht die Forderung nach einer optimalen Rücktrittshandlung hineingelesen werden, da es nicht verständlich ist, warum an das Verhalten des Täters bei der Frage der Strafbegründung andere Anforderungen gestellt werden sollen, als bei der Frage nach der Straffreiheit.

648 Rudolphi, NStZ 1989, 508, 512.
649 Rudoplhi, NStZ 1989, 508, 513.

4. Objektive Zurechenbarkeit der Erfolgsverhinderung

Die Vertreter dieser Ansicht lassen es nicht ausreichen, dass der Täter eine für den Verhinderungserfolg lediglich (mit)ursächliche Handlung an den Tag legt, weil die bloße Verursachung für sich allein keine hinreichende Grundlage für eine Erfolgszurechnung bilden kann[650]. Dies zeigt schon ein Vergleich mit der Zurechnung deliktischer Erfolge. Auch hier setzt die Strafbarkeit nach heute ganz herrschender Meinung voraus, dass der Eintritt des tatbestandlichen Erfolges dem Täter objektiv zurechenbar sein muss. Bloße Kausalität zwischen der Handlung des Täters und dem Erfolgseintritt reicht danach für die Begründung der Straffreiheit nicht aus. Ein optimales Rücktrittsverhalten ist indes ausdrücklich nicht in § 24 Abs. 1 S. 1, 2. Alt. StGB vorausgesetzt[651].

So kann nur derjenige Täter Straffreiheit wegen eines beendeten Versuchs erlangen, welcher den Deliktserfolg in objektiv zurechenbarer Weise verhindert, denn nur dann ist ihm die Verhinderung als sein Werk zuzurechnen. Wenn dies nicht der Fall ist, ist das Ausbleiben des Erfolges letztlich ein Werk des Zufalls, der jedoch nicht dazu führen sollte, dass der Täter Straffreiheit erlangt[652]. Für die Forderung einer objektiven Zurechnung des Verhinderungserfolges spricht auch, dass bei allen menschlichen Verhaltensformen eine Zurechnung gefordert wird, damit der Erfolg einer Handlung einer Person zugerechnet wird[653].

Gegen diese Ansicht wird zwar vorgebracht, dass die Lehre über die objektive Zurechenbarkeit nicht auf die Versuchsregeln anzuwenden sei. Die Lehre von der objektiven Zurechnung verfolge den Zweck, die strafrechtlichen Sanktionen nur dort anzuwenden, wo der Täter das Werk auch tatsächlich als „sein Werk" verwirklicht hat[654]. Die Lehre von der objektiven Zurechnung wurde somit zur Begrenzung des objektiven Tatbestandes entwickelt und könne aus diesem Grund nicht einfach für die Versuchs- und Rücktrittregeln übertragen werden[655].

Roxin führt darüber hinaus gegen diese Ansicht an, dass die kriminalpolitische Frage, wann der Gesetzgeber Straffreiheit gewähre, von dem Gesetzgeber „im Sinne der Bestleistungstheorie" beantwortet wurde[656]. Dies ergebe sich aus dem Vergleich mit dem untauglichen Versuch und dem Unterlassungsdelikt[657]; gegen

---

650 Rudoplhi, NStZ 1989,508, 511; Murmann S. 62, Römer, MDR 1989, 945, 947.

651 Rudolphi, NStZ 1989, 508, 512; Seelmann, JR 2004, 162, 163; Lilie/Albrecht, in: LK, § 24 Rn. 187.

652 Bloy, JuS 1987, 528, 533.

653 Bloy, JuS 1987, 528, 533.

654 Zwiehoff, StV 2003, 631, 634; Römer, MDR 1989, 945.

655 Zwiehoff, StV 2003, 631, 634; ähnl. auch Roxin, in: FS Hirsch, S. 338.

656 Roxin, in: FS Hirsch, S. 338.

657 Roxin, in: FS Hirsch, S. 338.

beide Argumente wurde oben bereits Stellung bezogen[658]. Auch geht *Roxin* davon aus, dass dem Täter, welcher nur ein halbherziges Rücktrittsverhalten an den Tag lege, auch die noch verbleibende Chance des Erfolgseintritts zugerechnet wird, wenn man sich streng an die Regeln der Zurechenbarkeit hält[659]. Ein halbherziger Rücktritt des Täters solle aber eben nicht mit Straffreiheit belohnt werden.

Gegen dieses Argument lässt sich jedoch Folgendes anführen: Auch wenn die Lehre von der objektiven Zurechnung nicht unmittelbar für die Rücktrittslehre entwickelt wurde, ergibt sich daraus kein Verbot, diese Lehre nicht auch auf den Rücktritt anzuwenden. Gerade vor dem Hintergrund, dass sich der Rücktritt als Spiegelbild des vollendeten Delikts zeigt, ist nicht ersichtlich, warum an das Rücktrittsverhalten des Täters andere Anforderungen zu stellen sind, als an das Verhalten des Täters bei der Vollendung des Delikts. Darüber hinaus kann nicht nachvollzogen werden, wie *Roxin* zu dem Schluss gelangt, dass sich der Gesetzgeber bezüglich der Frage, wann dem Täter Straffreiheit zugute kommen soll, „für die Bestleistungstheorie" entschieden habe. Dies ist eben gerade nicht der Fall. Vielmehr zeigt ein Vergleich zwischen § 24 Abs. 1 S. 1, 2. Alt. StGB und § 24 Abs. 1 S. 2 StGB, dass sich der Gesetzgeber ganz bewusst lediglich bei § 24 Abs. 1 S. 2 StGB für ein „ernsthaftes Bemühen" und somit für ein optimales Verhinderungsverhalten des Täters entschieden hat. Selbst wenn *Roxin* hier davon ausgeht, dass sich der Gesetzgeber aus historischen Gründen für die Bestleistungstheorie entschieden habe, kann dies nicht überzeugen. Denn § 46 a. F. StGB sah einen Rücktritt für den untauglichen Versuch (heute § 24 Abs. 1 S. 2 StGB) gar nicht vor[660]. Aus diesem Grund kann aber auch nachvollzogen werden, warum an das Rücktrittsverhalten des Täters bei § 24 Abs. 1 S. 2 StGB höhere Anforderungen zu stellen sein sollen, als bei § 24 Abs. 1 S. 1, 2. Alt. StGB. Dass der Gesetzgeber jedoch erkennbar die Möglichkeit der „Bestleistung" kennt, zeigt sich daran, dass er sich bei § 24 Abs. 1 S. 2 StGB dafür entschieden hat, eine optimale Rücktrittshandlung des Täters zu fordern.

5. Subjektive Betrachtungsweise

Auch diese Ansicht ist im Ergebnis abzulehnen. Sie führt vor allem zu kaum lösbaren Beweisschwierigkeiten, da der Angeklagte regelmäßig behaupten dürfte, er war der Ansicht, sein Rücktrittshandeln wäre geeignet gewesen, den Erfolg zu verhindern und ihm hätte kein weiteres Mittel zur Verfügung gestanden. Da-

658 Vgl. 2. Kapitel, B. IV.2.a) b).
659 Roxin, in: FS Hirsch, S. 338.
660 RGSt 68, 306, 309; 51, 204, 211; Zieschang, GA 2003, 353, 356.

mit würde aber, wie gerade von *Lilie* und *Albrecht* kritisiert[661], die Anwendbarkeit des § 24 Abs. 1 S. 1, 2. Alt. StGB zu stark ausgedehnt, weil es stets nur auf die Einlassungen des Angeklagten ankäme.

Zieschang[662] behauptet zwar, dass diese Ansicht zu eindeutigen Ergebnissen gelangen kann, da nicht gefragt und geprüft werden müsse, ob der Erfolg dem Täter objektiv zurechenbar war. Dem kann jedoch nicht gefolgt werden. Bei einer rein subjektiven Betrachtungsweise wird zwar zunächst gefragt, ob das Ausbleiben des Erfolges dem Täter objektiv zurechenbar war, jedoch wird hier lediglich geprüft, ob der Täter den Zufall ausgeschaltet hat und eine nach seiner Ansicht geeignete Rettungsmaßnahme ergriffen hat. Dies führt im Ergebnis zu deutlich schwierigeren Beweisfragen, da diese Frage eben nicht nach objektiven Maßstäben beantwortet werden kann, sondern aufgrund der Einlassung des Täters geklärt werden muss. Außerdem trägt gerade die Ansicht, welche eine objektive Zurechnung des Verhinderungserfolges fordert, auch dem subjektiven Moment des Rücktritts als persönlichen Strafaufhebungsgrund Rechnung, da hier gefordert wird, dass die Verhinderung der Tatvollendung das „Werk des Täters" ist. Ferner wird der subjektiven Seite des Rücktritts auch durch das Vorliegen des Rettungswillens und der Freiwilligkeit ausreichend Rechnung getragen. Aus all diesen Gründen ist eine rein subjektive Betrachtungsweise im Ergebnis nicht haltbar. Die gilt insbesondere vor dem Hintergrund, dass sowohl bei der Bejahung des Versuchs, als auch bei dem Vorliegen des Rücktritts stets objektive und subjektive Komponenten gegeben sein müssen.

V. Eigene Stellungnahme

1. Reine Kausalität als ausreichendes Rücktrittsverhalten

Im Ergebnis kann die Rechtsprechung des BGH und auch die Ansicht einiger Vertreter innerhalb der Literatur, welche davon ausgehen, dass die reine Kausalität zwischen Rücktrittshandlung und Erfolgsverhinderung stets ausreichend ist, nicht überzeugen und ist daher abzulehnen. Nach dieser Ansicht wären alle Handlungen des Täters auf eine Stufe zu stellen. Dass dies zu unhaltbaren Ergebnissen führt, zeigt folgendes Bespiel: Wenn der Räuber das schwer verletzte Opfer in der Wohnung zurücklässt, dann lediglich den Hausschlüssel von außen in die Türe steckt, ein Dritter daraufhin die Tür aufschließt und das Opfer rettet, war das Handeln des Täters (Schlüssel von außen in die Tür stecken) kausal für

661 Lilie/Albrecht, in: LK, § 24 Rn. 293.
662 Zieschang, GA 2003, 353 ff.

die Rettung des Opfers. Dies zeigt aber die uferlose Ausweitung des Privilegs der Straffreiheit, wenn man die reine Kausalität zwischen Rücktrittshandlung und Erfolgsverhinderung für einen Rücktritt ausreichen lässt.

Wenn man die reine Kausalität zwischen Verhinderungserfolg und Rücktrittshandlung ausreichen lassen würde, könnte ein Täter durch fast jede noch so geringfügige Handlung in den Genuss der Straffreiheit gelangen, sofern diese nur irgendwie mitursächlich wie das Ausbleiben des tatbestandlichen Erfolges gewesen ist. Dies kann aber, insbesondere vor dem Hintergrund, dass der Täter durch seine Rücktrittshandlung zeigen soll, dass er wieder in die Legalität zurückkehrt, schwerlich von § 24 Abs. 1 S. 1, 2. Alt. StGB gewollt sein. Denn der Täter, welcher lediglich die Schlüssel in der Türe stecken lässt, kehrt durch diese Handlung eben gerade nicht in die Legalität zurück. Vielmehr überlässt er es einzig und alleine dem Zufall in Gestalt eines Dritten, ob das Opfer gerettet wird oder nicht. Wer es aber in dieser Art und Weise dem Zufall überlässt, kann im Fall einer geglückten Rettung nicht in den Genuss der Straffreiheit kommen, da er keine honorierbare Rücktrittshandlung an den Tag gelegt hat. Auch wenn man einen der Grundgedanken der Strafbarkeit des Versuchs betrachtet, wird deutlich, dass die reine Kausalität zwischen Verhinderungshandlung des Täters und tatsächlicher Verhinderung des Erfolgs nicht ausreichen kann. Ein Ansatzpunkt zur Begründung des Strafgrunds des Versuchs ist, dass der Allgemeinheit gezeigt werden soll, dass die Strafrechtspflege voll funktionstüchtig ist und der Täter eine schuldangemessene Strafe erhält[663]. Wenn der Täter durch sein Verhalten gezeigt hat, dass eine Strafe nicht mehr angemessen ist, da die bestehende Schuld durch seine nachfolgenden Handlungen beseitigt wurde, entfällt das Erfordernis einer Strafe. Wenn man jedoch wieder den Täter betrachtet, welcher lediglich die Schlüssel in der Türe stecken lässt, kann nicht davon ausgegangen werden, dass die Allgemeinheit hier von einer funktionstüchtigen Strafrechtspflege ausgeht, wenn dieser Täter Straffreiheit erlangt. Denn er hat eben gerade keine Rücktrittshandlugen an den Tag gelegt, welche zeigen, dass er auf den „rechten Weg zurückgefunden“ hat und eine Strafe daher nicht mehr angemessen erscheint. Vielmehr muss hier trotz des Nachtatverhaltens eine schuldangemessene Strafe ausgesprochen werden, um der Allgemeinheit zu verdeutlichen, dass die Strafrechtspflege voll funktionstüchtig ist. Hierbei muss natürlich im Rahmen der Strafzumessung gemäß § 46 StGB berücksichtigt werden, dass der Täter durch sein Handeln (Steckenlassen des Schlüssels) die Rettung des Opfers zumindest erleichtert hat[664].

---

663 Vgl. ausführl. 1.Kapitel B IV. 4.

664 Stree/Kinzing, in: Schönke/Schröder, § 46 Rn. 39.

2. Die Differenzierungstheorie

Auf den ersten Blick erscheint die Differenzierungstheorie zu den gerechtesten Ergebnissen zu gelangen. Insbesondere das Argument, dass bei der eigenhändigen Erfolgsverhinderung die reine Kausalität ausreichen soll, da dem Täter der Erfolg recht gibt und kein Richter fragen wird, ob der Täter noch mehr hätte tun können, erscheint auf den ersten Blick überzeugend.

Bei genauerer Betrachtung sprechen jedoch zwei Aspekte gegen die Differenzierungstheorie, so dass auch diese Ansicht abzulehnen ist: Der erste Einwand gegen die Differenzierungstheorie ist das Wortlautargument. Denn § 24 Abs. 1 S. 1, 2. Alt. StGB unterscheidet nicht zwischen Fällen der eigenhändigen und fremdhändigen Erfolgsverhinderung und fordert auch an keiner Stelle eine Bestleistung des Täters, so dass diese Ansicht gegen Art. 103 Abs. 2 GG und § 1 StGB verstößt, da eine Forderung nach einer Bestleistung des Täters, egal ob bei eigenhändiger oder fremdhändiger Erfolgsverhinderung, schlichtweg mit dem aktuellen Gesetzestext nicht vereinbar ist. Selbst wenn bei gewissen Fallkonstruktionen das emotionale Bedürfnis bestehen mag, von dem Täter Bestleistungen bezüglich der Rücktrittshandlungen zu verlangen, um ihn in den Genuss der Straffreiheit kommen zu lassen, ist eine Bestleistung von § 24 Abs. 1 S. 1, 2. Alt. StGB nicht vorgesehen. Sie zu fordern und dabei auf § 24 Abs. 1 S. 2 StGB abzustellen, stellt eine gesetzlich untersagte Analogie zu Ungunsten des Täters dar (Art. 103 Abs. 1 GG und § 1 StGB). Ferner spricht gegen die Differenzierungstheorie, dass eine rein kausale Handlung des Täters in Fällen der eigenhändigen Erfolgsverhinderung, wie oben gezeigt, auch nicht ausreichen kann, um dem Täter Straffreiheit zu gewähren. Auch wenn das Argument, dass kein Richter bei einer eigenhändigen Erfolgsverhinderung fragen wird, ob der Täter noch mehr hätte tun können, durchaus seine Berechtigung hat, wird sich zeigen, dass Fälle der eigenhändigen Erfolgsverhinderung, bei welchem die Rücktrittshandlung zwar kausal, aber nicht objektiv zurechenbar ist, kaum denkbar sind und daher mehr ein akademisches Problem darstellen[665]. Somit geht auch die Differenzierungstheorie indirekt, ohne dies freilich auszusprechen, davon aus, dass der Verhinderungserfolg dem Täter zumindest objektiv zurechenbar sein muss, wenn er den Erfolg eigenhändig verhindert.

---

665 Vgl. 2. Kapitel B. V. 5. c.

3. Die Bestleistungstheorie

Wie oben bereits dargestellt, verstößt die Ansicht, welche sowohl bei eigenhändiger wie auch bei fremdhändiger Erfolgsverhinderung eine Bestleistung des Täters fordert, gegen Art. 103 Abs. 2 GG und § 1 StGB und ist daher nicht haltbar. Insbesondere der Vergleich mit § 24 Abs. 1 S. 2 StGB zeigt ja, dass sich der Gesetzgeber ganz bewusst dafür entschieden hat, dass bei einem beendeten Versuch kein „ernsthaftes Bemühen" gefordert wird, damit der Täter strafbefreiend zurücktreten kann. Eine Regelungslücke, welche durch eine analoge Anwendung geschlossen werden könnte, liegt somit gar nicht vor. Auch wenn oftmals ein Dilemma für den Strafverteidiger entstehen kann, ändert dies nichts daran, dass eine Forderung nach Bestleistung des Täters bei einem Rücktritt gemäß § 24 Abs. 1 S. 1, 2. Alt. StGB nicht vorausgesetzt werden kann. Insbesondere ist bei diesem Argument auch zu beachten, dass die Rechtsprechung und die Literatur bei der Frage, welche Anforderungen an das „ernsthafte Bemühen" zu stellen sind, lediglich auf die rein subjektive Sicht des Täters abstellen[666]. Ob dem Täter objektiv bessere oder andere Möglichkeiten für seine Rücktrittshandlung zur Verfügung gestanden hätten, ist dagegen nicht beachtlich[667]. Da jedoch von den Vertretern der Bestleistungstheorie gefordert wird, dass der Täter objektiv die beste ihm zur Verfügung stehende Rücktrittshandlung ergreifen muss, um in den Genuss der Straffreiheit zu kommen, kann der Vergleich mit § 24 Abs. 1 S. 2 StGB im Ergebnis nicht für die Begründung der Bestleistungstheorie herangezogen werden. Ob eine Angleichung der beiden Vorschriften die Lage verbessern würde, wird weiter unten behandelt[668]. Auch die Überlegung, dass es bei manchen Fallkonstellationen durchaus sinnvoll erscheinen könnte und man auch das moralische Bedürfnis haben mag, von dem Täter ein optimales Rücktrittsverhalten zu fordern, ändert nichts an der Tatsache, dass diese Ansicht mit der geltenden Rechtslage nicht vereinbar und daher abzulehnen ist.

Auch der Vergleich mit dem Unterlassungsdelikt kann nicht über diese Schwelle hinweg helfen. Vielmehr ist dieses Argument im Ergebnis auch nicht dafür geeignet, eine Forderung nach optimalen Verhinderungsverhalten zu stützen. Es handelt sich bei einem Unterlassungsdelikt und einem Versuchsdelikt um zwei unterschiedliche Erscheinungsformen der Tat, welche nicht miteinander verglichen werden können. Somit kann aber auch die Tatsache, dass von einem Garanten für eine Verhinderung der Verwirklichung eines Tatbestandes Best-

666 BGHSt 33, 302 f.; BGH, StV 1992, 63; Wessels/Beulke, AT, Rn. 647; Fischer, § 24 Rn. 36; Roxin, AT II, § 30 Rn. 272; Vgl. ausführlich. 2. Kapitel, C. I.

667 BGHSt 33, 302 f.; Fischer, § 24 Rn. 36.

668 2. Kapitel E.

leistungen gefordert werden, nicht zur Begründung herangezogen werden, dass auch von dem Täter, welcher von dem Versuch zurücktritt, Bestleistungen zu fordern sind.

4. Rein subjektive Betrachtungsweise

Auch die Ansicht, welche fordert, dass der Täter die aus seiner Sicht geeigneten Rücktrittshandlungen an den Tag legen müsse, ist aus den oben genannten Gründen abzulehnen. Vor allem führt diese Ansicht in der Praxis zu kaum lösbaren Beweisproblemen, weil der Täter stets behaupten wird, dass er davon ausgegangen ist, dass sein Handeln erfolgreich sein würde. Ferner verkennt diese Ansicht, dass bei der Problematik des Rücktritts und des Versuchs stets eine objektive und eine subjektive Komponente beachtet werden muss. Dem subjektiven Element des Rücktritts ist jedoch durch das Fordern eines Rücktrittswillen und der Freiwilligkeit des Rücktritts ausreichend Rechnung getragen. Somit ist eine rein subjektive Betrachtungsweise nicht haltbar.

5. Objektive Zurechnung

a) Allgemeine Grundgedanken

Nach Abwägung aller genannten Argumente erscheint die Ansicht, welche bei fremd- wie bei eigenhändiger Erfolgsverhinderung die objektive Zurechenbarkeit des Verhinderungserfolges fordert, am überzeugendsten und auch mit dem Wortlaut des § 24 Abs. 1 S. 1, 2. Alt. StGB gut vereinbar. Dies insbesondere vor dem Hintergrund, dass diese Ansicht stets zu sachgerechten Ergebnissen gelangt. Sie verhindert einerseits, dass zufällig bewirkte oder vom Täter nicht beherrschbare Erfolgsverhinderungen dem Täter zu Gute gehalten werden. Denn wenn dem Täter die Nichtvollendung der Tat nicht wenigstens in objektiv zurechenbarer Weise zugebilligt werden kann, war die Nichtvollendung der Tat Zufall und kein Verdienst des Täters[669]. Andererseits verstößt diese Ansicht nicht gegen Art. 103 Abs. 2 GG und § 1 StGB, da der noch mögliche Wortsinn des § 24 Abs. 1 S. 1, 2. Alt. StGB nicht überschritten wird. Wie bereits dargestellt handelt es sich bei dem Wort „verhindern" um einen Tätigkeitsbegriff wie beispielsweise „wegnehmen" (§ 242 StGB), und auch bei diesem Tätigkeitsbegriff ist anerkannt, dass hier neben der reinen Kausalität auch die objektive Zurechnung gegeben sein muss, damit der Täter für sein Verhalten zur Verantwortung gezogen werden

669 Rudolphi, NStZ 1989, 508, 511; Murmann, S. 62; Römer, MDR 1989, 945, 947.

kann[670]. Es ist daher nicht ersichtlich, warum an die Verwirklichung des Tatbestandes andere Anforderungen als an den Rücktritt geknüpft werden sollten. Gerade vor dem Hintergrund, dass Vollendung und Rücktritt einer Tat stets als Spiegelbild betrachtet werden müssen, überzeugt es nicht, wenn an die Vollendung einer Tat andere Anforderung als an den Rücktritt geknüpft werden[671].

Es ist zwar nicht von der Hand zu weisen ist, dass die Lehre von der objektiven Zurechnung für die Begrenzung des objektiven Tatbestandes geschaffen wurde, jedoch ergibt sich daraus nicht zwingend, dass die dahinter stehenden Gedanken nicht auch für andere Bereiche des Strafrechts angewandt werden können.

Die Ansicht, welche die objektive Zurechnung des Rücktrittsverhaltens fordert, gelangt insbesondere bei den Fällen der „fremdhändigen Erfolgsverhinderung" zu sachgerechten Ergebnissen. Der Täter kann nur dann strafbefreiend nach § 24 Abs. 1 S. 1, 2. Alt. StGB zurücktreten, wenn das Verhindern der Tatvollendung ihm trotz der Mitwirkung Dritter objektiv zurechenbar ist. Nur diese Lehre kann die Frage, ob eine Verhinderung als Werk des Täters anzusehen ist, zweifelsfrei beantworten. Da die Fälle der „fremdhändigen Erfolgsverhinderung", wie die oben analysierte Rechtsprechung zeigt, die übergroße Mehrheit der Entscheidungen darstellen und daher den eigentlichen Kern des Streits um die Qualität des Rücktrittsverhaltens bilden, ist die Frage nach einer gerechten und schlüssigen Entscheidung in Fällen der „fremdhändigen Erfolgsverhinderung" durchaus entscheidend dafür, welche Anforderungen an das Verhinderungsverhalten des Täters zu stellen sind. Aber auch in Fällen der „eigenhändigen Erfolgsverhinderung" gelangt diese Ansicht zu den gerechtetsten Ergebnissen. Denn auch hier ist nicht ersichtlich, warum der Zurücktretende in den Genuss der Straffreiheit gelangen soll, wenn ihm das Ausbleiben des Erfolges nicht objektiv zurechenbar ist. Wie sich zeigen wird, wird diese objektive Zurechnung auch stets gegeben sein, wenn der tatbestandliche Erfolg bei einer „eigenhändigen Erfolgsverhinderung" ausbleibt[672]. Wie oben beschrieben, kann die Ansicht insbesondere der Rechtsprechung, welche die reine Kausalität ausreichen lässt, vor allem in Fällen der fremdhändigen Erfolgsverhinderung nicht überzeugen, da sie den Bereich des strafbefreienden Rücktritts zu sehr ausweitet. Die Ansicht, welche von dem Täter ein optimales Verhinderungsverhalten fordert, kann dagegen nicht angewendet werden, da diese Ansicht, wie dargestellt, gegen Art. 103 Abs. 2 GG und § 1 StGB verstößt.

---

670 Zieschang, GA 2003, 353, 360; Herzberg, NJW 1989, 862, 866.

671 Bloy, JuS 1987, 528, 533.

672 Vgl. 2. Kapitel B. V. 5.

Die Ansicht, welche die objektive Zurechnung des Rücktrittsverhaltens fordert, ist auch mit der sogenannten Eindruckstheorie[673] vereinbar. Wenn der Täter in einer ihm objektiv zurechenbaren Weise die Nichtvollendung der Tat initiiert hat, stabilisiert er nicht nur das von ihm zunächst durch sein ins Versuchstadium gelangte Verhalten erschütterte Vertrauen in die allgemeine Normgeltung wieder, sondern neutralisiert auch weitgehend den zunächst durch den Versuch hervorgerufenen Eindruck der Gefährlichkeit. Somit macht der Täter durch sein Verhalten seine Bestrafung entbehrlich. Dies gilt selbstverständlich auch dann, wenn der Täter andere Personen gleich einem Anstifter zur Rettung des Opfers bringt, denn der Täter ergreift in derartigen Fällen die Initiative. Durch diese Umkehrleistung hat der Täter dann zu einer normgemäßen Motivation seiner Handlungsentschlüsse zurückgefunden und damit erfordert sein Gesamtverhalten (Versuch und Rücktritt zusammen betrachtet) weder aus general- noch aus spezialpräventiven Gründen eine Bestrafung.

Auch ist die Ansicht, welche die objektive Verhinderung des Erfolges fordert, in der Praxis gut zu handhaben, da anhand objektiver Kriterien beurteilt werden kann, ob der Täter strafbefreiend von dem Versuch zurückgetreten ist oder nicht. Trotz dieser objektiven Messbarkeit bietet diese Ansicht auf Grund der Tatsache, dass die objektive Zurechnung voraussetzt, dass die Verhinderung als Werk des Täters anzusehen ist, noch genug Raum, um auf die individuellen Probleme des Einzelfalls eingehen zu können. Somit verliert diese Ansicht nicht aus den Augen, dass jede Entscheidung grundsätzlich eine Einzelfallentscheidung darstellt, welche jedoch stets anhand allgemeiner Kriterien – hier der objektiven Zurechnung – danach untersucht wird, ob der Täter eine ausreichende Rücktrittshandlung an den Tag gelegt hat.

b) Praktische Auswirkung

Auch wenn, wie gezeigt, die Ansicht, welche die objektive Zurechnung zwischen Rücktrittsverhalten des Täters und Verhinderungserfolg fordert, an sich zu sachgerechten Ergebnissen gelangt, ist damit lediglich die theoretische Frage geklärt, welche Anforderungen an das Rücktrittsverhalten des Täters zu stellen sind. Was diese Theorie in der Praxis bedeutet, ist dagegen dadurch noch nicht gesagt. Auch fällt auf, dass sich die Vertreter der objektiven Zurechung mit diesem Problem bisher kaum auseinandergesetzt haben und es vielmehr mit der Aussage, dass der Verhinderungserfolg dem Täter objektiv zurechenbar sein muss,

673 Vgl. 1. Kapitel B. II. 3.

bewenden lassen[674]. Im Folgenden wird nun die Frage beantwortet, welche Qualität das Rücktrittsverhalten des Täters haben muss, damit ihm die Verhinderung des Erfolges objektiv zurechenbar ist.

aa) Objektive Zurechnung des tatbestandlichen Erfolges

Bei der Frage, welches Verhalten der Täter an den Tag legen muss, damit ihm der Eintritt des tatbestandlichen Erfolges objektiv zurechenbar ist, hat sich im Laufe der Entwicklung der Lehre über die objektive Zurechnung folgende Definition herausgebildet: „Objektiv zurechenbar kann ein durch menschliche Handlung verursachter Erfolg nur dann sein, wenn die Handlung eine rechtlich verbotene Gefährdung des geschützten Handlungsobjekts geschaffen und sich die Gefahr in dem tatbestandlichen Erfolg verwirklicht hat“[675].

Es kommt also darauf an, dass der Täter eine rechtlich zu missbilligende Gefahr geschaffen hat und der Eintritt des Erfolges gerade die Verwirklichung dieser Gefahr darstellt. So ist eine objektive Zurechnung zum Beispiel dann abzulehnen, wenn der Täter ein rechtlich missbilligtes Risiko in Form der Todesgefahr durch „Vergiften“ schafft, sich der Erfolg jedoch durch einen Autounfall verwirklicht[676].

bb) Objektive Zurechnung des Verhinderungserfolges

Wenn man die oben dargestellte und auch stets für die Frage der objektiven Zurechnung geltende Formel bezüglich der objektiven Zurechnung des Erfolgseintritts auf die Frage überträgt, wann ein Verhinderungserfolg dem Täter objektiv zurechenbar ist, kann aus diesen Überlegungen folgende Definition aufgestellt werden: „Objektiv zurechenbar ist eine Rücktrittshandlung dem Täter dann, wenn der Täter eine Rettungschance für das Opfer schafft und sich die Verhinderung des tatbestandlichen Erfolges gerade aufgrund dieser Rettungschance verwirklicht hat“[677].

---

674 Bloy, JuS 1987, 528 ff.; Rudolphi, NStZ 1989, 508, 511; ders., in: SK, § 24 Rn. 27 c; Kühl, AT, § 17 Rn. 72; Stratenwerth/Kuhlen, AT I, Rn. 90; Rengier, JuS 1991, 983, 941; ders., AT, § 37 Rn. 124; Wessels/Beulke, AT, Rn. 644; Eser, in: Schönke/Schröder, § 24 Rn. 59; Kudlich/Schuhr, in: Satzger/Schmitt/Widmaier, § 24 Rn. 44; Ambos, in: Dölling/Duttge/Rössner, § 24 Rn. 15.

675 BGHSt 21, 59, 61; Jescheck/Weigend, AT, § 28 S. 287; Wessels/Beulke, AT, Rn. 179; Lackner/Kühl, Vor § 13 Rn. 25; Fischer, Vor § 13 Rn. 25; Roxin, AT I, § 11 Rn. 44; Heinrich, AT I, Rn. 243.

676 Nach Heinrich, AT I, Rn. 243.

677 Im Ansatz ähnlich Rudolphi, in: SK, § 24 Rn. 27 c; ders. NStZ 1989, 508; wohl auch Bloy, JuS 1987, 528 f.

Es ist somit zunächst zu ermitteln, ob der Täter eine rechtlich relevante Rettungschance für das Opfer geschaffen hat und sich das Ausbleiben des tatbestandlichen Erfolges gerade auf Grund dieser Rettungschance realisiert hat. Dies ist zum Beispiel dann der Fall, wenn der Täter einen Krankenwagen herbeiruft und angibt, dass das Opfer schwer verletzt ist und dringend Hilfe benötigt wird. In diesem Fall hat der Täter eine Rettungschance für das Opfer geschaffen (Alarmieren des Rettungswagen). Wenn das Opfer durch die eintreffenden Sanitäter und den Notarzt gerettet wird, hat sich gerade in der vom Täter geschaffenen Rettungschance für das Opfer die Verhinderung des Todes realisiert, da es einen normalen Handlungsablauf darstellt, dass der alarmierte Rettungsdienst zeitnah eintrifft und alle erforderlichen Rettungsmaßnahmen ergreift.

Wenn jedoch der Täter lediglich die Schlüssel in der Wohnungstüre stecken lässt, damit das schwer verletzte Opfer gefunden wird, ist bereits fraglich, ob der Täter eine rechtlich relevante Rettungschance für das Opfer geschaffen hat. Es ist doch sehr zweifelhaft, ob tatsächlich ein unbeteiligter Dritter allein wegen des außen steckenden Schlüssels in eine fremde Wohnung eintritt, um nach dem Rechten zu sehen. Selbst wenn man jedoch von der Schaffung einer rechtlich relevanten Rettungschance für das Opfer ausginge, hätte sich das Ausbleiben des Erfolges gerade nicht in dieser Rettungschance verwirklicht, da durch das Steckenlassen des Schlüssels nicht damit gerechnet werden kann, dass ein unbeteiligter Dritter eine fremde Wohnung betritt, das Opfer findet und darauf hin Hilfe holt und das ganze auch noch so zeitnah geschieht, dass das Opfer auch tatsächlich gerettet werden kann.

c) Einige Fälle in der praktischen Anwendung

Anhand dieser Formel bezüglich der objektiven Zurechnung des Verhinderungserfolges werden nun einige Fälle der BGH-Rechtsprechung analysiert und zu einem sachgerechten Ergebnis gebracht. Dabei wird auch auf die oben genannte These eingegangen, dass bei einer eigenhändigen Erfolgsverhinderung stets auch die objektive Zurechnung des Verhinderungserfolges vorliegt, so dass die Differenzierungstheorie im Ergebnis nicht haltbar ist.

aa) Entscheidung des 1. Strafsenats des BGH vom 27.4.1982

In dieser Entscheidung[678] ging der 1. Strafsenat davon aus, dass der Täter nicht strafbefreiend vom Versuch zurückgetreten ist, da er seine schwer verletzte Ehefrau lediglich 95 Meter vor den Krankenhauseingang gebracht hatte, wo sie dann

678 BGHSt 31, 46 ff.

bewusstlos von Dritten im Gebüsch gefunden wurde. Wenn man der von dem BGH mittlerweile einhellig vertretenen Ansicht folgt, dass die reine Kausalität zwischen Rücktrittsverhalten des Täters und Verhinderungserfolg ausreichend ist, wäre der Täter in diesem Fall strafbefreiend vom Versuch zurückgetreten. Hätte er das Opfer nicht 95 Meter vor dem Krankenhauseingang abgesetzt, wäre es nicht gerettet worden. Somit war die Handlung des Täters auf jeden Fall kausal für die Rettung des Opfers.

Nach der oben dargestellten Theorie zur objektiven Zurechnung war die Rettung der Ehefrau dem Täter hier jedoch nicht objektiv zurechenbar. Dadurch, dass er seine Ehefrau lediglich 95 Meter vor das Krankenhaus brachte, hat der Täter keine rechtlich relevante Rettungschance für seine Ehefrau geschaffen, welche sich gerade in der nachfolgenden Rettung seiner Ehefrau verwirklicht hat. Dies ergibt sich vor allem daraus, dass das Opfer von Dritten im Gebüsch gefunden wurde. Daran zeigt sich, dass das Opfer derart geschwächt war, dass es sich nicht einmal mehr allein bis zu dem Eingang des Krankenhauses bewegen konnte. Aufgrund der schweren Verletzungen und dem starken Blutverlust hat der Täter somit keine ernsthafte Rettungschance für das Opfer geschaffen, als er es 95 Meter vor dem Krankenhauseingang aus dem Pkw steigen ließ. Vielmehr hätte er für eine wirkliche Rettungschance dafür sorgen müssen, dass seine Ehefrau mit an Sicherheit grenzender Wahrscheinlichkeit gerettet wird. Dies wäre zum Beispiel dann der Fall gewesen, wenn er sie unmittelbar vor dem Eingang zu dem Krankenhaus abgesetzt hätte. Jedoch kann nicht gefordert werden, dass der Täter das Opfer selbst in die Notaufnahme bringt. Dies würde eine Bestleistung darstellen, welche mit der aktuellen Gesetzeslage nicht vereinbar ist. Im Ergebnis ist dem 1. Strafsenat somit zuzustimmen, dass der Täter hier nicht strafbefreiend vom Versuch zurückgetreten ist.

bb) Entscheidung des 4. Strafsenats des BGH vom 5.12.1985

In dieser Entscheidung[679] ging der 4. Strafenat davon aus, dass der Täter strafbefreiend vom Versuch zurückgetreten war, da er dem Opfer das Telefonbuch gereicht hatte. Bereits nach der Ansicht, welche die reine Kausalität als ausreichende Voraussetzung für einen strafbefreienden Rücktritt ausreichen lässt, ist fraglich, ob das Reichen des Telefonbuchs wirklich eine kausale Rücktrittshandlung darstellt. Zum einen ist bereits fraglich, ob das Opfer für die Notrufnummer tatsächlich ein Telefonbuch benötigt. Zum anderen war sicherlich nicht das Auffinden der Notrufnummer kausal für die Rettung des Opfers. Kausal für die Rettung war somit wohl eher der Griff zum Telefon und der darauf hin getätigte

679 BGH, NJW 1986, 1001 f.

Anruf des Opfers. Aus all diesen Überlegungen zeigt sich somit, dass bereits die Kausalität nur schwerlich zu bejahen war.

Selbst wenn man jedoch mit dem BGH davon ausgeht, dass das Reichen des Telefonbuchs jedenfalls (mit)kausal für die Rettung des Opfers gewesen ist, ist der Verhinderungserfolg dem Täter auf keinen Fall objektiv zurechenbar, so dass im Ergebnis ein strafbefreiender Rücktritt ausscheidet. Denn durch das Reichen des Telefonbuchs hat der Täter noch keine Rettungschance geschaffen, welche die Verhinderung des tatbestandlichen Erfolgseintritts zur Folge hatte. Vielmehr stellt das bloße Reichen des Telefonbuchs lediglich eine Zwischenhandlung dar, jedoch nicht das Schaffen einer rechtlich relevanten Rettungschance. Wenn das Opfer noch in der Lage war, selbst den Notarzt zu benachrichtigen, hätte der Täter zumindest dem Opfer das Telefon reichen müssen und sich vergewissern müssen, dass das Opfer auch tatsächlich noch in der Lage ist, selbständig Hilfe zu holen.

cc) Entscheidung des 2. Strafsenats des BGH vom 1.2.1989[680]

In dieser Entscheidung[681] ging der 2. Strafsenat davon aus, dass die Täterin mangels fortgesetzten Rücktrittswillen nicht strafbefreiend vom Versuch zurückgetreten war. Der 2. Senat hatte in dieser Entscheidung vielmehr gefordert, dass die Täterin dem Notarzt hätte mitteilen müssen, dass sie ihrem Ehemann das Gift E-605 verabreicht hat. Im Ergebnis bedeutet diese Anforderung an das Rücktrittsverhalten der Täterin aber eine Bestleistung. Denn die Preisgabe des Giftes hätte bedeutet, dass die Täterin alle nur erdenklichen Maßnahmen ergreifen müsste, um das Opfer zu retten.

Sowohl nach der Ansicht, welche die reine Kausalität ausreichen lässt, als auch nach der Lehre der objektiven Zurechnung ist die Täterin hier strafbefreiend dadurch zurückgetreten, dass sie einen Notarzt verständigte und schilderte, dass es ihrem Ehemann nicht gut ginge. Durch das Rufen des Notarztes hat die Täterin eine Rettungschance für ihren Ehemann geschaffen. Die Verhinderung des tatbestandlichen Erfolges hat sich auch gerade in dieser Rettungschance verwirklicht. Die Täterin konnte damit rechnen, dass der Notarzt ihren Ehemann rettet, auch wenn er nicht genau wusste, dass eine Vergiftung mit E-605 vorliegt. Zu verlangen, dass die Täterin hier auch noch das Gift preis gibt, würde eine Forderung nach einer optimalen Rücktrittshandlung darstellen, welche jedoch vom Gesetz nicht gefordert wird.

680 BGH, NStZ 1989, 525 f.

681 BGH, NStZ 1989, 525 f.

dd) Entscheidung des 4. Strafsenats des BGH vom 25.6.1981

Auch in dieser Entscheidung[682] ging der 4. Strafsenat davon aus, dass der Täter strafbefreiend vom Versuch zurückgetreten war, da er vor dem Aufprall der beiden Pkw's abbremste. Mit der Ansicht, welche lediglich Kausalität zwischen Rücktrittsverhalten und Verhinderungserfolg des Täters fordert, war das Abbremsen des Täters kausal dafür, dass der Aufprall derart vermindert war, dass das Opfer schließlich unverletzt blieb. Aber auch nach der Lehre von der objektiven Zurechnung hat der Täter durch das Abbremsen eine Rettungschance für das Opfer geschaffen, welche sich darin verwirklicht hat, dass das Opfer schließlich aufgrund des „abgebremsten Zusammenpralls" unverletzt geblieben ist. Das Ausbleiben des Erfolges ist somit dem Täter objektiv zurechenbar gewesen, so dass dem 4. Strafsenat auch in dieser Entscheidung zuzustimmen ist, dass der Täter strafbefreiend vom Versuch zurückgetreten ist.

d) Der Vergleich mit der Differenzierungstheorie bei eigenhändiger Erfolgsverhinderung

Wie sich insbesondere an diesem Fall, aber auch an den oben behandelten Fällen zeigt, ist ein Fall der „eigenhändigen Erfolgsverhinderung", bei welchem die Verhinderung des Erfolges dem Täter lediglich kausal zuzurechnen ist, nicht denkbar. In Fällen der erfolgreichen eigenhändigen Erfolgsverhinderung hat der Täter stets eine Rettungschance geschaffen, so dass sich die Verhinderung des tatbestandlichen Erfolges immer auch in dieser Rettungschance verwirklicht, wenn der Täter den Erfolg eigenhändig verhindert. Dies zeigt aber auch, dass die Ansicht, dass in Fällen der eigenhändigen Erfolgsverhinderung eine rein kausale Verhinderungshandlung ausreichend ist, im Ergebnis nicht überzeugen kann. Vielmehr liegt in den Fällen der „eigenhändigen Erfolgsverhinderung" stets auch die objektive Zurechenbarkeit der Verhinderung vor, da der Täter, wenn er eigenhändig das Opfer rettet, immer eine Rettungschance schafft, welche sich dann in der Rettung des Opfers realisiert. Diese Überlegung zeigt, dass die Differenzierungstheorie im Ergebnis nicht haltbar ist. In Fällen der eigenhändigen Erfolgsverhinderung wird stets auch die objektive Zurechenbarkeit gegeben sein und in den Fällen der fremdhändigen Erfolgsverhinderung verstößt die Forderung nach einem bestmöglichen Verhinderungsverhalten gegen die aktuelle Gesetzeslage.

---

682 BGH, StV 1981, 514 f.

VI. Der Rettungswille

Neben den oben dargestellten objektiven Anforderungen an das Rücktrittsverhalten des Täters ist auf der subjektiven Seite erforderlich, dass der Täter bei seinen Rücktrittshandlungen mit dem erforderlichen Rettungswillen handelt.

1. Allgemeine Anforderungen

Neben den oben genannten objektiven Anforderungen an das Rücktrittsverhalten des Täters wird auf der subjektiven Seite gefordert, dass der Täter einen Rettungswillen an den Tag legt[683]. Dieser Rettungswille setzt voraus, dass der Täter den Tatvorsatz bezüglich der Vollendung aufgibt und sich zur Erfolgsverhinderung entschließt[684]. Die Aufgabe des Tatvorsatzes bedeutet dabei, genau wie der Vorsatz bezüglich der Tatbestandsverwirklichung, dass der Täter von den weiteren Durchführungen endgültig Abstand nehmen muss[685]. Dabei genügt es, dass der Täter für den Moment von den weiteren Ausführungen der Tat Abstand nimmt. Es ist nicht erforderlich, dass er seine rechtsfeindliche Gesinnung völlig aufgibt. Der Rettungswille kann vielmehr bereits dann bejaht werden, wenn der Täter für den Moment von der Tat Abstand nimmt und eine erneute Ausführung der Tathandlungen einen neuen Tatentschluss darstellen würde[686]. Nicht ausreichend für das Vorliegen des Rettungswillens ist es jedoch, wenn der Täter nur vorübergehend die Tathandlungen einstellt, weil er beispielsweise auf eine bessere Gelegenheit zur Verwirklichung wartet und ein Fortführen der Tathandlung sich bei räumlicher und zeitlicher Betrachtungsweise nur als Fortsetzung der ersten Tathandlung darstellt, eine wirkliche Aufgabe des Tatentschlusses somit gar nicht vorliegt[687].

Weitere Voraussetzung des Rettungswillens ist, dass der Täter bewusst und gewollt den Eintritt des tatbestandlichen Erfolges verhindert[688]. Dies setzt wiederum voraus, dass der Täter die Verhinderung der Vollendung durch eine eigene Handlung verhindert und dabei, wie auch bei einem vorsätzlichen Begehungsdelikt, bewusst und gewollt darauf hinwirkt, dass die Vollendung des tatbestand-

683 BGHSt 48, 147 f.; BGHSt 31, 46 ff.; BGH, NStZ 1989, 525 f.; BGH, StV 1999, 203 f.; Zaczyk, in: NK, § 24 Rn. 62; Lilie/Albrecht, in: LK, § 24 Rn. 280; Rudolphi, in: SK, § 24 Rn. 27 f.; Krauß, JuS 1981, 883, 884.

684 Krauß, JuS 1981, 883, 884; Rudolphi, in: SK, § 24 Rn. 27 a; Lilie/Albrecht, in: LK, § 24 Rn. 281; Zaczyk, in: NK, § 24 Rn. 62.

685 Zaczyk, in: NK, § 24 Rn. 62; Krauß, JuS 1981, 883, 884.

686 Krauß, JuS 1981, 883, 884.

687 Krauß, JuS 1981, 883, 884.

688 Krauß, JuS 1981, 883, 884; Zaczyk, in: NK, § 24 Rn. 62; Rudolphi, in: SK, § 24 Rn. 27 f.

lichen Erfolges verhindert wird[689]. Es genügt daher für einen strafbefreienden Rücktritt nicht, wenn der Täter den Erfolgseintritt lediglich zufällig verhindert[690]. In diesem Fall liegt mangels Rettungswillens kein strafbefreiender Rücktritt vor.

2. Entscheidung des 2. Strafsenats des BGH vom 1.2.1989

Insbesondere in der Entscheidung des 2. Strafsenats vom 1.2.1989[691] war nach Ansicht des Senats dieser Rettungswille der Täterin nicht mehr gegeben, als sie dem Notarzt verschwieg, dass sie ihrem Ehemann das Gift E-605 verabreicht hatte. Nur mangels dieses Rettungswillens verneinte der erkennende Senat in diesem Fall einen strafbefreienden Rücktritt. Wenn man jedoch die oben genannten Grundsätze (Aufgabe des Tatvorsatzes und Wille zur Erfolgsverhinderung) bei der Betrachtung dieses Falls zugrunde legt, ist bereits fraglich, ob die Täterin wirklich jemals einen Rettungswillen hatte. Es erscheint hier vielmehr so, dass sie den Verdacht nicht auf sich lenken wollte und als „treusorgende Ehefrau" natürlich den Notarzt rufen musste, als es ihrem Ehemann schlecht ging. Hätte sie dies unterlassen und wäre es zum Tod des Ehemanns gekommen, hätte sie sich in stärkerem Maße verdächtig gemacht, als wenn sie den Notarzt ruft und mitteilt, dass es ihrem Ehemann schlecht geht und er ärztliche Hilfe benötigt[692]. Es ist somit in diesem konkreten Fall sehr fraglich, ob hier jemals ein Rettungswille, insbesondere der Entschluss zur Aufgabe des Tötungsvorsatzes, vorlag. Wenn jedoch ein Rettungswille vorlag (davon geht der 2. Senat zunächst eindeutig aus), ist dieser, wie oben dargestellt, nicht alleine dadurch wieder aufgegeben worden, dass die Täterin verschwiegen hat, dass sie ihrem Ehemann E-605 verabreicht hat. Wie bereits oben dargestellt, bedeuten diese Anforderungen des 2. Strafsenats ein optimales Rücktrittsverhalten, da das Rufen des Notarztes fraglos kausal für die Rettung des Ehemanns war und diese Rettung der Täterin auch objektiv zurechenbar war, weil sie die Rettung veranlasst hat.

3. Ergebnis

Zusammenfassend lässt sich somit bezüglich des Rettungswillen festhalten, dass dieser zwar grundsätzlich gegeben sein muss, jedoch auf Grund der objektiven und subjektiven Betrachtungsweise wohl regelmäßig auch gegeben sein wird,

689 Krauß, JuS 1981, 883,884.
690 Zaczyk, in: NK, § 24 Rn. 62; Rudolphi, in: SK, § 24 Rn. 27 f.
691 BGH, NStZ 1989, 525 f.
692 Herzberg, JR 1989, 449, 450.

wenn der Rettungserfolg dem Täter objektiv zurechenbar ist und er bewusst und aktiv zur Rettung des Opfers beigetragen hat. Nach der oben genannten Formel besitzt der Täter auch einen Rettungswillen, wenn er zum einen den Vorsatz zur Vollendung des Tatbestandes aufgibt und sich zum anderen dazu entschließt, die Vollendung des tatbestandlichen Erfolges zu verhindern. Wenn der Täter jedoch eine Rettungschance für das Opfer schafft und sich der Verhinderungserfolg gerade in dieser Rettungschance verwirklicht (= objektive Zurechenbarkeit des Verhinderungserfolges), ist im Regelfall davon auszugehen, dass der Täter auch vorsätzlich bezüglich der Verhinderung handelt und auch bewusst den Vorsatz zur Verwirklichung des tatbestandlichen Erfolges aufgibt.

Auch sollte das Vorliegen des Rettungswillens nicht überbewertet werden. Zum einen ist dem subjektiven Moment des Rücktritts durch das in § 24 StGB ausdrücklich geforderte Merkmal der Freiwilligkeit Rechnung getragen, zum anderen birgt das Vorliegen des Rettungswillen in der Praxis große Beweisschwierigkeiten. Denn regelmäßig wird der Angeklagte behaupten, er habe mit dem erforderlichen Rettungswillen gehandelt. Etwas anderes zu beweisen wird entweder sehr schwierig oder aber es kommt zu einer eher konstruierten Ablehnung des Rettungswillen, wie sich aus der Begründung der Entscheidung des 2. Strafsenats vom 1.2.1989[693] ablesen lässt. Durch das ausufernde Fordern nach einem Vorliegen des Rettungswillens wird daher eher der Eindruck erweckt, dass sich der BGH ein weiteres Korrektiv offen halten möchte, um gegebenenfalls eine Entscheidung im Einzelfall zu korrigieren.

VII. Abschließende Zusammenfassung

Zusammenfassend lässt sich zu der Frage, welche Anforderungen an das Rücktrittsverhalten des Täters bei § 24 Abs. 1 S. 1, 2. Alt. StGB zu stellen sind, festhalten, dass seit 2002 von einer gefestigten Rechtsprechung ausgegangen werden muss, die die reine Kausalität zwischen Rücktrittsverhalten des Täters und der Verhinderung des tatbestandlichen Erfolges ausreichen lässt. Diese Ansicht wird jedoch nur zum Teil in der Literatur vertreten. Im Ergebnis ist diese Ansicht auch nicht überzeugend, weil die reine Kausalität zu einer Ausuferung des strafbefreienden Rücktritts führt. Vielmehr muss gefordert werden, dass die Verhinderung des tatbestandlichen Erfolges dem Täter objektiv zurechenbar ist, da auch bei der Frage nach einer Strafbarkeit des Täters der Eintritt des tatbestandlichen Erfolges dem Täter objektiv zurechenbar sein muss. Anhand der oben entwickelten Formel bezüglich der Frage, wann eine Verhinderungsvollendung dem Täter

693 BGH, NStZ 1989, 525 ff.

objektiv zurechenbar ist, zeigt sich aber auch, dass die Differenzierungstheorie im Ergebnis abzulehnen ist. Denn bei einer eigenhändigen Erfolgsverhinderung wird sich stets die vom Täter geschaffene Rettungschance in der Verhinderung des tatbestandlichen Erfolges verwirklichen, so dass in diesen Fällen dann auch stets die objektive Zurechenbarkeit des Verhinderungserfolges gegeben ist.

Auch wenn in einigen Fällen eine moralische Forderung an ein optimales Verhinderungsverhalten durchaus gerechtfertigt erscheint, ist die Ansicht, welche eine Bestleistung des Täters fordert, mit der aktuellen Gesetzeslage nicht vereinbar, so dass diese Ansicht gegen Art. 103 Abs. 2 GG und § 1 StGB verstößt und somit nicht haltbar ist. Jedoch sollte an dieser Stelle nicht unerwähnt bleiben, dass in einigen Fällen der Täter ohnehin Bestleistungen an den Tag gelegt hat. Gerade in den Fällen, in denen der Täter einen geschulten Dritten (meistens einen Notarzt) zur Hilfe ruft, ist dies die beste Rücktrittleistung, welche er erbringen kann. Er ist nicht verpflichtet, selbst wenn man davon ausginge, dass der Täter Bestleistung erbringen muss, gleich mehrere Notärzte zu rufen, um die Gefahr auszuschließen, dass ein Notarzt auf der Fahrt einen Unfall hat

C. Analyse der Rechtsprechung und der Literatur bezüglich § 24 Abs. 1 S. 2 StGB

§ 24 Abs. 1 S. 2 StGB regelt den Fall, dass die Tat ohne Zutun des Täters nicht vollendet wird. Dies kann aus drei unterschiedlichen Gründen der Fall sein. So kann von Anfang an ein untauglicher Versuch vorliegen, oder es haben Dritte die Tat entdeckt und bereits Rettungsmaßnahmen eingeleitet oder aber der Versuch ist, ohne dass der Täter davon weiß und ohne dass Dritte in das Geschehen eingegriffen haben, fehlgeschlagen. Wenn sich der Täter in einem dieser drei Fälle „ernsthaft bemüht“, die Vollendung der Tat zu verhindern, tritt er gemäß § 24 Abs. 1 S. 2 StGB strafbefreiend von dem Versuch zurück. Das „ernsthafte Bemühen“ setzt dabei voraus, dass der Täter zum Zeitpunkt seiner Rücktrittshandlung noch davon ausgeht, dass er die Vollendung der Tat verhindern kann[694]. Sobald er entdeckt, dass der tatbestandliche Erfolg nicht mehr eintreten kann, liegt ein fehlgeschlagener Versuch vor, bei welchem ein Rücktritt ausgeschlossen ist[695].

So umstritten und unterschiedlich die Ansichten innerhalb der Literatur und der Rechtsprechung bezüglich der Frage sind, welches Rücktrittsverhalten der

694 Fischer, § 24 Rn. 36; Rudolphi, in: SK, § 24 Rn. 30; Kudlich/Schuhr, in: Satzger/Schmitt/Widmaier, § 24 Rn. 46; Kühl, AT, § 16 Rn. 83; Joecks, § 24, Rn. 33.

695 Vgl. 1. Kapitel C. I.

Täter an den Tag legen muss, um strafbefreiend vom beendeten (tauglichen) Versuch gemäß § 24 Abs. 1 S. 1, 2. Alt. StGB zurücktreten zu können, so einheitlich wird diese Frage, zumindest dem Grunde nach, bei § 24 Abs. 1 S. 2 StGB beantwortet. Im Folgenden wird nun dargestellt, welche Anforderungen die Rechtsprechung und die Literatur an das „ernsthafte Bemühen" des Täter stellen.

I. Das „ernsthafte Bemühen"

1. Anforderungen an das „ ernsthafte Bemühen"

Nach der Rechtsprechung und auch nach der ganz herrschenden Meinung in der Literatur liegt ein „ernsthaftes Bemühen" immer dann vor, wenn „der Täter alles tut, was in seinen Kräften steht und nach seiner Überzeugung zur Erfolgsabwendung erforderlich ist"[696]. Dabei sei erforderlich, dass der Täter die Handlungsreihe, welche zu der Verhinderung des Erfolges führen soll, in einer nach außen erkennbaren Art und Weise in Gang gesetzt hat. Er muss also „ein auf Erfolgsverhinderung gerichtetes Tätigwerden" an den Tag legen[697]. Die bloße Absicht, sich um die Erfolgsverhinderung bemühen zu wollen, genügt daher nicht[698]. Es reicht folglich nicht aus, dass der Täter sich lediglich auf den Weg machte, um Hilfe zu holen[699]. Wenn man nämlich diesen rein inneren Entschluss ausreichen lassen würde, könnte der Täter immer behaupten, er habe sich gerade entschlossen, Verhinderungsmaßnahmen zu ergreifen. Aus diesem Grund stellt der bloße Gang zur Telefonzelle noch keine ausreichende Rücktrittshandlung dar, wohl aber das Rufen eines zur Rettung qualifizierten Dritten[700]. Gegen diese strenge Formel wendet sich *Roxin,* der anführt, dass unter Umständen auch schon der reine Entschluss und die Vorbereitungshandlung ausreichen könnten, um ein

---

696 BGHSt 33, 295, 302; BGH, NStZ-RR 2010, 276 f.; BGH, NStZ 2008, 508 f.; Fischer, § 24 Rn. 36; Roxin, AT II, § 30 Rn. 275 f.; Wessel/Beulke, AT, Rn. 647; Heinrich, AT I, Rn. 800; Rengier, AT, § 37 Rn. 141; Kühl, AT, § 16 Rn. 85; Eser, in: Schönke/Schröder, § 24 Rn. 71.

697 Lilie/Albrecht, in: LK, § 24 Rn. 334; ähnl. auch Herzberg, in: MK, § 24 Rn. 182; Herzberg geht davon aus, dass der Täter mit der Verhinderung „sorgfaltsgemäß begonnen" haben muss; so auch in der 2. Auflage Herzberg/Hoffmann-Holland in: MK, § 24 Rn. 142.

698 BGHSt 33, 295, 302; Lilie/Albrecht, in: LK, § 24 Rn. 334; Eser, in: Schönke/Schröder, § 24 Rn. 71.

698 Roxin, AT II, § 30 Rn. 272.

698 Roxin, AT II, § 30 Rn. 272.

698 Jakobs, AT, 26 Abschn. Rn. 22; Kühl, AT, § 16 Rn. 86.

699 BGH, NJW 1973, 632, 633.

700 BGHSt 33, 295, 302; Kühl, AT, § 16 Rn. 86; Eser, in: Schönke/Schröder, § 24 Rn. 71.

ernsthaftes Bemühen bejahen zu können. Es käme stets auf den konkreten Einzelfall an, ob der Täter nach außen erkennbar gemacht habe, dass er die Vollendung der Tat verhindern wollte[701].

Zusammenfassend lässt sich daher zunächst festhalten, dass der Täter zumindest nach außen erkennbar gemacht haben muss, dass er aktive Handlungen zur Verhinderung des tatbestandlichen Erfolges einleiten möchte. Im Einzelfall kann daher auch bereits eine Vorbereitungshandlung ausreichen, um ein „ ernsthaftes Bemühen“ zu bejahen, wenn dadurch auch für einen Dritten erkennbar gemacht wurde, dass ein Verhinderungsverhalten des Täters in Gang gesetzt werden soll[702]. Oftmals wird in diesem Zusammenhang davon gesprochen, dass der Täter unmittelbar zu den Rettungshandlungen angesetzt haben muss[703]. Auch an dieser Formel wird deutlich, dass den Erwägungen *Roxins* insoweit zuzustimmen ist, als unter Umständen auch eine Vorbereitungshandlung ausreichen kann, um ein „ernsthaftes Bemühen“ bejahen zu können. Entscheidend ist einzig und allein, ob im konkreten Einzellfall deutlich und nach außen erkennbar geworden ist, dass der Täter ein Rücktrittsverhalten an den Tag gelegt hat. Der Rechtsprechung ist jedoch insoweit zuzustimmen, als dafür wohl in den meisten Fällen eine reine Vorbereitungshandlung nicht ausreichen wird. Jedoch ist für jeden Einzelfall eine konkrete Prüfung vorzunehmen. Starre Formeln können hier zu keinem befriedigenden Ergebnis führen und dienen daher lediglich als Ansatzpunkt.

Einigkeit herrscht zwischen der Rechtsprechung und der Literatur auch insoweit, als dass der Täter – will er in den Genuss von Straffreiheit gelangen – „die aus seiner Sicht ausreichenden Verhinderungsmöglichkeiten ausschöpft, wobei sich der Täter auch eines Dritten bedienen kann“[704]. Bei Einschaltung eines Dritten sei erforderlich, dass sich der Täter davon überzeugt, dass der von ihm zur Rettung aufgeforderte Dritte auch tatsächlich alle möglichen Rettungsmaßnahmen ergreift. Dies gilt insbesondere dann, wenn es sich bei den Dritten um nicht geschulte Rettungskräfte handele. Im Einzelnen bedeutet dies, dass der Täter sich bei unbeteiligten Dritten stets davon überzeugen muss, dass diese auch tatsächlich Hilfe holen[705]. Alarmiert der Täter dagegen selbst geschulte Rettungskräfte,

701 Roxin, AT II, § 30 Rn. 272.

702 Roxin, AT II, § 30 Rn. 272.

703 Jakobs, AT, 26 Abschn. Rn. 22; Kühl, AT, § 16 Rn. 86; Rudolphi, in: SK, § 24 Rn. 30; Zaczyk, in: NK, § 24 Rn. 89; Roxin, AT II, § 30 Rn. 270.

704 BGHSt 33, 295, 302; BGH, NStZ 2008, 508 f.; Entscheidung des 1. Strafsenats vom 7.3.1999, Az: 1 StR 6/89 (zit. nach Juris); Fischer, § 24 Rn. 36; Maiwald, in: FS Wolff, S. 347; Lilie/Albrecht, in: LK, § 24 Rn. 343; Joecks, § 24 Rn. 33.

705 BGHSt 33, 295, 301; Lilie/Albrecht, in: LK, § 24 Rn. 347; Kühl, AT, § 16 Rn. 85.

muss er lediglich die für die Rettung notwendigen Angaben (Tatort, Verletzung) machen[706].

Keine Einigkeit herrscht zwischen der Rechtsprechung und Teilen der Literatur bezüglich der Frage, ob das „ernsthafte Bemühen“ eine Bestleistung vom Täter erfordert, oder ob ein, aus Sicht des Täters, irgendwie zur Verhinderung geeignetes Verhalten ausreicht.

a) Optimales oder lediglich kausales Verhinderungsverhalten ?

Einige wenige Stimmen in der Literatur sind der Ansicht, dass jegliches, aus Sicht des Täters auch nur irgendwie zur Rettung des Opfers geeignetes Verhinderungsverhalten ausreiche, um ein ernsthaftes Bemühen gemäß § 24 Abs. 1 S. 2 StGB zu bejahen[707]. Wieder andere Stimmen in der Literatur sind dagegen der Ansicht, dass es ausreiche, dass der Täter die Rettungsmöglichkeit wählt, welche aus seiner Sicht geeignet ist, um den tatbestandlichen Erfolg zu verhindern. Diese Rettungsmöglichkeit müsse jedoch keineswegs die bestmögliche sein[708]. Der Gesetzgeber habe zwar durch das Fordern nach einem „ernsthaften Bemühen“ an das Rücktrittsverhalten des Täters erhöhte Anforderungen gestellt, jedoch ergebe sich daraus nicht, dass das Rücktrittsverhalten des Täters ein optimales sein muss[709]. Dies sei weder aus general- noch aus spezialpräventiven Gesichtspunkten erforderlich[710].

Gerade die Rechtsprechung und auch die herrschende Meinung in der Literatur gehen jedoch davon aus, dass ein ernsthaftes Bemühen gemäß § 24 Abs. 1 S. 2 StGB nur dann bejaht werden könne, wenn der Täter auch tatsächlich das aus seiner Sicht beste und sicherste Rettungsmittel einsetzt, er also alle bestehenden Verhinderungsmöglichkeiten ausschöpft[711]. Gerade wenn ein Menschen-

---

706 Lilie/Albrecht, in: LK, § 24 Rn. 349; und unter Umständen auch die Art der Verletzung und die Tatwaffe preisgeben, so das Urteil des 1. Senats vom 20.8.1991, Az. 1 Str 249/91 (zit. nach Juris).

707 Grünwald, in: FS Wenzel, S, 701, 715; Ambos, in: Dölling/Duttge/Rössner, § 24 Rn. 20.

708 Lilie/Albrecht, in: LK, § 24 Rn. 341; Eser, in: Schönke/Schröder, § 24 Rn. 71; Zaczyk, in: NK, § 24 Rn. 85; Herzberg, in: MK; § 24 Rn. 174. Herzberg verlangt zusätzlich, dass der Täter nach seiner Ansicht die im Verkehr erforderliche Sorgfalt an den Tag legt und bewusste Fahrlässigkeit ausschließt; so auch in der 2. Auflage Herzberg/Hoffmann-Holland in: MK, § 24 Rn. 146.

709 Lilie/Albrecht, in: LK, § 24 Rn. 338.

710 Lilie/Albrecht, in: LK, § 24 Rn. 339

711 Urteil des 3. Senats vom 11.12.2007, 3 StR 489/07 (zit. nach Juris); BGH, StV 1999, 596; Urteil des 1. Senats vom 20.08.1991, Az: 1 StR 249/91 (zit. nach Juris); so auch Roxin, AT II, § 30 Rn. 276; Jakobs, AT, 26. Abschn. Rn. 22; Kühl, AT, § 16 Rn.85; Joecks, § 24 Rn. 33; Baumann/Weber/Mitsch, AT, § 27 Rn. 34; Rudolphi, in: SK, § 24 Rn. 30.

leben auf dem Spiel stehe, seien an das „ernsthafte Bemühen“ höchste Anforderungen zu stellen[712]. Begründet wird dies in erster Linie mit dem Wortlaut des § 24 Abs. 1 S. 2 StGB, welcher eben entgegen § 24 Abs. 1 S. 1, 2. Alt. StGB von einem „ernsthaften Bemühen“ spreche, was eindeutig den Wunsch des Gesetzgebers wiederspiegelt, dass hier ein „„mehr“ an Rücktrittshandlung (im Vergleich zu § 24 Abs. 1 S. 1, 2. Alt StGB) verlangt wird[713].

b) Stellungnahme

Auf Grund des eindeutigen Wortlautes des § 24 Abs. 1 S. 2 StGB und vor allem auf Grund eines Vergleich mit § 24 Abs. 1 S. 1, 2. Alt. StGB, ist die Ansicht, welche ein irgendwie zur Rettung geeignetes Verhalten des Täters zur Bejahung des ernsthaften Bemühens ausreichen lassen will, abzulehnen. Denn dadurch, dass der Gesetzgeber hier ein „ernsthaftes Bemühen“ fordert, wird deutlich, dass der Täter ein „mehr“ an Rücktrittleistung an den Tag legen muss, als dies bei § 24 Abs. 1 S. 1, 2. Alt. StGB der Fall ist[714]. Da der Täter aber bereits – nach der hier vertretenen Auffassung – eine ihm objektiv zurechenbare Rücktrittshandlung an den Tag legen muss, um gemäß § 24 Abs. 1 S. 1, 2. Alt. StGB strafbefreiend vom Versuch zurückzutreten[715], kann eine lediglich „geeignete“ Rücktrittshandlung einen Rücktritt nach § 24 Abs. 1 S. 2 StGB nicht begründen. Vielmehr sind an eine Strafbegründung aufgrund dieser Vorschrift höhere Anforderungen geknüpft.

Aus all diesen Gründen ist der Ansicht der Rechtsprechung und der herrschenden Meinung in der Literatur zuzustimmen, dass der Täter hier die nach seiner Ansicht bestmögliche Verhinderungshandlung an den Tag legen muss, um in den Genuss von Straffreiheit zu gelangen. Es liegt kein „ernsthaftes Bemühen“ vor, wenn der Täter lediglich „halbherzige“ Rücktrittshandlungen an den Tag legt[716]. Für die Forderung nach einem optimalen Rücktrittsbemühen spricht neben dem Wortlaut des § 24 Abs. 1 S. 2 StGB auch der Vergleich mit § 323 c StGB. Auch hier muss die bestmögliche Hilfe für das Opfer an den Tag gelegt werden, damit eine Strafbarkeit ausscheidet[717]. Somit kann davon ausgegangen werden, dass der Täter ein optimales Rücktrittsverhalten an den Tag legen muss,

---

712 Urteil des 1. Strafsenats vom 7.3.1989 Az: 1 StR 6/89 (zit. nach Juris); Urteil des 3. Strafsenats vom 11.12.2007 Az: 3 StR 498/07 (zit. nach Juris); MDR 1978, 985; Zaczyk, in: NK, § 24 Rn. 88.

713 Lilie/Albrecht, in: LK, § 24 Rn. 338.

714 Lilie/Albrecht, in: LK, § 24 Rn. 338.

715 Vgl. ausführl. 2. Kapitel B. V. 5.

716 Lilie/Albrecht, in LK, § 24 Rn. 358; Zaczyk, in: NK, § 24 Rn. 91.

717 Fischer, § 323c Rn. 14; Baumann/Weber/Mitsch, AT, § 27 Rn. 34.

damit ein „ernsthaftes Bemühen" bejaht werden kann. Oftmals wird diesbezüglich jedoch eine Einschränkungen vorgenommen. So müsse es möglich sein, dass der Täter zunächst eine Rettungsmaßnahme ergreift, welche zwar aus seiner Sicht weniger geeignet ist (= nicht optimale Rücktrittshandlung), wenn er nach wie vor davon ausgeht, dass er im Falle des Misslingens dieser Rettungsmöglichkeit immer noch die bessere Handlungsalternative ergreifen kann[718].

Diese Einschränkung ist jedoch im Ergebnis abzulehnen und der Rechtsprechung zuzustimmen, welche einzig und allein eine aus Sicht des Täters optimale Rücktrittshandlung als „ernsthaftes Bemühen" wertet. Für diese Überlegung spricht Folgendes: Da die Verhinderung des tatbestandlichen Erfolges im Falle des § 24 Abs. 1 S. 2 StGB nie auf Grund des Verhaltens des Täters eintritt, kann nicht beurteilt werden, ob der Täter tatsächlich noch die bessere und sicherere Rücktrittmöglichkeit ergriffen hätte, wenn die schlechtere Verhinderungsalternative scheitert. Der Täter könnte dann stets behaupten, er wusste zwar, dass seine Rücktrittshandlung nicht die optimale war, hätte aber im Anschluss daran noch eine andere, bessere Rücktrittsmöglichkeit ergriffen. Somit käme es einzig und alleine auf die Einlassung des Täters an, ob hier eine Strafbarkeit wegen Versuchs gegeben ist oder nicht. Um diese Ungewissheit (lediglich die Einlassung des Täters entscheidet) auszuschalten, hat der Täter stets die bestmögliche Rücktrittshandlung an den Tag zu legen, damit ein „ernsthaftes Bemühen" bejaht werden kann. Der BGH[719] geht weiter davon aus, dass der Täter stets alle ihm erkennbaren Verhinderungsmöglichkeiten ausschöpfen muss.

2. Beispiele der Rechtsprechung bezüglich des Rücktritts gemäß § 24 Abs. 1 S. 2 StGB

An Hand dieser Kriterien soll nun ein Überblick über die Rechtsprechung des BGH gegeben werden, um die Anforderungen an das „ernsthafte Bemühen" zu verdeutlichen.

a) Entscheidungen des 1. Strafsenats des BGH

Der 1. Strafsenat[720] bejaht einen strafbefreienden Rücktritt, wenn der Täter irrig davon ausgeht, das Opfer lebensgefährlich verletzt zu haben, nach seiner Tat das

718 Roxin, AT II, § 30 Rn. 278; Rudolphi, in: SK, § 24 Rn. 30; Lilie/Albrecht, in: LK, § 24 Rn. 339; Eser, in: Schönke/Schröder, § 24 Rn. 71; Zaczyk, in: NK: § 24 Rn. 88.

719 BGH, NStZ 2008, 508 f.; BGH, StV 1999, 596; Urteil des 1. Strafsenats vom 7.3.1989, Az. 1 StR 6/89 (zit. nach Juris)

720 BGH, StV 1982, 219.

Rote Kreuz alarmiert und die Sanitäter auf dem Weg ins Krankenhaus zur Eile auffordert. In diesem Fall habe der Täter ein optimales Verhinderungsverhalten an den Tag gelegt. Ein Mehr an Rücktrittsleistung sei von ihm nicht zu fordern.

Auch geht der 1. Strafsenat[721] davon aus, dass sich ein Täter dann ernsthaft um die Erfolgsverhinderung bemüht habe, wenn er einen, aus seiner Sicht besonders geschulten, Dritten bittet, den Notarzt zu rufen und der Dritte im Anschluss daran erste Hilfe leistet. In der hier zitierten Entscheidung, hatte der Täter dem Opfer ein Messer quer über den Hals gezogen und ihm dabei lebensgefährliche Verletzungen zugefügt. Danach bat er seine Freundin, eine Heilerziehungspflegerin, nach dem Opfer zu sehen und den Notarzt zu alarmieren. Dies tat die Freundin des Täters dann auch. Jedoch hatten bereits Hausbewohner den Notarzt gerufen. Die Freundin des Täters leistete sofort erste Hilfe, bei welcher ihr der Täter zur Seite stand. Der erkennende Senat ging in diesem Fall davon aus, dass sich der Täter ernsthaft um die Verhinderung des tatbestandlichen Erfolgs bemüht habe, da er die bestmöglichen Verhinderungsmöglichkeiten ausgeschöpft hatte, indem er eine in seinen Augen besonders geschulte dritte Person um Hilfe bat und selbst bei der ersten Hilfe assistiert.

Immer wieder stellt der BGH darauf ab, dass der Täter optimale Rettungsmöglichkeiten entfalten müsse, damit ein Rücktritt gemäß § 24 Abs. 1 S. 2 StGB bejaht werden kann. So geht der 1. Strafsenat in seiner Entscheidung vom 20.8.1991[722] davon aus, dass dieses bestmögliche Verhinderungsverhalten auch erfordert, dass der Täter Angaben zu den Verletzungen und auch zu dem Tatwerkzeug macht. Vor diesem Hintergrund hat der erkennende Senat ein Urteil des Landgerichts München II aufgehoben und zur erneuten Verhandlung und Entscheidung zurückverwiesen. In dem hier zu entscheidenden Fall hatte der Täter seine Frau (beide Bewohner eines Asylbewerberheims) mit mehreren Schlägen mit einem Küchenbeil auf den Kopf töten wollen. Nachdem er seine Frau für tot hielt, verlies er das Zimmer und kehrte erst nach über einer Stunde zurück. Entgegen seiner Vorstellung war seine Frau jedoch nicht tot, sondern saß (verletzt) auf der Couch. Daraufhin begann der Täter zu schreien und wollte dadurch den Eindruck erwecken, dass er seine Frau eben erst so vorgefunden habe. Auf Grund seines Rufens eilten drei weitere Bewohner herbei, welche auch sofort die Polizei alarmierten. Der Täter selbst lief zum Rathaus und forderte einen Mitarbeiter durch die Worte „Frau", „Blut" zum Mitgehen auf. Nachdem der Mitarbeiter an den Tatort gekommen war, rief auch er umgehend die Polizei. Das Landgericht München II ging hier davon aus, dass der Täter strafbefreiend von dem Mordversuch zurückgetreten sei. Wie erwähnt, hob der 1. Strafsenat

721 Urteil des 1. Strafsenats vom 7.3.1989, Az. 1 StR 6/89 (zit. nach Juris).

722 Urteil des 1. Strafsenats vom 20.8.1991, Az. 1 StR 249/91 (zit. nach Juris).

dieses Urteil auf, weil hier nochmals überprüft werden müsse, ob sich der Täter tatsächlich ernsthaft um die Erfolgsverhinderung bemüht habe, da er keine Angaben zu den Verletzungen gemacht habe, sondern lediglich „Frau" und „Blut" gerufen habe. Ferner müsse in der neuen Verhandlung geklärt werden, ob der Täter tatsächlich mit dem erforderlichen Rettungswillen gehandelt habe, da hier auch viele Anhaltspunkte dafür sprächen, dass er lediglich seine Tat vertuschen wolle und gar nicht an einer wirklichen Rettung seiner Ehefrau interessiert war.

An dieser Entscheidung wird deutlich, welch hohe Anforderungen der BGH an das Rücktrittsverhalten des Täter bei § 24 Abs. 1 S. 2 StGB stellt. So reicht es nach Ansicht des erkennenden Senats nicht aus, dass ein Asylbewerber, welcher der deutschen Sprache nicht in ausreichendem Maße mächtig ist, die Angaben „Blut" und „Frau" macht. Der 1. Strafsenat geht hier vielmehr davon aus, dass der Täter detaillierte Angaben zu dem Tatort und dem Tatgeschehen hätte machen müssen. Vor allem wenn man die durchaus sehr täterfreundlichen Urteile des BGH zu der Frage, welches Rücktrittsverhalten der Täter bei § 24 Abs. 1 S. 1, 2. Alt. StGB an den Tag legen muss, vergleichend heranzieht, zeigt sich, dass der BGH deutlich höhere Anforderungen an das „ernsthafte Bemühen" bei § 24 Abs. 1 S. 2 StGB stellt und hier keineswegs ein irgendwie geartetes Rücktrittsverhalten des Täters ausreicht.

Allerdings lässt es der BGH genügen, dass sich der Täter der Hilfe eines Dritten bedient. So bejaht der 1. Strafsenat[723] einen strafbefreienden Rücktritt, in einem Fall, in welchem der Täter, nach dem er dem Opfer ein Messer in den Oberbauch gestoßen hat, seinen Sohn aufforderte, Hilfe für das Opfer zu holen, diese Hilfe jedoch schon von einem unbeteiligten Dritten gerufen worden war. Anhand dieser Entscheidung wird nochmals deutlich, dass sich der Täter auch der Hilfe eines Dritten bedienen kann. Offen blieb in dieser Entscheidung jedoch, ob sich der Täter auch tatsächlich davon überzeugte, ob sein Sohn seiner Aufforderung auch nachkam.

b) Entscheidungen des 3. Strafsenats des BGH

Der 3. Strafsenat[724] bejaht auf Grund der oben dargestellten Grundsätze einen strafbefreienden Rücktritt, wenn der Täter einen Dritten bittet, den Rettungsdienst zu alarmieren. Dieser Entscheidung lag folgender Sachverhalt zu Grunde: Der Vater ergriff nach einem Streit mit seiner 16-jährigen Tochter den Nacken und die Füße seiner Tochter und schmiss diese aus dem vierten Stock eines Mehrfamilienhauses von dem Balkon 8,81 Meter in die Tiefe. Dabei ging er

723 BGH, StV 1997, 244.
724 BGH, NStZ 2008, 329 f.

davon aus, dass sich die Tochter zumindest lebensgefährliche Verletzungen zugezogen hatte. Nach der Tat lief er aus der Wohnung und rief seiner Frau zu, dass diese den Notarzt rufen solle, da sich die Tochter vom Balkon gestürzt habe. Jedoch hatten bereits Nachbarn den Rettungsdienst gerufen.

Der erkennende Senat ging hier davon aus, dass ein strafbefreiender Rücktritt des Täter nicht daran scheitere, dass der Täter nicht selbst den Notarzt gerufen habe. Vielmehr könne dies auch auf Aufforderung des Täters ein Dritter besorgen. Interessant an dieser Entscheidung ist jedoch, dass die Rechtsprechung und auch die Literatur grundsätzlich davon ausgehen, dass sich der Täter zwar der Hilfe eines Dritten bedienen kann, sich jedoch bei einem nicht geschulten Dritten davon überzeugen muss, dass dieser die erforderlichen Rettungsmaßnahmen auch tatsächlich einleitet[725]. Hier ging nun der 3. Strafsenat davon aus, dass sich der Täter nicht davon überzeugen müsse, ob seine Frau auch tatsächlich den Notarzt rief. Vielmehr genüge die bloße Aufforderung. Als Begründung hierfür wird angeführt, dass es keine Anhaltspunkte gebe, dass die Ehefrau des Täters der Aufforderung nicht folgen wird.

Dieses Urteil stellt daher in diesem Punkt einen „Ausreißer" in der Rechtsprechung das BGH und auch der überwiegend in der Literatur vertretenen Ansicht dar, ohne jedoch eine Begründung dafür zu geben, warum sich der Täter hier nicht davon überzeugen musste, ob seine Frau tatsächlich den Notarzt rufen würde. Es wurde lediglich festgehalten, dass es keine Anhaltspunkte gegeben habe, die dafür gesprochen hätten, dass die Frau des Täters der Aufforderung nicht nachkommt.

c) Entscheidungen des 4. Strafsenats des BGH

Der 4. Strafsenat[726] verneinte das „ernsthafte Bemühen" in einem Fall, in dem zwei Täter nach einem beendeten Tötungsversuch das Opfer zunächst einfach liegen lassen, sich dann aber auf den Weg zu einem Gasthaus machten, um Hilfe zu holen. Auf dem Weg zum Gasthaus kamen die beiden Täter dann an dem Tatort vorbei und sahen, dass sich bereits Dritte um das Opfer kümmerten. Aus diesem Grund verzichteten die Täter auf die Benachrichtigung eines Arztes und halfen den am Tatort anwesenden Dritten. Der BGH lehnte hier das „ernsthafte Bemühen" ab, da die Täter ihren Willen Hilfe zu holen, nicht nach außen erkennbar gemacht hatten. Der innere Entschluss der Täter könne hieran nichts ändern, da ansonsten stets behauptet werden könnte, der Täter hätte sich gerade

725 BGHSt 33, 295, 301; Lilie/Albrecht, in: LK, § 24 Rn. 347; Kühl, AT, § 16 Rn. 85.
726 BGH, NJW 1973, 632 f.

auf den Weg gemacht, um Hilfe zu holen. Auch das Helfen am Tatort könne daran nichts ändern.

Gegen die Begründung dieser Entscheidung wendet sich *Roxin*[727]. Zum einen widerspricht er dem Argument, dass lediglich der innere Wille nicht ausreichend sein könne, da man diesen nicht beweisen könnte, weil damit dann materiellrechtliche und prozessrechtliche Fragen miteinander vermischt würden. Jedoch geht auch *Roxin* davon aus, dass das bloße Entfernen vom Tatort und die spätere Behauptung, dass man (der Täter) ja gerade vom Tatort weggegangen sei, um einen Arzt zu rufen, nicht ausreichen kann. Er ist der Ansicht, dass der Täter hier zumindest glaubhaft machen müsse, dass er tatsächlich einen Dritten zur Rettung herbeiholen wollte. Denn, so *Roxin* weiter, es liege in der Natur der Sache, dass das Vorliegen innerer Tatsachen nur an Hand objektiver Indizien bewiesen werden könne. *Roxin* geht daher davon aus, dass die Frage, ob ein ernsthaftes Bemühen vorliege, stets danach beurteilt werden muss, ob der Täter Handlungen ergriffen hat, welche aus seiner Sicht die Chance auf eine Erfolgsverhinderung erhöhen[728].

Roxin ist insoweit zuzustimmen, als dass die starre Formel, Entfernen vom Tatort ist kein „ernsthaftes Bemühen", das Rufen des qualifizierten Dritten hingegen schon, nicht überzeugen kann. Vielmehr muss stets an Hand aller Kriterien im Einzelfall geprüft werden, ob ein Entfernen vom Tatort nötig war, um Hilfe zu holen (dann stellt unter Umständen bereits das Weggehen ein „ernsthaftes Bemühen" dar), oder ob nicht vom Tatort selbst am schnellsten Hilfe zu holen gewesen wäre (im Zeitalter des Handys wird dies wohl oft der Fall sein). In diesem konkreten Fall kann die Tatsache, dass die beiden Täter am Tatort halfen, durchaus für einen Rettungswillen sprechen und damit für die Behauptung, dass sie Hilfe holen wollten. Denn wenn die Täter hier keine Hilfe hätten holen wollen, hätten sie auch nicht am Tatort den Dritten helfen müssen, sondern einfach weiter gehen können.

Der 4. Strafsenat[729] verneint einen strafbefreienden Rücktritt vom Versuch, wenn der Täter seine Ehefrau mit mehreren Stichen in den Oberkörper schwer verletzt hat und nach dieser Tat die Wohnung verlässt und die Tür hinter sich zuzieht. Im Treppenhaus begegnete der Täter dann zwei späteren Zeugen, welche zu der Wohnung des Opfers eilten, da sie die Hilfeschreie gehört hatten. Diesen Zeugen gegenüber äußerte sich der Täter nicht zu dem Geschehen, sondern ging einfach an ihnen vorbei. Der Täter lief daraufhin zu einer Polizeiwache und erklärte, er habe seine Frau niedergestochen, ohne hierbei jedoch Angaben zu dem

727 Roxin, AT II, § 30 Rn. 270.
728 Roxin, AT II, § 30 Rn. 272.
729 BGH, NStZ 2008, 508 f.

Namen des Opfers, zu der Lage des Tatorts und zu der Tatsache zu machen, dass er die Wohnungstüre zugezogen hatte. Nach Ansicht des erkennenden Senats schied daher ein strafbefreiender Rücktritt aus, da der Täter nicht alle aus seiner Sicht notwendigen Rettungsmaßnahmen eingeleitet habe. Dass das Opfer überlebte, war einzig und allein dem Einschreiten der beiden Zeugen zu verdanken. Auch hier wird deutlich, dass der BGH hohe Anforderungen an das Rücktrittsverhalten stellt und etwa erwartet, dass der Täter Angaben zu dem Tatort und den übrigen Begebenheiten macht. Diese Anforderungen sind auch durchaus berechtigt. Insbesondere kann nicht von einem Rücktrittsverhalten des Täters ausgegangen werden, wenn der Täter lediglich angibt, dass ein Verbrechen geschehen sei, ohne hierzu weitere Angaben zu machen. Auch muss der Täter durchaus Angaben über die Art der Verletzung machen, damit sofort die richtigen Hilfsmaßnahmen eingeleitet werden können. Ansonsten liegen die Voraussetzungen, welche an das „ernsthafte Bemühen" gestellt werden, nicht vor.

d) Entscheidung des 5. Strafsenats des BGH

Auch der 5. Strafsenat[730] verneint auf Grund dieser Kriterien einen strafbefreienden Rücktritt in folgendem Fall: Der Täter wollte mit der Ehefrau des Opfers ein neues Leben beginnen und sie aus diesem Grund aus ihrer Wohnung „entführen" (hierin hatte die Ehefrau des Opfers eingewilligt). In der Wohnung kam es dann jedoch zu einem Streit zwischen dem Opfer, dem Täter und einem Freund des Täters. Das Opfer schoss dabei auf den Freund des Täters. Daraufhin schoss der Täter insgesamt viermal durch die geschlossene Türe des Schlafzimmers, in welchem sich das Opfer aufhielt. Er ging davon aus, dass er das Opfer getroffen hatte. In Wirklichkeit war dies jedoch nicht der Fall. Danach ging er mit der Ehefrau des Opfers in ein Café und bat Bekannte, die Polizei und die Feuerwehr zu rufen. Der 5. Strafsenat ging in dieser Entscheidung davon aus, dass der Täter nicht alles Erforderliche getan habe, um das Opfer zu retten. Die bloße Aufforderung an Dritte, Hilfe zu holen, genüge nicht. Vielmehr müsse sich der Täter davon überzeugen, dass der Dritte die geforderte Hilfe auch tatsächlich herbeiruft.

Ohne hier näher darauf einzugehen, widerspricht der 5. Strafsenat damit inhaltlich dem 3. Strafsenat[731], welcher es ausreichen lässt, dass der Täter seiner Ehefrau lediglich zurief, dass sie den Notarzt holen sollte. Eine mögliche Erklärung für die unterschiedlichen Ansichten könnte sein, dass es sich in der Entscheidung des 3. Senats um nahe Familienangehörige handelte, welche um Hilfe

730 BGH, StV 1999, 596.
731 BGH, NStZ 2008, 329 f.

gebeten wurden und auch die Aufforderung unmittelbar nach der Tat erfolgte. Im Fall des 5. Strafsenats lag zwischen der Aufforderung an die Dritten und der Tat sowohl in zeitlicher wie auch in räumlicher Hinsicht eine Trennung. Auch wurden lediglich zwei Bekannte aufgefordert, die Feuerwehr und die Polizei zu benachrichtigen, ohne über die näheren Begleitumstände Auskunft zu geben. In der Entscheidung des 3. Strafsenats gab der Täter noch als Begründung an, dass sich die Tochter von dem Balkon gestürzt habe, so dass die Ehefrau des Täters auch den Grund für die Benachrichtigung des Notarztes kannte. Der 5. Strafsenat geht jedoch in dieser Entscheidung, wie auch die herrschende Meinung in der Rechtsprechung und der Literatur[732], davon aus, dass sich der Täter bei der Einschaltung eines für die Rettung ungeschulten Dritten davon überzeugen muss, ob auch tatsächlich die erforderlichen Hilfsmaßnahmen ergriffen werden.

3. Zwischenergebnis

Als Zwischenergebnis kann festgehalten werden, dass die Rechtsprechung an das Rücktrittsverhalten des Täters bei § 24 Abs. 1 S. 2 StGB sehr hohe Anforderungen stellt und von dem Täter ein optimales Rücktrittsverhalten fordert. Der Täter muss stets die aus seiner Sicht beste und aussichtsreichste Maßnahme ergreifen.

4. Rein subjektive Betrachtung als ausreichendes Kriterium?

Anhand der Urteile und auch der oben dargestellten Definition der Rechtsprechung und der Literatur zur Frage, wann ein „ernsthaften Bemühen" vorliegt, wird deutlich, dass hier auf die rein subjektive Sicht des Täters abgestellt wird. Fraglich und umstritten ist jedoch, ob diese völlige Subjektivierung tatsächlich ausreicht, um hier die Frage nach dem Vorliegen des „ernsthaften Bemühens" zu beantworten, oder ob nicht auch hier objektive Gesichtspunkte mit in die Betrachtung einfließen müssen. Wie oben gezeigt, geht die überwiegende Ansicht in Rechtsprechung und Literatur davon aus, dass bei der Frage, ob sich der Täter ernsthaft um das Ausbleiben des tatbestandlichen Erfolges bemüht hat, nur darauf abzustellen ist, ob der Täter die aus seiner Sicht beste und sicherste Rücktrittsmöglichkeit gewählt habe. Ob er nach objektiven Maßstäben mehr oder

732 BGHSt 33, 295 ff.; BGH, NStZ 2008, 508 f.; Fischer, § 24 Rn 36; Roxin, AT II, § 30 Rn. 275 f.; Wessels/Beulke, AT, Rn. 647; Heinrich, AT I, Rn. 800; Kühl, AT, § 16 Rn. 36; Eser, in: Schönke/Schröder, § 24 Rn. 71.

bessere Verhinderungsmöglichkeiten gehabt hätte, sei dagegen unerheblich[733]. Jedoch dürfe sich der Täter nicht mit „törichten“ oder „völlig nutzlosen“ Rettungsmaßnahmen begnügen. Gerade wenn ein Menschenleben auf dem Spiel stehe, seien selbst an die subjektiven Voraussetzungen hohe Anforderungen zu stellen[734]. Trotz dieser Einschränkung wird aber in der Rechtsprechung und in der Literatur überwiegend darauf hingewiesen, dass die Frage, ob ein ernsthaftes Bemühen vorliege, einzig nach einem subjektiven Maßstab beantwortet werden dürfe[735].

Für eine rein subjektive Betrachtungsweise lässt sich ganz allgemein anführen, dass die Situation bei einem tauglichen Versuch eben eine andere ist, als bei einem Versuch, welcher auch ohne Zutun des Täters nicht zur Vollendung gelangt. Bei einem tauglichen Versuch muss sich der Täter real um die Erfolgsabwendung bemühen, da ansonsten der tatbestandliche Erfolg eintritt[736]. Wenn dagegen objektiv keine Gefahr des Erfolgseintritts gegeben ist, genügt es, wenn sich der Täter subjektiv nach besten Kräften bemüht, die Tatvollendung zu verhindern. In diesem Fall hat er in ausreichender Weise gezeigt, dass er auf den Weg in die Legalität zurückkehren will. Ein Strafbedürfnis besteht dann nicht mehr[737]. Auch spricht für die rein subjektive Betrachtung, dass diese die Kehrseite der Strafbarkeit des untauglichen Versuchs darstellt. Denn auch bei der Frage der Strafbarkeit des untauglichen Versuchs reicht es aus, wenn der Täter subjektiv davon ausgeht, dass sein Handeln zum Erfolg führen wird ob es tatsächlich der Fall ist, ist dagegen unerheblich[738]. Wenn diese subjektive Betrachtungsweise jedoch für die Begründung der Strafbarkeit bei dem untauglichen Versuch ausreicht, kann nichts anderes bei der Frage des strafbefreienden Rücktritts gelten

a) Grenzen der Subjektivierung

Auch wenn grundsätzlich von einer rein subjektiven Betrachtungsweise bezüglich der Frage, wann ein ernsthaftes Bemühen vorliegt, auszugehen ist, ist es doch fraglich, ob es nicht auch hier Grenzen gibt, welche nicht überschritten werden dürfen, so dass die Frage, ob tatsächlich ein „ernsthaftes Bemühen“ des Täters vorlag, in sehr eingeschränkten Einzelfällen eben doch auch unter einem objektiven Blickwinkel betrachtet werden muss.

---

733 BGHSt 33, 295, 301 f.; BGH, NStZ 2008, 508 f.; Roxin, AT II, § 30 Rn. 276 f.; Wessels/Beulke, AT, Rn. 674.

734 Wessels/Beulke, AT, Rn. 674; Roxin, AT II, § 30 Rn. 283.

735 BGH, StV 1999, 596; Wessels/Beulke, AT, Rn. 674; Roxin, AT II; § 30 Rn. 283.

736 Roxin, AT II, § 30 Rn. 281.

737 Roxin, AT II, § 30 Rn. 281.

738 BGHSt 2, 74, 76; 41, 94, Fischer, § 22 Rn. 40; Maiwald, in: FS Wolff, S. 342.

aa) Abergläubische Rücktrittshandlung

So kann zum einen die Frage, ob sich der Täter ernsthaft um die Erfolgsverhinderung bemüht habe, nicht nach rein subjektiven Kriterien beantwortet werden, wenn der Täter eine abergläubische Rücktrittshandlung an den Tag gelegt hat. Denn wenn sich der Täter abergläubischen Rücktrittshandlungen (z.B. Beschwörungsformeln zur Rettung des Opfers) bedient, so könne er sich nicht darauf berufen, dass er seine Handlung für geeignet hielt, den tatbestandlichen Erfolg zu verhindern[739]. Vielmehr habe der Täter sich in diesen Fällen – in den Augen der Rechtsordnung – nicht ernsthaft bemüht, den tatbestandlichen Erfolg zu verhindern. Dies ergebe sich zum einen schon daraus, dass auch der abergläubische Versuch straflos ist, da er keine hinreichende Störung des Rechtsfriedens bedeutet[740]. Wenn aber der abergläubische Versuch straflos und damit rechtlich unerheblich ist, kann es nicht sein, dass ein abergläubisches Rücktrittsverhalten zur Straffreiheit führen kann. Vielmehr stellt auch dieses Handeln eine rechtlich unerhebliche Tat dar. Ferner zielt das „Bemühen“ auf ein „Verhindern“ ab. Da das Merkmal des „Verhinderns“ aber nur durch ein Ausbleiben des Erfolges bewirkt werden kann, sind Magie oder andere abergläubische Rücktrittsbemühungen nicht geeignet, eine Verhinderung herbeizuführen. Somit kann aber auch kein Bemühen bejaht werden, wenn lediglich abergläubische Rücktrittshandlungen an den Tag gelegt werden[741]. Darüber hinaus geht das deutsche Strafrecht von einem rationalen Weltbild aus, was sich nicht zuletzt darin zeigt, dass der Zusammenhang zwischen menschlichem Handeln und dem strafbaren Erfolgseintritt beziehungsweise dem Ausbleiben des Erfolgs und somit der Straflosigkeit des Täters, im Strafprozess bewiesen werden muss. Daraus ergibt sich aber auch, dass abergläubische Rücktrittshandlungen nicht zur Straflosigkeit des Täters führen können. Es kann im Prozess nicht bewiesen werden, dass durch Murmeln von Beschwörungsformeln der tatbestandliche Erfolg ausgeblieben ist. Ein entsprechender Beweisantrag müsste zurückgewiesen werden, da das Beweismittel gemäß § 244 Abs. 3 StPO völlig ungeeignet wäre[742].

---

739 Roxin, AT II, § 30 Rn. 283; Herzberg, JURA 1990, 19; ders., in: MK, § 24 Rn. 173; so auch in der 2. Auflage Herzberg/Hoffmann-Holland in: MK, § 24 Rn. 148; Jakobs, AT, 26. Abschn. Rn. 22; Rudolphi, in: SK, § 24 Rn. 30; Maiwald, in: FS Wolff, S. 346; Eser, in: Schönke/Schröder, § 24 Rn. 71; Kühl, AT, § 16 Rn. 86.

740 Roxin, AT II, § 30 Rn. 283; Fischer, § 22 Rn. 48, Maiwald, in: FS Wolff, S. 34 ff.; Jakobs, AT, 26 Abschn. Rn. 22; Herzberg, JURA 1990,16, 19.

741 Herzberg, in: MK, § 24 Rn. 173; so auch in der 2. Auflage Herzberg/Hoffmann-Holland in: MK, § 24 Rn. 148.

742 BGH, NJW 1979, 120 f.; Maiwald, in: FS Wolff, S. 346; Meyer/Goßner, § 244 Rn. 58 f.

Zusammenfassend lässt sich somit festhalten, dass eine abergläubische Rücktrittshandlung trotz der subjektiven Betrachtungsweise nicht als „ernsthaftes Bemühen" angesehen werden kann und daher keine ausreichende Rücktrittshandlung darstellt. Dies wird auch allgemein so anerkannt[743].

bb) Grob unverständiges Bemühen

Fraglicher und umstritten ist dagegen das Vorliegen des „ernsthaften Bemühens", wenn sich der Täter zwar keiner abergläubischen Rücktrittshandlung bedient, aber eine Handlung an den Tag legt, welche grob unverständig ist. „Grob unverständig" sind (Rücktritts-) Handlungen, welche „kein besonnener Mensch ernst nimmt"[744]. So zum Beispiel, wenn der Täter dem Opfer ein vergiftetes Getränk reicht, welches das Opfer jedoch ohne Wissen des Täters gar nicht trinkt. Überkommt den Täter nun Reue und er reicht dem Opfer eine Tasse Kamillentee, um die Wirkung des Giftes aufzuheben[745], ist durchaus fraglich, ob diese Handlung als ausreichende Rücktrittshandlung im Sinne eines „ernsthaften Bemühens" angesehen werden kann.

Für die Ansicht, welche auch bei einem grob unverständigen Rücktrittsverhalten ein „ernsthaftes Bemühen" bejahen will, wird angeführt, dass ansonsten die Stellung des § 24 StGB als persönlicher Strafaufhebungsgrund nicht ausreichend berücksichtigt werde[746]. Ferner ergebe sich aus §§ 22, 23 StGB, dass auch die Taten bestraft werden, welche objektiv betrachtet gar nicht zur Vollendung kommen könnten und daher objektiv gesehen nicht gefährlich sind. Wenn aber diese objektiv ungefährlichen Taten zur Bestrafung des Täters führen könnten, müsse auch eine objektiv ungeeignete Rücktrittshandlung zur Straffreiheit führen können[747].

Zur Beantwortung der Frage, ob der Täter auch bei grob unverständigen Rückrittshandlung Straffreiheit erlangen kann, muss zunächst geprüft werden, was der Gesetzgeber eigentlich bei § 24 Abs. 1 S. 2 StGB honorieren möchte. Wenn man davon ausgeht, dass der Täter durch einen *actus contrarius* den durch

---

743 Roxin, AT II, § 30 Rn. 283; Herzberg, JURA 1990, 19; ders., in: MK, § 24 Rn. 173; so auch in der 2. Auflage Herzberg/Hoffmann-Holland in: MK, § 24 Rn. 148; Jakobs, AT, 26. Abschn. Rn. 22; Rudolphi, in: SK, § 24 Rn. 30; Maiwald, in: FS Wolff, S. 346; Eser, in: Schönke/Schröder, § 24 Rn. 71; Kühl, AT, § 16 Rn. 86.

744 Roxin, AT II, § 29 Rn. 364; so auch BGHSt 41, 94, 95; Eser, in: Schönke/Schröder, § 23 Rn. 17.

745 Maiwald, in: FS Wolff, S. 342.

746 Lilie/Albrecht, in: LK, § 24 Rn. 352.

747 Lilie/Albrecht, in: LK § 24 Rn. 352; ähnl. auch Kühl, AT, § 16 Rn. 87; Zaczyk, in: NK, § 24 Rn. 87.

sein Versuchsverhalten hervorgerufenen rechtserschütternden Eindruck objektiv beseitigen soll, muss der Täter auch objektiv geeignete Maßnahmen an den Tag legen, damit er in den Genuss der Straffreiheit kommt. Geht man dagegen davon aus, dass der Täter durch seine Rücktrittshandlungen lediglich zeigen soll, dass er von den strafbaren Handlungen Abstand nimmt und auf den Weg der Legalität zurückgekehrt ist, kann auch eine grob unverständige Rücktrittshandlung ausreichen, um dem Täter die Straffreiheit zu gewähren. Die Frage, welcher Zweck tatsächlich mit § 24 StGB verfolgt wird, ist in der Literatur umstritten[748].

Einige Autoren gehen davon aus, dass es auf die rein subjektive Sicht des Täters ankommt, um die Frage nach dem ernsthaften Bemühen zu beantworten[749]. Es komme einzig auf den guten Willen des Täters an, weil das Gesetz honoriere, dass der Täter das durch seine Versuchshandlung geschaffene Unrecht wieder beseitigen wolle. Der Rücktritt dürfe nicht von „subjektiv sorgfältigen Überlegungen des Zurücktretenden" abhängen[750].

Etliche Autoren in der Literatur sind jedoch der Ansicht, dass bei einer grob unverständigen Rücktrittshandlung auch objektive Maßstäbe zu der Frage, ob der Täter sich tatsächlich ernsthaft um das Ausbleiben des tatbestandlichen Erfolges bemüht hat, herangezogen werden müssen[751]. Begründet wird dies damit, dass nur das Bemühen als ernsthaft bezeichnet werden könne, welches objektiv den rechtserschütternden Eindruck wieder beseitigen könne. Dies sei jedoch bei Handlungen, welche jeder Dritte als völlig ungeeignet erkenne, nicht der Fall[752]. Es sei vielmehr erforderlich, dass der Täter Handlungen ergreife, welche im Falle des tauglichen Versuchs auch tatsächlich dazu geeignet wären, den Erfolg zu verhindern.

cc) Stellungnahme

Auf den ersten Blick scheinen die besseren Argumente dafür zu sprechen, dass auch ein grob unverständiges Rücktrittsverhalten für einen strafbefreienden Rücktritt ausreichend sein kann. So kann das oben angeführte Argument, dass das Rücktrittsverhalten bei einem tauglichen Versuch zur Verhinderung geführt hätte, nicht voll überzeugen, da in vielen Fällen eines untauglichen Versuchs gar nicht bekannt ist, wie man im Fall der Tauglichkeit die Verhinderung des tatbe-

---

748 Vgl. 1. Kapitel, B. IV.

749 Baumann/Weber/Mitsch, AT, § 27 Rn. 34; Zaczyk, in: NK, § 24 Rn. 87; Scheinfeld, NStZ 2006, 375, 377.

750 Scheinfeld, NStZ 2006, 375, 377; Baumann/Weber/Mitsch, AT, § 27 Rn. 37.

751 Jakobs, AT, 26. Abschn. Rn. 22; Roxin, AT II, § 30 Rn. 283; Rudolphi, in: SK, § 24 Rn. 30; Herzberg, in: MK, § 24 Rn. 178.

752 Jakobs, AT, Abschn. 26.

standlichen Erfolges herbeiführen kann[753]. Dies spricht dafür, dass sich der Gesetzgeber im Fall des § 24 Abs. 1 S. 2 StGB dafür entschlossen hat, lediglich den Willen des Täters zu honorieren, und nicht darauf abstellt, ob das Rücktrittsverhalten auch tatsächlich für eine Verhinderung ausgereicht hätte. Auch die Tatsache, dass sich nach der oben genannten Definition[754] die Frage des Vorliegens eines ernsthaften Bemühens nach subjektiven Gesichtspunkten bestimmt[755], scheint dafür zu sprechen, dass auch ein grob unverständiges Rücktrittsbemühen für einen strafbefreienden Rücktritt ausreicht.

Jedoch darf bei diesen Argumenten nicht aus den Augen verloren werden, dass der Versuch und der Rücktritt stets eine Einheit aus objektiven und subjektiven Komponenten darstellen. Auch wenn die Frage nach dem Vorliegen eines ernsthaften Bemühens grundsätzlich nach subjektiven Kriterien beurteilt werden muss, kann der völlige Verzicht auf objektive Anhaltspunkte nicht zu überzeugenden Ergebnissen führen. Auch wenn man einen der Strafgründe des Versuchs in diese Überlegung einbezieht, wird deutlich, dass ein grob unverständiges Rücktrittsverhalten nicht ausreichen kann, um den Täter in den Genuss der Straffreiheit kommen zu lassen. Die Allgemeinheit soll durch die Strafbarkeit des Täters das Vertrauen in die Rechtspflege nicht verlieren[756]. Es wird durch die Bestrafung des Täters gezeigt, dass die Strafrechtspflege voll funktionstüchtig ist. Wenn der Täter nun aber eine Handlung an den Tag legt, welche ein strafbares Verhalten darstellt, müssen auch an die Rücktrittshandlungen derart hohe Anforderungen gestellt werden, dass die Allgemeinheit erkennt, dass der Täter auf den rechten Weg zurückgekehrt ist und eine Strafe nicht mehr erforderlich ist. Dies ist aber nicht der Fall, wenn der Täter versucht, eine scheinbare Vergiftung mit Kamillentee zu verhindern. In diesem Fall hat er nicht in ausreichendem Maße gezeigt, dass er seine strafbare Handlung wieder umkehren möchte. Anders ausgedrückt: Wenn ein Täter „schlau“ genug ist, eine objektiv strafbare Handlung zu begehen, kann man auch von ihm verlangen, dass er „schlau“ genug ist, eine ausreichende Rücktrittshandlung an den Tag zu legen. Ferner würde im Fall der rein subjektiven Betrachtungsweise der Täter immer „pro forma“ irgendeine Handlung an den Tag legen können (z. B. Stichwunde mit einem einfachen Pflaster zukleben) und behaupten, er ist davon ausgegangen, dass diese Handlung ausreichend sei. Auch spricht für diese Ansicht, dass grundsätzlich nach dem Vorstellungsbild des Täters entschieden wird, ob ein unbeendeter oder

753 Maiwald, in: FS Wolff, S. 345.

754 Vgl. 2. Kapitel C. I. 1.

755 BGHSt 33, 295, 301; Entscheidung des 4. Strafsenats vom 13.3.2008, BGH, NStZ 2008, 508 f.; Fischer, § 24 Rn. 36; Roxin, AT II, § 30 Rn. 275 f.; Wessel/Beulke, AT, Rn. 647; Heinrich, AT I, Rn. 800.

756 Vgl. ausführl. 1. Kapitel B IV.4.

ein beendeter Versuch vorliegt[757]. Etwas anderes gilt jedoch bei besonders schweren Gewalttaten. Hier kann sich der Täter nicht darauf berufen, dass er davon ausging, dass er noch nicht alles erforderliche für die Tatbestandsverwirklichung getan habe[758]. Aus diesen Überlegungen ergibt sich somit, dass sich der Täter dann aber auch im Fall des Rücktritts nicht darauf berufen kann, dass er davon ausging, dass Kamillentee ein wirksames Gegengift sei. Auch wird bei aller Subjektivierung auf einen objektiven Dritten abgestellt, so dass nicht jedes Verhalten des Täters zu einem Rücktritt führen kann.

b) Zusammenfassung

Als Ergebnis ist somit festzuhalten, dass bei der Frage, wann ein ernsthaftes Bemühen vorliegt, grundsätzlich auf die subjektiven Vorstellungen des Täters abzustellen ist. Diese Betrachtungsweise stößt jedoch bei abergläubischen und grob unverständigen Rücktrittshandlungen an ihre Grenzen, so dass hier auch objektive Momente derart mit einfließen, dass dann auf die Vorstellung eines objektiven Dritten abgestellt wird.

5. „Ernsthaftes Bemühen" durch Unterlassen

Das Wort „Bemühen" lässt aus dem reinen Wortsinn darauf schließen, dass sich der Täter aktiv um die Verhinderung der Vollendung bemühen muss, das heißt, wirkliche Gegenmaßnahmen ergreifen muss, um in den Genuss des strafbefreienden Rücktritts zu kommen. Daher wird in der Literatur davon ausgegangen, dass der Täter auch tatsächlich aktive Handlungen unternehmen muss, um strafbefreiend vom Versuch zurücktreten zu können[759]. Dagegen wird jedoch angeführt, dass unter gewissen Umständen gerade das Unterlassen die beste Form der Verhinderungsmöglichkeit darstellen könnte und aus diesem Grund auch das Unterlassen von § 24 Abs. 1 S. 2 StGB erfasst sein müsse[760]. Diese Überlegung wird darauf gestützt, dass es auch einen Versuch des Unterlassungsdelikts gibt[761]. Da bei einem tauglichen Versuch der Täter dann strafbefreiend vom Versuch zurückgetreten ist, wenn ihm – nach der hier vertretenen Ansicht – die Erfolgsverhinderung objektiv zurechenbar ist[762], kann einem Täter die Erfolgsverhinde-

757 Vgl. ausführl. 1. Kapitel C.
758 Vgl. ausführl. 1. Kapitel C. III. 1 b) aa)
759 Lilie/Albrecht, in: LK, § 24 Rn. 328, 335.
760 Maiwald, in: FS Wolff, S. 352 f.; Kühl, AT, § 16 Rn. 86; Roxin, AT II, § 30 Rn. 273.
761 Maiwald, in: FS Wolff, S. 352 f.
762 Vgl. 2. Kapitel B. V. 5.

rung aber auch dann objektiv als sein Werk zugerechnet werden, wenn er zwar keine aktiven Handlungen ergreift, sondern lediglich das Verhindern des tatbestandlichen Erfolges nicht unterbricht[763].

Im Ergebnis ist die Ansicht, welche auch ein bloßes Unterlassen als „ernsthaftes Bemühen" ausreichen lassen will, aber abzulehnen. Zunächst einmal spricht der eindeutige Wortlaut des § 24 Abs. 1 S. 2 StGB, der eben ein „Bemühen" verlangt, gegen die Ansicht, welche auch das bloße Unterlassen als ausreichend ansieht. Ein Bemühen setzt begrifflich voraus, dass der Täter aktive Handlungen an den Tag legt und nicht lediglich passiv keine Gegenmaßnahmen zur Verhinderung ergreift. Denn in dem Fall, in welchem der Täter lediglich nicht in einen laufenden Rettungsprozess eingreift, entwickelt er keine eigene, auf Erfolg gerichtete Verhinderungshandlung. Sein Verhalten stellt vielmehr ein „sich Fügen" dar und eben nicht eine eigene Handlung[764]. Ferner spricht für die Ansicht auch, dass der Täter eine aktive Handlung ergriffen haben muss, auch das Problem der Beweisbarkeit. Der Täter könnte sonst immer behaupten, er habe beobachtet, wie die Tat verhindert wird, und habe bewusst nicht eingegriffen, da er die Tat ebenfalls verhindern wollte.

II. Zusammenfassung

Wie sich aus den dargestellten Urteilen des BGH und auch aus den in der Literatur vertretenen Ansichten ergibt, herrscht insoweit zwischen der Rechtsprechung des BGH und der herrschenden Lehre Einigkeit, dass bei der Frage, wann sich ein Täter ernsthaft um die Erfolgsverhinderung bemüht hat, grundsätzlich nach subjektiven Maßstäben zu beurteilen ist, welches Verhalten der Täter an den Tag legen muss. An seine Grenzen stößt die rein subjektive Betrachtungsweise jedoch dann, wenn der Täter zu abergläubischen oder völlig ungeeigneten Rücktrittshandlungen greift. Bei diesen Rücktrittshandlungen kann ein ernsthaftes Bemühen und damit ein strafbefreiender Rücktritt nicht angenommen werden; vielmehr sind hier auch objektive Gesichtspunkte mit einzubeziehen.

Die Rechtsprechung und der überwiegende Teil der Literatur sind sich ferner einig, dass der Täter die bestmöglichste Rücktrittsvariante wählen muss, damit ein „ernsthaftes Bemühen" bejaht werden kann. Dieser Ansicht ist auf jeden Fall zuzustimmen, da der Gesetzgeber auf Grund der Formulierung in § 24 Abs. 1 S. 2 StGB zum Ausdruck gebracht hat, dass der Täter im Vergleich zu § 24 Abs. 1 S. 1, 2. Alt. StGB ein „Mehr" an Rücktrittsleistung an den Tag legen

763 Maiwald, in: FS Wolff, S. 350.

764 Zaczyk, in: NK, § 24 Rn. 86; Lilie/Albrecht, in: LK, § 24 Rn. 335.

muss. Da bereits bei § 24 Abs. 1 S. 1, 2. Alt. StGB nach der hier vertretenen Auffassung die Erfolgsverhinderung dem Täter objektiv zurechenbar sein muss[765], muss der Täter bei § 24 Abs. 1 S. 2 StGB ein optimales Rücktrittsverhalten an den Tag legen. Die Frage, was als optimales Rücktrittsverhalten zu bewerten ist, beurteilt sich wiederum grundsätzlich nach der subjektiven Sicht des Täters. Der Täter muss in der konkreten Situation alles tun, was er für erforderlich hält, damit der tatbestandliche Erfolg nicht eintritt. Auch muss der Täter diese optimale Rücktrittshandlung sofort ergreifen und kann sich nicht darauf berufen, dass er im Anschluss an eine misslungene, suboptimale Rücktrittsmöglichkeit die optimale Rücktrittshandlung ergriffen hätte. Diese Möglichkeit ist aus dem Grundgedanken, welche hinter § 24 Abs. 1 S. 2 StGB steht, ausgeschlossen. Weil die Tat hier nie durch das Verhalten des Täters verhindert wird, kann er sich auch nicht darauf berufen, dass er noch eine andere Rücktrittsmöglichkeit ergriffen hätte, da nie mit Sicherheit gesagt werden kann, ob der Täter dies auch tatsächlich getan hätte. Es besteht eben, anders als bei § 24 Abs. 1 S. 1, 2. Alt. StGB, keine objektive Möglichkeit, den Erfolg des Verhinderungsverhaltens des Täters zu beurteilen. Insbesondere dann, wenn ein Menschenleben auf dem Spiel steht, sind auch an die subjektive Sicht des Täters strenge Anforderungen zu stellen[766]. In diesem Fall kann sich der Täter nicht damit begnügen, dem Opfer zum Beispiel ein Telefon zu reichen, um dann anzugeben, dass er davon ausging, dass dies die beste Rettungsmöglichkeit für das Opfer sei.

Bezüglich des auch bei § 24 Abs. 1 S. 2 StGB notwendigen Rettungswillens, gilt das oben gesagte[767].

D. Unterschiedliche Anforderungen an das Rücktrittsverhalten des Täters bei § 24 Abs. 1 S. 1, 2. Alt. und § 24 Abs. 1 S. 2 StGB

Wenn man nun die Anforderungen, welche an das Rücktrittsverhalten des Täters bei § 24 Abs. 1 S. 1, 2. Alt. StGB und bei § 24 Abs. 1 S. 2 StGB gestellt werden, betrachtet, fällt auf, dass an das jeweilige Rücktrittsverhalten des Täters völlig

765 Vgl. oben 2. Kapitel B. V. 5.

766 Hier zeigt sich auch eine Parallele zu der Frage, wann ein Versuch beendet ist. Auch hier wird zwar grundsätzlich auf die Sicht des Täters abgestellt. In Fällen besonderer Gewalteinwirkung kann sich der Täter jedoch nicht darauf berufen, dass er davon ausging, seine Handlungen hätten noch nicht ausgereicht, um den tatbestandlichen Erfolg herbeizuführen (vgl.1. Kapitel C. III. 1 b) aa).

767 2. Kapitel, B. VI.

unterschiedliche Anforderungen gestellt werden. So muss der Täter bei dem Rücktritt vom beendeten Versuch – nach der hier vertretenen Ansicht – eine Handlung an den Tag legen, welche es ermöglicht, dass das Ausbleiben des tatbestandlichen Erfolges ihm zumindest objektiv zurechenbar ist. Die Rechtsprechung verlangt sogar nur ein lediglich kausales Verhalten und lässt damit geringste Anforderungen an das Rücktrittsverhalten des Täters genügen. Bei einem Rücktritt gemäß § 24 Abs. 1 S. 2 StGB muss der Täter dagegen Bestleistung erbringen, damit die Rechtsprechung und die herrschende Lehre in der Literatur ein ernsthaftes Bemühen bejahen und dem Täter daher einen strafbefreienden Rücktritt vom Versuch zubilligen. Dies unterschiedlichen Anforderungen an das Rücktrittsverhalten des Täters erscheinen auf den ersten Blick unbillig.

Außer dem unterschiedlichen Wortlaut der § 24 Abs. 1 S. 1, 2. Alt. StGB und § 24 Abs. 1 S. 2 StGB scheint es für diese Ungleichbehandlung des Täters prima facie keine Rechtfertigung zu geben. Und auch der Wortlaut kann nur bedingt für die unterschiedlichen Anforderungen herangezogen werden, da, wie oben[768] aufgezeigt, der reine Wortlaut des § 24 Abs. 1 S. 1, 2. Alt. StGB zunächst nur von der reinen Kausalität zwischen der Handlung des Täters und dem Ausbleiben des tatbestandlichen Erfolges ausgeht. Bei genauerer Betrachtung fällt dann aber auf, dass auch über den Wortlaut hinaus noch weitere Anforderungen an das Rücktrittsverhalten des Täters gestellt werden. Aus diesen Überlegungen ergibt sich daher, dass das reine Wortlautargument bei § 24 Abs. 1 S. 1, 2. Alt. StGB nur in eingeschränkten Maße dazu geeignet ist, die unterschiedlichen Anforderungen an das Rücktrittsverhalten des Täters zu rechtfertigen, da bei § 24 Abs. 1 S. 1, 2. Alt. StGB das Wort „verhindern“ einen Tätigkeitsbegriff darstellt. Anders verhält es sich jedoch bei § 24 Abs. 1 S. 2 StGB, weil es sich bei dem „ernsthaften Bemühen“ gerade nicht um einen Tätigkeitsbegriff handelt, sondern lediglich die Voraussetzungen der Rücktrittshandlungen näher beschrieben werden. Der Wortlaut des § 24 Abs. 1 S. 2 StGB verlangt daher von dem Täter eine optimale Rücktrittshandlung, während § 24 Abs. 1 S. 1, 2. Alt. StGB die objektive Zurechnung zwischen Rücktrittshandlung und Verhinderungserfolg ausreichen lässt.

Daher sprechen sich insbesondere die Vertreter der Bestleistungstheorie[769] für eine Harmonisierung der Rücktrittsvoraussetzungen des § 24 Abs. 1 S. 1, 2. Alt. und des § 24 Abs. 1 S. 2 StGB aus[770]. Es fällt jedoch auf, dass hier stets nur auf die Gemeinsamkeiten von § 24 Abs. 1 S. 1, 2. Alt. StGB und § 24 Abs. 1 S. 2

768 Vgl. 2. Kapitel B. IV. 1. a).; V. 1.

769 Vgl. 2. Kapitel B. II. 1. b).

770 Insbesondere Herzberg, NJW 1991, 1633, 1641.

StGB abgestellt wird[771]. Bei genauerer Betrachtung der Voraussetzungen des beendeten Versuchs und des untauglichen Versuchs fällt aber auf, dass bei § 24 Abs. 1 S. 1, 2. Alt. StGB und bei § 24 Abs. 1 S. 2 StGB die Gemeinsamkeiten doch nicht so groß sind, dass eine Harmonisierung sinnvoll erscheint. Vielmehr handelt es sich um zwei verschiedene Konstellationen, so dass eine Angleichung eben nicht geboten ist.

Im Folgenden werden nun die Unterschiede der beiden Rücktrittsvarianten dargestellt, da dieser Punkt in der Literatur[772] bis heute kaum Berücksichtigung gefunden hat. Diese Betrachtung wird aufzeigen, warum eine Harmonisierung der Rücktrittsvoraussetzungen nicht nahe liegt.

I. Die Situation beim Rücktritt gemäß § 24 Abs. 1 S. 1, 2. Alt. StGB

Bei einem „klassischen" beendeten Versuch, hat der Täter ein Verhalten an den Tag gelegt, welches dazu geführt hat, dass die Tat ohne weitere Zwischenschritte vollendet wird und der tatbestandliche Erfolg somit eintritt. Um hier in den Genuss der Straffreiheit zu gelangen, muss der Täter, nach der hier vertretenen Ansicht, ein Rücktrittsverhalten an den Tag legen, welches dazu führt, dass ihm das Ausbleiben des tatbestandlichen Erfolges objektiv zurechenbar ist. Der Täter hat in diesem Fall so viel kriminelle Energie an den Tag gelegt und das Opfer derart gefährdet, dass die Vollendung der Tat objektiv unmittelbar bevorsteht und keine weiteren Zwischenschritte erforderlich sind. Wenn der Täter nun von dieser Tat zurücktreten möchte, kann zunächst an Hand objektiver Gesichtspunkte festgestellt werden, ob die Tat durch ein Verhalten des Täters verhindert wurde, da in diesem Fall eben kein Dritter in die Rettung eingreift, und wenn tatsächlich ein Dritter die Tat verhindert, tut er dies auf Aufforderung des Täters. Wenn also die Tatvollendung durch ein Verhalten des Täters verhindert wird, ist nur noch zu fragen, ob das Verhalten des Täters auch tatsächlich ausreichend war, um einen strafbefreienden Rücktritt anzunehmen.

771 Römer, MDR 1989, 945, 947; Herzberg, NJW 1989, 862, 869 ff.; ders. NJW 1991, 1633, 1637; Heckler, 184; Roxin, JR 1986, 420, 427; ähnl. auch Blei, AT, S. 242; Frister, AT, 24. Kapitel Rn. 41; Lilie/Albrecht, in: LK, § 24 Rn. 340.

772 Im Ansatz Zaczyk, in: NK, § 24 Rn. 83.

II. Die Situation beim Rücktritt gemäß § 24 Abs. 1 S. 2 StGB

Hier sind drei Varianten zu unterscheiden, welche bei genauer Betrachtung drei völlig unterschiedliche Situationen als Ausgangspunkt haben.

1. Der untaugliche Versuch

Beim untauglichen Versuch hat der Täter von Anfang an ein Verhalten an den Tag gelegt, welches nie zu einer Vollendung des unter Strafe gestellten Tatbestandes führen konnte. Der Täter hat in diesem Fall objektiv gesehen überhaupt kein gefährliches Verhalten an den Tag gelegt; vielmehr stellt sich sein Verhalten objektiv gesehen als völlig harmlos dar. Der Täter selbst geht jedoch davon aus, dass sein Verhalten dazu geeignet war, den tatbestandlichen Erfolg herbeizuführen. Wenn der Täter nun versucht, von diesem untauglichen Versuch straffreiend zurückzutreten, besteht jedoch, im Gegensatz zu dem Fall des beendeten Versuchs, keine Möglichkeit, objektiv zu überprüfen, ob die Handlungen des Täters tatsächlich zu der Verhinderung der Vollendung geführt haben, da eine Vollendung ja nie eintreten kann. Es fehlt somit die objektive Möglichkeit, den Erfolg der Handlung des Täters zu überprüfen. Auch kann in vielen Fällen schon überhaupt nicht geprüft werden, ob die Handlung an sich betrachtet eine wirksame Rücktrittshandlung darstellen würde, da es eben für die „Vergiftung mit Kamillentee“ kein wirksames „Gegengift“ gibt.

Im Fall des untauglichen Versuchs geht die Rechtsprechung und auch der überwiegende Teil der Literatur davon aus, dass der Täter Bestleistungen an den Tag legen müsse, damit ein ernsthaftes Bemühen gemäß § 24 Abs. 1 S. 2 StGB bejaht werden kann[773]. Hiergegen wehren sich jedoch etliche Stimmen in der Literatur[774]. Es könne nicht angehen, dass ein Täter, welcher objektiv gesehen überhaupt keine gefährliche Handlung an den Tag gelegt habe, ein „Mehr“ an Rücktrittsleistung an den Tag legen muss, als der Täter, welcher eine derart kriminelle Energie an den Tag legt, dass die Tat ohne weiteres Zutun vollendet wird. Dadurch würde der kriminellere Täter bevorzugt und der Strafverteidiger

773 BGH, StV 1982, 219; Urteil des 1. Senats vom 7.3.1989, Az: 1 StR 6/89 (zit. nach Juris); Urteil des 1. Senats vom 20.8.1991, Az: 1 StR 249/91 (zit. nach Juris); BGH, StV 1997, 244; BGH, NStZ 2008, 329 f.; BGH, NJW 1973, 632 f; BGH, StV 1999, 596; Roxin, AT II, § 30 Rn. 276; Jakobs, AT, 26. Abschn. Rn. 22; Kühl, AT, § 16 Rn. 85; Joecks, § 24 Rn. 33; Baumann/Weber/Mitsch, AT, § 27 Rn. 34; Rudolphi, in: SK, § 24 Rn. 30; Zaczyk, in: NK, § 24 Rn. 88.

774 Roxin, JR 1986, 420, 427; Jakobs, JZ 2003, 743, 744; Herzberg, NJW 1989, 862, 869 ff.; ders., NJW 1991, 1633, 1637; Heckler, 184, 189.

in ein unüberwindbares Dilemma gebracht. Er müsse seinen Mandanten als „gefährlicher" und „krimineller" darstellen, als dieser tatsächlich ist, um in den Genuss des „einfachen" Rücktritts gemäß § 24 Abs. 1 S. 1, 2. Alt StGB zu gelangen[775]. Diese Ungleichbehandlung zwischen objektiv gefährlichen und ungefährlichen Täter sei nicht hinzunehmen. Aus diesem Grund müsse auch der objektiv gefährliche Täter Bestleistungen an den Tag legen, damit er in den Genuss der Straffreiheit gelangen kann. Eine Angleichung der Rücktrittsvorschriften habe daher zu erfolgen.

Interessant ist bei der Betrachtung der Literaturansichten, dass sich diese stets nur mit dem Vergleich zwischen dem untauglichen Versuch und dem beendeten Versuch befassen und völlig außer Acht lassen, dass ein Rücktritt gemäß § 24 Abs. 1 S. 2 StGB auch bei einem objektiv fehlgeschlagenen Versuch und bei einem beendeten Versuch, bei welchem jedoch unbeteiligte Dritte ohne Zutun des Täters die Verhinderung der Vollendung herbeigeführt haben, in Betracht kommt. Ebenfalls fällt auf, dass stets nur davon gesprochen wird, dass der Täter dann eben auch im Fall des beendeten Versuchs und einem Rücktritt gemäß § 24 Abs. 1 S. 1, 2. Alt. StGB Bestleistung erbringen müsse. Nie wird auch nur im Ansatz erwähnt, dass der Täter bei § 24 Abs. 1 S. 2 StGB möglicherweise ein „weniger" an Rücktrittsleistung an den Tag legen muss, um in den Genuss der Straffreiheit zu gelangen. Gerade im Fall des objektiv gesehen völlig ungefährlichen Täters würde sich diese Überlegung auf den ersten Blick durchaus anbieten. Auch bedürfte es hierfür keiner Gesetzesänderung, da ein „Weniger" zu Gunsten des Täters stets angenommen werden kann, da dies keinen Verstoß gegen Art. 103 Abs. 2 GG und § 1 StGB darstellt (Analogie zu Gunsten des Täters).

2. Der fehlgeschlagene Versuch

Im Fall des objektiv fehlgeschlagenen Versuchs[776] hat der Täter genug kriminelle Energie an den Tag gelegt, so dass die Tat an sich zur Vollendung kommen könnte. Es bleibt lediglich bei einem Versuch, weil die vorgenommenen Handlungen im konkreten Fall nicht zur Vollendung des Tatbestandes gelangen können, der Täter aber nach wie vor irrig davon ausgeht, dass er die Tat noch vollenden könnte. An sich sind die von dem Täter durchgeführten Handlungen aber durchaus gefährlich und führen auch grundsätzlich zu einer Gefährdung des geschützten Rechtsguts. Hier liegt der Unterschied zu einem untauglichen Versuch, da hier die Handlungen des Täters von Anfang an ungefährlich sind und

775 Römer, MDR 1989, 945; Herzberg, NJW 1989, 862, 863; Jakobs, JZ 2003, 743, 744; Vgl. ausführl. Einleitung.

776 Vgl. dazu ausführl. 1. Kapitel C. I.

eine Rechtsgutsverletzung nie herbeigeführt werden kann. Wenn der Täter nun versucht, von diesem objektiv fehlgeschlagenen Versuch zurückzutreten, fehlen auch hier objektive Anhaltspunkte dafür, ob die Handlungen des Täters tatsächlich zu einer Verhinderung der Vollendung geführt hätten, da eine Vollendung zu keiner Zeit zu befürchten war[777]. Ein Unterschied zu dem untauglichen Versuch besteht hier jedoch darin, dass die Tauglichkeit der Rücktrittshandlung immerhin abstrakt überprüft werden kann, denn es kann objektiv beurteilt werden, ob der Täter zum Beispiel ein wirksames Gegengift einsetzen wollte, um das Opfer (welches das vergiftetet Getränk jedoch gar nicht getrunken hat) zu retten. Jedoch ändert dies nichts an der Tatsche, dass auch hier nicht eindeutig überprüft werden kann, ob die Handlungen des Täters im konkreten Fall tatsächlich zu einer Verhinderung der Vollendung geführt hätten, oder ob es in diesem konkreten Fall zu einer Wendung gekommen wäre, auf welche der Täter dann aber nicht angemessen reagiert hätte.

3. Der beendete Versuch

Auch wenn in der Literatur als Standardfall des § 24 Abs. 1 S. 2 StGB stets der Fall des untauglichen Versuchs herangezogen wird, zeigt sich bei der Betrachtung der Rechtsprechung[778], dass in fast allen Fällen ein „normaler" beendeter Versuch vorliegt und unbeteiligte Dritte die Verhinderung der Vollendung herbeigeführt haben. Auch in diesen Fällen kommt ein Rücktritt des Täters nur dann in Betracht, wenn er sich ernsthaft um die Verhinderung der Vollendung bemüht hat, da die tatsächliche Verhinderung der Vollendung von einem unbeteiligten Dritten herbeigeführt wurde. In diesem Fall hat der Täter aber genau die gleiche kriminelle Energie an den Tag gelegt wie bei dem Fall des § 24 Abs. 1 S. 1, 2. Alt. StGB. Der Täter hat objektiv gefährliche Handlungen durchgeführt, welche auch zu einer Gefährdung des Rechtsguts geführt haben. Einziger Unterschied zu § 24 Abs. 1 S. 1, 2. Alt. StGB ist daher, dass auch hier nicht an Hand objektiver Maßstäbe beurteilt werden kann, ob die Handlungen des Täters tatsächlich ausgereicht hätten, um die Vollendung des tatbestandlichen Erfolges zu verhindern, da die wirkliche Verhinderung durch einen Dritten herbeigeführt wurde. Jedoch kann auch hier, wie auch im Falle des fehlgeschlagenen Versuchs, an sich geprüft werden, ob die Handlung des Täters grundsätzlich für eine Verhinderung

---

777 Eser, in Schöke/Schröder, § 24, Rn. 6 ff.; Zaczyk, in: NK, § 24 Rn. 84.

778 BGH, StV 1982, 219; Urteil des 1. Senats vom 7.3.1989, Az; 1 StR 6/89 (zit. nach Juris); Urteil des 1. Senats vom 20.8.1991, Az: 1 StR 249/91 (zit. nach Juris); BGH, StV 1997, 244; BGH, NStZ 2008, 329 f.; BGH, NJW 1973, 632 f.; BGH, StV 1999, 596; vgl. auch 2. Kapitel A.

der Vollendung ausgereicht hätte. Auch gilt wieder, dass aber nicht mit an Sicherheit grenzender Wahrscheinlichkeit überprüft werden kann, ob die Rücktrittshandlungen des Täters im konkreten Fall zur Verhinderung der Vollendung geführt hätten oder ob unvorgesehene Konstellationen aufgetreten wären, auf welche der Täter hätte reagieren müssen.

III. Stellungnahme

Wenn man nun die drei oben beschriebenen unterschiedlichen Ausgangssituationen, bei welchen ein Rücktritt gemäß § 24 Abs. 1 S. 2 StGB in Betracht kommt, mit denen des beendeten Versuchs, bei welchem ein Rücktritt gemäß § 24 Abs. 1 S. 1, 2. Alt. StGB in Betracht kommt vergleicht, fällt zunächst auf, dass es keinen ersichtlichen Grund zu geben scheint, dass an das Rücktrittsverhalten des Täters unterschiedliche Anforderungen zu stellen sind.

1. Der Vergleich mit dem untauglichen Versuch

Insbesondere bei dem Vergleich mit dem untauglichen Versuch scheint es auf den ersten Blick keinerlei Rechtfertigung zu geben, dass hier an das Rücktrittsverhalten des Täters höhere Anforderungen zu stellen sind als an das Rücktrittsverhalten des Täters bei einem beendeten Versuch. Denn im Fall des untauglichen Versuchs ist der Täter objektiv betrachtet völlig ungefährlich; er war zu keiner Zeit in der Lage mit seiner Handlung eine Gefährdung für das geschützte Rechtsgut herbeizuführen und dennoch soll er ein „Mehr" an Rücktrittsleistung erbringen müssen, als der Täter, welcher derart gefährlich ist, dass er eine Gefährdung des Rechtsguts herbeigeführt hat. Hier erscheint eine Angleichung der Rücktrittsvoraussetzungen durchaus angemessen. Für eine Angleichung der Rücktrittsnormen spricht vor allem in diesem Fall das Dilemma des Strafverteidigers, welcher seinen Mandanten unter Umständen als krimineller erscheinen lassen muss, als er es tatsächlich ist[779]. Dieses Dilemma ist sicherlich nicht von der Hand zu weisen. Dennoch sprechen gewichtige Gründe gegen eine Angleichung der Rücktrittsvorschriften.

So spricht gegen eine Angleichung, dass das von der Literatur heraufbeschworene Dilemma des Strafverteidigers wohl eher ein akademisches Problem ist, da in der neueren höchstrichterlichen Rechtsprechung kein Fall des Rücktritts vom

779 Römer, MDR 1989, 945; Herzberg, NJW 1989, 862, 863; Jakobs, JZ 2003, 743,744; ausführl. Vgl. Einleitung.

untauglichen Versuch entschieden wurde[780]. Auch darf nicht außer Acht gelassen werden, dass der Rücktritt vom untauglichen Versuch lange Zeit überhaupt nicht möglich war. Noch § 46 a.F. StGB sah einen Rücktritt vom untauglichen Versuch gar nicht vor, so dass die nun geltenden strengen Rücktrittsvoraussetzungen historisch durchaus gerechtfertigt sind. Ferner spricht gegen eine Angleichung der Rücktrittsvorschriften bei einem untauglichen und bei einem tauglichen beendeten Versuch folgende Überlegung: Im Falle des beendeten Versuchs kann an Hand objektiver Gesichtspunkte überprüft werden, ob die Tat an sich durch das Verhalten des Täters verhindert wurde. Dies ist im Fall des untauglichen Versuchs schon gar nicht möglich, da die Gefahr der Vollendung nicht besteht. Wenn im Fall des beendeten Versuchs dann aber die Vollendung durch eine Rücktrittshandlung des Täters verhindert wurde, kann weiter geprüft werden, ob ihm diese Verhinderung objektiv zurechenbar war. Wenn auch dieser Punkt bejaht werden kann, ist der Täter strafbefreiend von dem Versuch zurückgetreten.

Im Fall des untauglichen Versuchs gibt es aber diese objektiven Anhaltspunkte gerade nicht. Vielmehr müsste sich die gesamte Prüfung in einem „luftleeren Raum" abspielen, was wiederum zu einer großen Rechtsunsicherheit führen würde. Aus diesem Grund dient es der Rechtssicherheit, wenn der Täter hier Bestleistungen erbringen muss, damit er in den Genuss der Straffreiheit gelangen kann. An diesen strengen Anforderungen ändert auch die Tatsache nichts, dass der Täter objektiv gesehen gar keine Rechtsgutsgefährdung herbeigeführt hat, denn der Täter selbst geht auch beim untauglichen Versuch davon aus, dass er ein rechtsgutgefährdendes Verhalten an den Tag gelegt hat. Da einer der Gründe für den strafbefreienden Rücktritt eine „Belohnung" des Täters dafür darstellt, dass er durch seine Rücktrittshandlungen auf den „rechten Weg" zurückkehrt und durch sein Verhalten gezeigt hat, dass er sich die Straffreiheit verdienen möchte[781], kann auch gefordert werden, dass der Täter hier eine Bestleistung erbringt, da es in diesem Fall völlig unerheblich ist, ob der Täter objektiv gefährliche Handlungen an den Tag gelegt hat oder nicht. Der Täter selbst geht auch hier stets davon aus, dass er eine gefährliche Handlung an den Tag gelegt hat und er dieses Unrecht wieder aufheben muss. Auf Grund der „Belohnung" mit Straffreiheit kann dem Täter dann aber auch zugemutet werden, dass er optimale Rücktrittshandlungen erbringt.

Somit kann als Zwischenergebnis festgehalten werden, dass es keinen durchgreifenden Grund gibt, die Rücktrittsvorschriften des § 24 Abs. 1 S. 1, 2. Alt. StGB und des § 24 Abs. 1 S. 2 StGB bezüglich des untauglichen Versuchs anzu-

780 Vgl. 2. Kapitel A.

781 Vgl. ausführl. Kapitel 1 B. IV. 3.

gleichen. Insbesondere muss von dem Täter im Fall des beendeten Versuchs nicht gefordert werden, dass er eine Bestleistung erbringt. Es genügt nach der hier vertretenen Auffassung, wenn ihm die Verhinderung des tatbestandlichen Erfolges objektiv zurechenbar ist.

2. Der Vergleich mit dem fehlgeschlagenen Versuch

Wie oben dargestellt hat der Täter bei einem fehlgeschlagenen Versuch ein Verhalten an den Tag gelegt, welches grundsätzlich dazu geeignet ist, eine Rechtsgutsgefährdung herbeizuführen, und daher objektiv betrachtet auch gefährlich ist. Dass es im konkreten Einzelfall nicht zu einer Tatvollendung kommen kann, hängt einzig und allein mit den Umständen des jeweiligen Einzelfalls zusammen. Da der Täter hier aber ein gefährliches Verhalten an den Tag gelegt hat, kann ihm auch zugemutet werden, dass er eine Bestleistung erbringt, damit er in den Genuss der Straffreiheit gelangen kann. Fraglich ist nur, warum der Täter, welcher einen beendeten Versuch begangen hat und somit nach § 24 Abs. 1 S. 1, 2. Alt. StGB zurücktreten kann, ein Weniger an Rücktrittsleistung erbringen muss, obwohl er objektiv gesehen die gleiche kriminelle Energie (unter Umständen sogar eine höhere, da hier die tatbestandliche Verwirklichung auch tatsächlich droht) an den Tag gelegt hat. Auch hier ergibt sich diese Rechtfertigung wieder aus der Tatsache, dass im Fall des fehlgeschlagenen Versuchs keine objektiven Anhaltspunkte dafür vorliegen, ob der Täter tatsächlich die Vollendung verhindert hätte. Es könnte erneut nur anhand von Mutmaßungen überprüft werden, ob die Rücktrittshandlungen des Täters ausgereicht hätten, wenn kein Fall des fehlgeschlagenen Versuchs vorgelegen hätte. Auch hier müsste erneut eine Prüfung im luftleeren Raum stattfinden, was wiederum zu einer großen Rechtsunsicherheit und im Zweifelsfall zu Beweisschwierigkeiten führen würde. Aus diesen Gründen ist es auch im Fall des fehlgeschlagenen Versuchs gerechtfertigt, dass der Täter ein „Mehr“ an Rücktrittsleistungen erbringen muss als im Fall des § 24 Abs. 1 S. 1, 2. Alt. StGB. Indem der Täter Bestleistung erbringen muss, liegen klare Anhaltspunkte vor, wie genau das Rücktrittsverhalten des Täter ausgestaltet sein muss, damit er in den Genuss der Straffreiheit gelangt, so dass eben keine Rechtsunsicherheit vorliegt (wie das ansonsten der Fall wäre).

3. Der Vergleich mit dem beendeten Versuch

Im Fall des beendeten Versuchs besteht zunächst überhaupt kein Unterschied zu dem Fall des Rücktritts nach § 24 Abs. 1 S. 1, 2. Alt. StGB. Der Täter hat ein objektiv gefährliches Verhalten an den Tag gelegt, welches zu einer Rechtsgutsverletzung geführt hat. Fraglich ist jedoch dann, warum der Täter bei der identischen Ausgangslage einmal – nach der hier vertretenen Auffassung – ein ihm lediglich objektiv zurechenbares Verhinderungsverhalten an den Tag legen muss (§ 24 Abs. 1 S. 1, 2. Alt. StGB) das andere Mal aber Bestleistung erbringen muss, damit er in den Genuss der Straffreiheit gelangen kann (§ 24 Abs. 1 S. 2 StGB).

Auch hier liegt die Rechtfertigung dieser Ungleichbehandlung darin, dass die Ausgangslage beider Fälle nur bis zu einem gewissen Punkt identisch ist. Denn bei einem Rücktritt nach § 24 Abs. 1 S. 1, 2. Alt. StGB verhindert der Täter die Tat selbst, indem er den tatbestandlichen Erfolg entweder eigenhändig verhindert, oder einen Dritten zur Rettung veranlasst. Er ist somit dafür verantwortlich, dass es nicht zu einer Vollendung der Tat kommt. Hier kann an Hand objektiver Gesichtspunkte beurteilt werden, ob der Täter die Tat selbst verhindert hat und ob seine Handlungen für die Verhinderung ausreichend waren[782].

Bei dem Täter, welcher nach § 24 Abs. 1 S. 2 StGB zurücktritt, ist dagegen ausschließlich ein Dritter dafür verantwortlich, dass die Tat nicht zur Vollendung gelangt. In diesem Fall hat ein Dritter – von dem Willen des Täters völlig unabhängig – Hilfsmaßnahmen eingeleitet, welche dann auch zu der Verhinderung des tatbestandlichen Erfolges geführt haben. Ob der Täter tatsächlich auch die Verhinderung der Vollendung einleiten wollte, ist zu diesem Zeitpunkt noch gar nicht bekannt. Auch ex post ist die Verhinderung der Vollendung einzig auf das Verhalten eines völlig unbeteiligten Dritten zurückzuführen. Auf Grund dieser unterschiedlichen Sachverhalte kann im Fall des § 24 Abs. 1 S. 2 StGB durchaus von dem Täter ein „Mehr" an Rücktrittsleistung verlangt werden, da er die Vollendung ja gar nicht selbst verhindert. Auch hier spricht für die Ungleichbehandlung wieder, dass es keine objektiven Anhaltspunkte gibt, ob das Verhalten des Täters, wenn es kein optimales war, auch tatsächlich für die Verhinderung der Vollendung ausgereicht hätte. Ferner kann in diesem Fall als weitere Rechtfertigung für die Ungleichbehandlung auch die Überlegung herangezogen werden, dass der Täter in diesem Fall möglicherweise zu spät mit seinen Rücktrittshandlungen war, da ein unbeteiligter Dritter ihm zuvor gekommen ist. Die einzige honorierbare Rücktrittsleistung des Täters liegt in diesem Fall in einer Handlung, welche überflüssig ist, weil die notwendigen Rettungsmaßnahmen bereits von einem unbeteiligten Dritten eingeleitet wurden. Auf Grund dieser Tatsachen kann dem Täter aber dann auch ein „Mehr" an Rücktrittshandlung zugemutet werden.

782 Im Ansatz ähnlich Zaczyk, in: NK, § 24 Rn. 83.

IV. Abschließendes Ergebnis

1. § 24 Abs. 1 S. 2 StGB

Als Ergebnis kann daher festgehalten werden, dass es keiner Angleichung der Rücktrittsvorschriften des § 24 Abs. 1 S. 1, 2. Alt. StGB und § 24 Abs. 1 S. 2 StGB bedarf. Auch wenn es auf den ersten Blick unbillig erscheint, dass ein Täter, der weniger kriminelle Energie an den Tag gelegt hat, ein „Mehr" an Rücktrittsleistung erbringen muss, als ein Täter, welcher objektiv eine Gefahr für ein Rechtsgut geschaffen hat, ist diese Ungleichbehandlung durchaus gerechtfertigt. So ist vor allem zu beachten, dass in allen drei Fällen des § 24 Abs. 1 S. 2 StGB keine objektiven Anhaltspunkte dafür vorliegen, ob das Verhalten des Täters tatsächlich für eine Verhinderung der Vollendung ausgereicht hätte. Diese Ungleichbehandlung führt im schlimmsten Fall zu einem Dilemma des Strafverteidigers. Wie jedoch die Analyse der Rechtsprechung deutlich zeigt, handelt es sich in den von dem BGH bisher entschiedenen Fällen stets um solche, bei denen ein Dritter die erforderlichen Rettungsmaßnahmen eingeleitet hat und ein „normaler" beendeter Versuch vorgelegen hat[783]. Es kann somit festgehalten werden, dass das beschworene Dilemma des Strafverteidigers vor allem ein akademisches Problem darstellt. Sollte es tatsächlich einmal zu diesem Dilemma kommen, muss der Strafverteidiger im Prozess wendig genug sein, seine Verteidigungstaktik rechtzeitig umzustellen. Darüber hinaus kann es in einem Strafprozess stets zu unvorhergesehenen Wendungen kommen, welche ein Umstellen der Verteidigungsstrategie erfordern. Aus diesem Grund kann das Dilemma des Strafverteidigers nicht als Anhaltspunkt für eine Angleichung der Rücktrittsvorschriften herangezogen werden.

Weiter spricht gegen eine Angleichung der Rücktrittsvorschriften, dass im Fall des untauglichen Versuchs oftmals nicht gesagt werden kann, ob die Handlung des Täters tatsächlich zu einer Verhinderung der Vollendung geführt hätte, da es für eine untaugliche Handlung gerade keine richtige und wirksame Gegenmaßnahme gibt. Im Fall des fehlgeschlagenen Versuchs kann zwar festgestellt werden, ob die Handlung des Täter abstrakt gesehen geeignet gewesen wäre, im Fall des nicht fehlgeschlagenen Versuchs die Vollendung zu verhindern. Jedoch bestünde diese Prüfung in einer Überprüfung von ganz allgemeinen Fragen und hätte eben nichts mehr mit dem konkreten Einzelfall zu tun. Man könnte nie mit an Sicherheit grenzender Wahrscheinlichkeit sagen, ob auch die-

---

783 BGH, StV 1982, 219; Urteil des 1. Senats vom 7.3.1989, Az. 1 StR 6/89, (zit. nach Juris); Urteil des 1. Senats vom 20.8.1991, Az: 1 StR 249/91 (zit. nach Juris) BGH, StV 1997, 244; BGH, NStZ 2008, 329 f.; BGH, NJW 1973, 632; BGH, StV 1999, 596; vgl. auch 2. Kapite, C.

ser Fall so abgelaufen wäre, dass die Handlungen des Täters ausgereicht hätten. Denn es darf nicht aus den Augen verloren werden, dass jede Entscheidung eine Einzelfallentscheidung darstellt, welche stets auf die konkreten Umstände Bezug nimmt. So kann eben im Fall des fehlgeschlagenen Versuchs nicht mit Sicherheit gesagt werden, ob Besonderheiten aufgetreten wären, welche ein anderes Verhalten des Täters erfordert hätten. Ob der Täter dann auch tatsächlich dieses Verhalten an den Tag gelegt hätte, kann eben nicht mit Sicherheit festgestellt werden. Auf Grund dieser Unsicherheiten und Prüfungen in abstrakten Sphären bedarf es hier konkreter Anhaltspunkte, welches Verhalten der Täter an den Tag legen muss. Die Forderung nach einem bestmöglichen Verhinderungsverhalten stellt solche konkreten Anhaltspunkte dar.

Gerade im Fall des beendeten Versuchs, bei welchem ein unbeteiligter Dritter die erforderlichen Rettungshandlungen ergreift (§ 24 Abs. 1 S. 2 StGB), ist eine Forderung nach bestmöglichen Verhinderungshandlungen des Täters gerechtfertigt. Der Täter hat hier eben nichts für die Rettung des Opfers und die Verhinderung des tatbestandlichen Erfolges unternommen. Seine einzige Handlung liegt in der Ergreifung von Maßnahmen, welche bereits von unbeteiligten Dritten entfaltet wurden. Vor dem Hintergrund, dass der Täter zuvor aber eine derart kriminelle Energie an den Tag gelegt hat, dass es zu einer Rechtsgutsgefährdung gekommen ist, kann von ihm aber erwartet werden, dass er sich zumindest bemüht, alles Erforderliche für die Verhinderung der Vollendung zu unternehmen, wenn dies objektiv bereits geschehen ist. Auch hier gilt das oben bei dem fehlgeschlagenen Versuch Gesagte, dass nicht anhand objektiver Kriterien beurteilt werden kann, ob die konkrete Handlung des Täters ausgereicht hätte, um den Erfolg zu verhindern. Es kann gerade nicht auf die Besonderheiten des Einzelfalls abgestellt werden, da der Täter ja die Tat nicht selbst verhindert. Es ist jedoch dringend erforderlich, dass jede Entscheidung über einen strafbefreienden Rücktritt eine Einzellfallentscheidung darstellt. Im Fall der Verhinderung der Vollendung durch einen Dritten sind daher die Forderungen nach einem optimalen Rücktrittsverhalten des Täters auf Grund der Rechtssicherheit durchaus geboten.

2. § 24 Abs. 1 S. 1, 2. Alt. StGB

Oben wurde nun dargestellt, dass es eine Rechtfertigung für die Ungleichbehandlung bezüglich des Rücktrittsverhaltens bei § 24 Abs. 1 S. 2 StGB und § 24 Abs. 1 S. 1, 2. Alt. StGB gibt. Daraus ergibt sich im Umkehrschluss aber auch, dass es eben nicht erforderlich ist, bei einem Rücktritt gemäß § 24 Abs. 1 S. 1, 2. Alt. StGB ein optimales Rücktrittsverhalten im Sinne des § 24 Abs. 1 S. 2

StGB zu fordern. Vielmehr genügt, nach der hier vertretenen Ansicht, dass das Ausbleiben des tatbestandlichen Erfolges dem Täter objektiv zurechenbar ist. Dies zum einen, da der Rücktritt das Spiegelbild der Vollendung darstellt und auch der Erfolg dem Täter lediglich objektiv zurechenbar sein muss, damit eine Strafbarkeit des Täters begründet wird[784]. Zum anderen spricht für die niedrigeren Anforderungen an das Rücktrittsverhalten des Täters aber auch, dass der Täter objektiv gesehen die Tat tatsächlich durch ein eigenes Verhalten verhindert hat. Es kann somit in jedem Einzelfall geprüft werden, ob der Täter auf alle Besonderheiten des Falls reagiert hat. Da diese Prüfung bei einem Rücktritt gemäß § 24 Abs. 1 S. 2 StGB nicht möglich ist, sind hier einheitliche Anforderungen an das Rücktrittsverhalten des Täters zu stellen, um im Sinne einer einheitlichen Rechtsprechung prüfen zu können, ob das Rücktrittsverhalten des Täters ausreichend war. Dies muss jedoch nicht identisch mit den Rücktrittsvoraussetzungen des § 24 Abs. 1 S. 2 StGB sein, da es sich bei beiden Rücktrittssituationen um völlig andere Ausgangssituationen handelt. Eine Angleichung der Rücktrittsvorschriften ist daher nicht angezeigt.

E. § 24 Abs. 2 StGB

Im Folgenden wird nun ein Überblick über die Regelung des § 24 Abs. 2 StGB gegeben. Dabei fällt auf, dass weniger umstritten ist, welche Anforderungen an das Rücktrittsverhalten des Täters zu stellen sind, als vielmehr, wann § 24 Abs. 2 StGB tatsächlich zur Anwendung kommt und für welchen Personenkreis er gilt.

I. Der von § 24 Abs. 2 StGB umfasste Personenkreis

§ 24 Abs. 2 StGB regelt den Rücktritt, wenn an einer Tat mehrere Personen beteiligt sind. Da der Rücktritt einen persönlichen Strafaufhebungsgrund darstellt, wirkt der strafbefreiende Rücktritt nach § 24 Abs. 2 StGB auch nur für denjenigen Beteiligten im Sinne der §§ 25 ff. StGB, der die entsprechenden Rücktrittshandlungen an den Tag legt[785]. Der Wortlaut des § 24 Abs. 2 StGB stellt klar, dass er immer dann anzuwenden ist, wenn an der Tat Mehrere beteiligt sind. In welcher Art und Weise diese Beteiligung zu erfolgen hat, ist dagegen

784 Rudolphi, NStZ 1982, 508, 511 ff.; Murmann, S. 62; Römer, MDR 1989, 945, 947; Lilie/Albrecht, in: LK § 24 Rn. 18 f.; Seelmann, JR 2004, 162, 163.

785 Fischer, § 24 Rn. 37; Eser, in: Schönke/Schröder, § 24 Rn. 73; Lackner/Kühl, § 24 Rn. 24; Lilie/Albrecht, in: LK; § 24 Rn. 237.

nicht eindeutig geklärt. Eindeutig ist der Fall daher nur, wenn es sich um den Rücktritt eines Mittäters (§ 25 Abs. 2 StGB), oder eines Teilnehmers (Anstifter, Gehilfe, §§ 26, 27 StGB) handelt. Fraglich und umstritten ist dagegen, ob § 24 Abs. 2 StGB auch dann gelten soll, wenn ein angestifteter oder unterstützter Einzeltäter vom Versuch zurücktritt.

1. Frage der Anwendbarkeit des § 24 Abs. 2 StGB bei Beteiligung mehrerer

Etliche Stimmen in der Literatur und wohl auch die Rechtsprechung sind der Ansicht, dass § 24 Abs. 2 StGB immer dann zur Anwendung kommen soll, wenn an der Tat in irgendeiner Weise mehrere Personen beteiligt sind[786]. § 24 Abs. 2 StGB solle daher auch dann gelten, wenn der angestiftete oder unterstützte Täter zurücktritt. Dies ergäbe sich aus dem eindeutigen Wortlaut des § 24 Abs. 2 StGB, welcher den Fall regelt, dass an einer Tat „mehrere beteiligt" sind. Dies sei eben auch bei einem lediglich angestiftetem oder unterstütztem Täter der Fall. Wenn ein angestifteter oder unterstützter Täter eine Rücktrittshandlung an den Tag lege, müsse daher immer geprüft werden, ob sein Verhalten den Anforderungen des § 24 Abs. 2 StGB genügt.

2. Anwendung des § 24 Abs. 2 StGB nur für Mittäter und Teilnehmer

Roxin und einige andere Autoren[787], gehen jedoch davon aus, dass § 24 Abs. 2 StGB nicht anzuwenden sei, wenn ein angestifteter oder unterstützter Täter von dem begangenen Versuch zurücktreten möchte. In diesem Fall komme einzig § 24 Abs. 1 StGB zur Anwendung und es muss ausschließlich gemäß § 24 Abs. 1 StGB geprüft werden, ob die Handlungen des Täters ausreichend waren, um einen strafbefreienden Rücktritt zu bejahen. Begründet wird dies damit, dass es nicht einzusehen sei, warum ein Einzeltäter, welcher von keiner anderen Person angestiftet oder unterstützt wurde, nach § 24 Abs. 1 StGB zurücktreten kann, dann aber etwas anderes gelten soll, nur weil im Hintergrund der Tat noch eine weitere Person ist, welche jedoch mit dem Rücktritt des Täters nicht das Ge-

786 Herzberg, in: MK, § 24 Rn. 189; so auch in der 2. Auflage Herzberg/Hoffmann-Holland in: MK, § 24 Rn. 163; Lackner/Kühl, § 24 Rn. 25; Zaczyk, in: NK, § 24 Rn. 96; Kudlich, JuS 1999, 449; Eser, in: Schönke/Schröder, § 24 Rn. 73, 74; BGH, JZ 2005, 204, 207.

787 Roxin, AT II, § 30 Rn. 306; Fischer, § 24 Rn. 37; Wessels/Beulke, AT, Rn. 649; Lilie/Albrecht, in LK, § 24 Rn. 240; Loos, JURA 1996, 518 ff.

ringste zu tun hat[788]. Denn wenn die beteiligte Person lediglich Anstifter oder Unterstützer sei, ist die Situation bei dem Versuch und somit auch bei dem entsprechenden Rücktritt die gleiche wie bei einem Einzeltäter, da der Gesetzgeber bei § 24 Abs. 2 StGB davon ausgeht, dass an der Tat an sich mehrere beteiligt waren. Für diese Ansicht spreche auch der Vergleich mit § 31 Abs. 1 Nr. 2 StGB, der für einen Angestifteten im Vorbereitungsstadium ein bloßes Aufgeben ausreichen lasse[789]. Ein Rückgriff auf § 24 Abs. 2 StGB sei in diesem Fall weder notwendig noch ergebe er sich aus der Definition des Begriffs der Beteiligung[790]. Bei der Frage, ob § 24 Abs. 1 oder Abs. 2 StGB anwendbar sei, komme es daher einzig auf die Frage an, wer die Vollendung der Tat alleine beherrsche[791].

3. Stellungnahme

Die Ansicht, welche davon ausgeht, dass § 24 Abs. 2 StGB nicht anzuwenden sei, wenn ein unterstützter oder angestifteter Täter zurücktritt, ist im Ergebnis nicht haltbar. Schon der Wortlaut des § 24 Abs. 2 StGB geht eindeutig davon aus, dass § 24 Abs. 2 StGB immer dann anzuwenden ist, wenn an der Tat mehrere beteiligt sind. In welcher Art diese Beteiligung gemäß den §§ 25 bis 27 StGB geschehen muss, ist dagegen nicht geregelt. Aus diesem Grund ist aber nicht ersichtlich, warum dann plötzlich § 24 Abs. 1 S. 1 StGB anzuwenden sein soll, obwohl an der Tat mehrere beteiligt waren. Dass die Tat an sich nur von einem Täter ausgeführt wurde, ändert nichts an der Tatsache, dass er eben angestiftet oder unterstützt wurde, somit die Tat eben nicht alleine durchgeführt wurde, sondern zumindest im Hintergrund weitere (= „mehrere“) an der Tat beteiligt waren.

Soweit *Roxin* anführt, dass in diesem Fall § 24 Abs. 1 S. 1 StGB anzuwenden sei, da der Anstifter oder Gehilfe nicht das Geringste mit dem Rücktritt des Täters zu tun hätte, lässt sich folgendes anführen: Der Gesetzgeber hat sich eindeutig dafür entschieden, dass eine Sonderregelung für die Fälle geschaffen wird, bei denen an der Tat mehrere beteiligt sind. Auch könnte man sonst fragen, warum § 24 Abs. 2 StGB anzuwenden ist, nur weil ein Mittäter vorhanden ist, da ansonsten ja auch lediglich § 24 Abs. 1 S. 1 StGB zur Anwendung kommen würde[792]. Gerade weil der Gesetzgeber davon ausging, dass es dieser Sonderre-

788 Roxin, AT II, § 30 Rn. 306; Fischer, § 24 Rn. 37; Wessels/Beulke, AT, Rn. 649.

789 Roxin, AT II, § 30 Rn. 306.

790 Lilie/Alberecht, in: LK, § 24 Rn. 240.

791 Loos, JURA 1996, 518, 519.

792 Herzberg, in: MK, § 24 Rn. 189; so auch in der 2. Auflage Herzberg/Hoffmann-Holland in: MK, § 24 Rn. 163.

gelung bedurfte, da von einer Tat, an der mehrere beteiligt sind, eine erhöhte Gefahr ausgeht, ist nicht ersichtlich, warum dann plötzlich diese Sonderregelung nicht anzuwenden sein soll, nur weil der Anstifter oder Gehilfe lediglich im Hintergrund agiert[793]. Vielmehr ist auch dieser Fall von § 24 Abs. 2 StGB umfasst. Der Tatsache, dass der Anstifter oder Gehilfe nichts mit dem Rücktritt zu tun hat, wird dadurch ausreichend Rechnung getragen, dass der Rücktritt ohnehin nur für den Zurücktretenden und nicht auch für den anderen Beteiligten wirkt. Auch das von *Loos* aufgestellte Kriterium der alleinigen Beherrschung der Vollendung[794] kann nicht überzeugen, da es oftmals so sein wird, dass an einer Tat mehrere beteiligt sind, die Vollendung im aktiven Geschehen aber nur einer der Beteiligten inne hat. Wenn dann jedes Mal § 24 Abs. 1 StGB anzuwenden wäre, würde § 24 Abs. 2 StGB vielfach leer laufen.

Zusammenfassend lässt sich somit festhalten, dass § 24 Abs. 2 StGB alle Fälle umfasst, an denen an der Tat in irgendeiner Weise mehrere beteiligt sind. In welcher Art diese Beteiligung geschieht, ist dagegen unbeachtlich. Darüber hinaus macht es für den Alleintäter, welcher lediglich angestiftet oder unterstützt wird, keinen Unterschied, ob § 24 Abs. 1 StGB oder § 24 Abs. 2 StGB angewendet wird, da an das Rücktrittsverhalten in diesen Fällen keine unterschiedlichen Anforderungen gestellt werden[795].

II. Voraussetzungen des Anwendungsbereichs des § 24 Abs. 2 StGB

1. Keine Anwendung des § 24 Abs. 2 StGB im Vorbereitungsstadium

Für die Anwendung des § 24 Abs. 2 StGB ist zunächst Voraussetzung, dass die Tat nicht im Vorbereitungsstadium stecken geblieben ist, sondern es tatsächlich zu einem Versuch der Tat gekommen ist[796]. Die Täter müssen also, genau wie bei § 24 Abs. 1 StGB, unmittelbar im Sinne von § 22 StGB zur strafbaren Tat angesetzt haben. Nur dann ist der Bereich des § 24 Abs. 2 StGB eröffnet und es kann weiter geprüft werden, ob die jeweiligen Handlungen des Täters für einen straf-befreienden Rücktritt ausreichend waren. Wenn die Täter nicht unmittelbar zur

793 Zaczyk, in: NK, § 24 Rn. 96; Lilie/Albrecht, in: LK, § 24 Rn. 451 f.; Eser, in: Schönke/Schröder, § 24 Rn. 106; Kudlich/Schuhr, in: Satzger/Schmitt/Widmaier, § 24 Rn. 51.

794 Loos, JURA 1996, 518 ff.

795 Herzberg, in: MK, § 24 Rn. 189; so auch in der 2. Auflage Herzberg/Hoffmann-Holland in: MK, § 24 Rn. 163; Lackner/Kühl, § 24 Rn. 25.

796 Roxin, AT II, § 30 Rn. 309; Fischer, § 24 Rn. 38; Heinrich, AT I, Rn. 802; Wessels/Beulke, AT, Rn. 650; Rengier, AT, § 38 Rn. 8; Eser, in: Schönke/Schröder, § 24 Rn. 75; Lilie/Albrecht, in: LK, § 24 Rn. 244.

Tat angesetzt haben, sind im Fall der Beteiligung an einem Verbrechen auch Vorbereitungshandlungen strafbar. Wenn somit eine Tat im Vorbereitungsstadium stecken geblieben ist, richtet sich die Strafbarkeit und der Rücktritt der Beteiligten einzig nach §§ 30, 31 StGB[797]. § 24 Abs. 2 StGB scheidet auch aus, wenn die Handlung des Beteiligten gar nicht bis ins Vorbereitungsstadium fortwirkt[798].

2. Keine Anwendung des § 24 Abs. 2 StGB im Fall des Fortwirkens des Tatbeitrages

Ist die Tat bis ins Versuchsstadium vorgedrungen und wirkt der Tatbeitrag des Beteiligten noch fort, erlangt der Täter oder Teilnehmer gemäß § 24 Abs. 2 StGB nur dann Straffreiheit, wenn er die Vollendung der Tat verhindert oder wenn ihm die Vollendung der Tat nicht mehr zuzurechnen ist[799]. Wenn der an der Tat Beteiligte zwar Rücktrittshandlungen an den Tag legt, es aber trotzdem zu einer Vollendung der Tat kommt und ihm diese Vollendung auch zurechenbar ist, scheidet ein Rücktritt gemäß § 24 Abs. 2 StGB aus, da er nach wie vor an der Tat beteiligt ist[800]. Der Täter muss seinen Tatbeitrag völlig annulliert haben und es dürfen keine Handlungen des Täters mehr bis in die Vollendung der Tat fortwirken[801]. Eine Fortwirkung der Handlung ist immer dann gegeben, wenn sich die durch die Handlung geschaffene Gefahr gerade in der Vollendung der Tat realisiert. Hierbei ist auf die allgemeinen Zurechnungskriterien zurückzugreifen[802]. Aus diesem Grund genügt es grundsätzlich nicht, dass der Täter seinen eigenen Tatbeitrag rückgängig macht, da dann häufig sein Tatbeitrag derart fortwirkt, dass ihm die Vollendung der Tat zuzurechnen ist[803]. Vielmehr muss er Maßnahmen ergreifen, die zur Verhinderung der Vollendung führen. Eine rein innere Abstandnahme von der Tat genügt aus diesem Grund auch nicht, da dann stets der Tatbeitrag des Täters derart fortwirkt, dass ihm die Vollendung der Tat zuzu-

797 Näher dazu unten unter 3. Kapitel.

798 Roxin, AT II, § 30 Rn. 303; Eser, in: Schönke/Schröder, § 24 Rn. 75; Lilie/Albrecht, in: LK, § 24 Rn. 245; Zacyzk, in: NK, § 24 Rn. 95.

799 Rengier, AT, § 38 Rn. 12; Kudlich/Schuhr, in: Satzger/Schmitt/Widmaier, § 24 Rn. 57; Eser, in: Schönke/Schröder, § 24 Rn. 76.

800 Roxin, AT II, § 30 Rn. 314; Fischer, § 24 Rn. 38; Eser, in: Schönke/Schröder, § 24 Rn. 76; Rudolphi, in: SK, § 24 Rn. 36; Zaczyk, in: NK, § 24 Rn. 116.

801 Roxin, AT II, § 30 Rn. 315; Jakobs, AT, 26. Abschn. Rn. 29; Lackner/Kühl, § 24 Rn. 27; Lilie/Albrecht, in: LK, § 24 Rn. 256.

802 Vgl. dazu ausführl. Roxin, AT I, § 11.

803 Lackner/Kühl, § 24 Rn. 26.

rechnen ist[804]. Auch das bloße Bemühen um die Verhinderung der Tat reicht nicht, wenn der ursprüngliche Tatbeitrag des Täters bei der Vollendung weiter wirkt. Dies gilt selbst dann, wenn der Täter davon ausgeht, die übrigen Beteiligten zu einem Abbruch der Tathandlungen überredet zu haben, diese jedoch nur zum Schein darauf eingehen und die Tat dann doch noch vollenden[805]. Diese strengen Voraussetzungen rechtfertigen sich zum einen damit, dass der Gesetzgeber davon ausgeht, dass bei mehreren Tatbeteiligten eine erhöhte Gruppendynamik vorhanden ist, und zum anderen wird auch der Alleintäter nicht straffrei, wenn er sich zwar um die Verhinderung der Vollendung bemüht, seine Tat aber trotzdem vollendet wird (vgl. § 24 Abs. 1 StGB)[806].

Der Täter muss seinen Tatbeitrag daher völlig neutralisieren und gegebenenfalls die Vollendung der Tat verhindern, um in den Genuss der Straffreiheit zu gelangen. Gelingt ihm das nicht, ist auch nicht einzusehen, warum der Täter allein wegen der Rücknahme seines bisherigen Beitrages völlige Straffreiheit erlangen soll[807]. Vielmehr ist er nach wie vor an der Tat und somit auch an deren Vollendung beteiligt. Der Täter hat dann eben nicht ein ausreichend honorierbares Verhalten an den Tag gelegt. Sein misslungener Versuch zurückzutreten, kann dann allenfalls im Rahmen der Strafzumessung gemäß § 46 StGB zu seinen Gunsten berücksichtigt werden. Etwas anderes kann nur dann gelten, wenn der Täter nur im Vorbereitungsstadium an der Tat beteiligt war und sein Tatbeitrag für die Ausführung der Tat nicht mehr kausal war, oder ihm die Vollendung der Tat nicht oder nicht mehr zuzurechnen war[808].

III. Die Anforderungen der einzelnen Varianten des § 24 Abs. 2 StGB

Wenn man nun anhand der oben aufgeführten Voraussetzungen zu dem Ergebnis gelangt ist, dass der Anwendungsbereich des § 24 Abs. 2 StGB eröffnet ist, ist zu prüfen, ob der Täter ein Rücktrittsverhalten an den Tag gelegt hat, welches den Anforderungen des § 24 Abs. 2 StGB genügt. Dabei ist zunächst festzuhalten, dass § 24 Abs. 2 StGB nicht zwischen unbeendeten und beendeten Versuch unterscheidet, sondern stets fordert, dass der Täter den tatbestandlichen Erfolgsein-

804 Eser, in: Schönke/Schröder, § 24 Rn. 76; Kühl, AT, § 20 Rn. 265; Lilie/Albrecht, in: LK, § 24 Rn. 275.

805 Eser, in: Schönke/Schröder, § 24 Rn. 76; Kühl, AT, § 20 Rn. 265; Lilie/Albrecht, in: LK, § 24 Rn. 275.

806 Eser, in: Schönke/Schröder, § 24 Rn. 77.

807 Roxin, AT II, § 30 Rn. 328.

808 Fischer, § 24 Rn. 38; Rudolphi, in: SK, § 24 Rn. 36; Eser, in: Schönke/Schröder, § 24 Rn. 78.

tritt verhindert beziehungsweise sich um die Verhinderung ernsthaft bemüht[809]. Diese Verschärfung der Rücktrittsvorschrift im Vergleich zu § 24 Abs. 1 StGB wird mit der erhöhten Gruppendynamik begründet, denn die Gefahr der Vollendung bei der Beteiligung mehrerer ist in aller Regel höher, als bei einem Einzeltäter[810].

Im Folgenden werden nun die einzelnen Rücktrittsanforderungen bei den verschiedenen Varianten des § 24 Abs. 2 StGB erörtert. Für alle Rücktrittsfälle des § 24 Abs. 2 StGB gilt, dass der Rücktritt als persönlicher Strafaufhebungsgrund nur für denjenigen Täter wirkt, welcher die Rücktrittshandlungen an den Tag gelegt hat, die zur Verhinderung der Vollendung geführt haben[811]. Jedoch kann es in Ausnahmefällen genügen, dass lediglich ein Täter Rücktrittshandlungen entfaltet und dadurch die Tat verhindert, wenn alle übrigen Täter mit dem Rücktrittsverhalten des anderen einverstanden sind und dies ausdrücklich befürworten[812]. Ebenfalls für alle Rücktrittsfälle des § 24 Abs. 2 StGB gilt, dass der Täter freiwillig und mit dem erforderlichen Rücktrittswillen handeln muss, damit er in den Genuss des strafbefreienden Rücktritts gelangt[813].

1. § 24 Abs. 2 S. 1 StGB

Gemäß § 24 Abs. 2 S. 1 StGB wird der Täter nicht bestraft, wenn er die Vollendung verhindert. Hier ist der Wortlaut identisch mit dem des § 24 Abs. 1 S. 1, 2. Alt. StGB. Bezüglich der Anforderung an das Verhinderungsverhalten gilt daher grundsätzlich das bei § 24 Abs. 1 S. 1, 2. Alt. StGB ausgeführte entsprechend[814], so dass sich auch hier das Problem stellt, welche Anforderungen an das Rücktrittsverhalten des Täters zu stellen sind. Dabei ist zunächst festzuhalten, dass die nun folgenden Ausführungen für alle an der Tat Beteiligten gleichermaßen gel-

809 Eser, in: Schönke/Schröder, § 24 Rn. 86; Lilie/Albrecht, in: LK, § 24 Rn. 264; Rengier, AT, § 38 Rn. 17.

810 Wessels/Beulek, AT, Rn. 850; Roxin, AT II, § 30 Rn. 328.

811 BGH, NStZ 1989, 317, 318; BGHSt 42, 158, 162; Wessels/Beulke, AT, Rn. 650; Fischer, § 24 Rn. 41; Lilie/Albrecht, in: LK, § 24 Rn. 274.

812 BGH, NStZ-RR 2009, 335 f.; Wessels/Beulke, AT, Rn. 649; Schroeder, JR 1999, 296, 297; Sonnen, JA 1989, 470, 471.

813 Lilie/Albrecht, in: LK, § 24 Rn. 283; Zaczyk, in: NK, § 24 Rn. 111; Eser, in: Schönke/Schröder, § 24 Rn. 104; Roxin, AT II, § 30 Rn. 354 f.

814 BGH, JZ 2005, 204, 205 f.; Roxin, AT II, § 30 Rn. 337; Fischer, § 24 Rn. 40; Heinrich, AT I, Rn. 804; Wessels/Beulke, AT, Rn. 649; Kühl, AT, § 20 Rn. 263; Rengier, AT, § 38 Rn. 25; Lilie/Albrecht, in: LK, § 24 Rn. 268; Jakobs, AT, Abschn. 26 Rn. 27; Otto, § 19 Rn. 70; Herzberg, in: MK, § 24 Rn. 190; Kudlich/Schuhr, in: Satzger/ Schmitt/Widmaier, § 24 Rn. 57.

ten, unabhängig davon, ob es sich um einen Täter im Sinne des § 25 StGB oder um einen Teilnehmer im Sinne der §§ 26, 27 StGB handelt.

Die überzeugendsten Argumente sprechen dafür, dass die Verhinderung der tatbestandlichen Vollendung dem Täter auch hier objektiv zurechenbar sein muss[815], damit ein strafbefreiender Rücktritt bejaht werden kann. Bei der Rücktrittshandlung des Täters muss es auch tatsächlich zu einer Verhinderung der Vollendung kommen, da ansonsten die Handlungen des Täters fortwirken und ein strafbefreiender Rücktritt ausscheidet[816]. Das bedeutet, dass der Täter seinen Tatbeitrag in der Art neutralisieren muss, dass die Tat nicht zur Vollendung gelangt. Grundsätzlich muss der Täter hierbei aktive Gegenmaßnahmen ergreifen, damit er in den Genuss der Straffreiheit gelangt[817]. In Ausnahmefällen kann aber auch ein Unterlassen des Täters ausreichen, um die Vollendung der Tat zu verhindern, nämlich dann wenn das Unterlassen weiterer Tathandlungen ausreichend ist, die Vollendung der Tat zu verhindern[818]. Dies ist zum Beispiel dann der Fall, wenn der einzige bewaffnete Täter eines geplanten Attentates das Schießen unterlässt. Jedoch sind an das Unterlassen weiterer Handlungen, vor allem bei einem Gehilfen, hohe Anforderungen zu stellen, da die sogenannte psychische Beihilfe oft noch weiter wirkt[819].

2. § 24 Abs. 2 S. 2, 1. Alt. und 2. Alt. StGB

§ 24 Abs. 2 S. 2 StGB unterscheidet zwischen den Alternativen, in denen die Tat ohne das Zutun des Zurücktretenden nicht vollendet wird (§ 24 Abs. 2 S. 2, 1. Alt. StGB, zum Beispiel wenn ein anderer Beteiligter bereits die Vollendung verhindert hat) und dem Fall, dass der Täter seinen Tatbeitrag rückgängig gemacht hat und die Tat trotzdem vollendet wird (§ 24 Abs. 2 S. 2, 2. Alt. StGB). In beiden Fällen wird der Täter straffrei, wenn er sich ernsthaft um die Verhinderung der Vollendung bemüht hat. Auch hier gilt das bei § 24 Abs. 1 S. 2 StGB

815 Vgl. ausführl. dazu: Kapitel 2. B. V.5.

816 Vgl. dazu ausführlich Kapitel 2 E. II. 2.

817 Eser, in: Schönke/ Schröder, § 24 Rn. 89; Kudlich, JuS 1999, 449, 450

818 BGH, NStZ 1989, 317, 318; Eser, in: Schönke/Schröder, § 24 Rn. 89; Kühl, AT, § 20 Rn. 263; Lilie/Albrecht, in: LK, § 24 Rn. 272; Kudlich, JuS 1999, 449, 450; Zaczyk, in: NK, § 24 Rn. 98, auch wenn er davon ausgeht, dass die Voraussetzungen des § 24 Abs. 1 und § 24 Abs. 2 nicht identisch sind; Otto, § 19, Rn. 68; Herzberg, in: MK; § 24 Rn. 188; so auch in der 2. Auflage Herzberg/Hoffmann-Holland in: MK, § 24 Rn. 166.

819 BGHSt 28, 346 f.; BGHSt 37, 289 f.

Gesagte[820]. Der Täter muss somit alles aus seiner Sicht Erforderliche tun, damit die Tat nicht vollendet wird. Hierzu gehört auch, dass er versuchen muss, die übrigen Tatbeteiligten mit allen Mitteln an der Fortführung der Tat zu hindern. Die Grenze des noch zumutbaren Verhaltens des Täters bildet hierbei § 35 StGB. Der Täter muss keine Gefahren für Leib oder Leben in Kauf nehmen, um hier die übrigen Beteiligten an weiteren Tathandlungen zu hindern[821].

Fraglich ist jedoch, ob der Täter in diesen Grenzen weitere Verhinderungsmaßnahmen an den Tag legen muss, wenn er erkennt, dass seine bisherigen Rücktrittshandlungen nicht ausreichend waren. Zum Teil wird angeführt, dass es ausreichend sei, wenn der Täter eine Maßnahme an den Tag legt, welche aus seiner Sicht ausreichend ist, um die Vollendung der Tat zu verhindern. Selbst wenn diese Maßnahmen scheitere, müsse der Täter keine weiteren Rücktrittshandlungen an den Tag legen[822]. Das „ernsthafte Bemühen" im Sinne des § 24 Abs. 2 S. 2 StGB sei anders auszulegen als das „ernsthafte Bemühen" im Sinne des § 24 Abs. 1 S. 2 StGB[823]. Dies wird vor allem damit begründet, dass die strengen Voraussetzungen des § 24 Abs. 2 StGB abgemildert werden müssten. Ferner wird angeführt, dass sonst die Fälle des § 24 Abs. 2 S. 2, 2. Alt. StGB über das Bemühen hinaus eine Pflicht zur Verhinderung fordern würden, was jedoch in dieser Art nicht gewollt sei[824].

Im Ergebnis ist diese Ansicht jedoch abzulehnen, da die Voraussetzungen des § 24 Abs. 1 S. 2 StGB und des § 24 Abs. 2 StGB die gleichen sind[825]. Auch bei § 24 Abs. 1 S. 2 StGB muss sich der Täter weiter um die Erfolgsverhinderung bemühen, wenn er erkennt, dass sein ursprüngliches Handeln nicht ausreichend war[826]. Es ist somit kein Grund ersichtlich, warum bei § 24 Abs. 2 StGB etwas anderes gelten sollte. Erkennt somit der Beteiligte, dass sein Handeln nicht ausreichend für die Verhinderung des Taterfolges war, ist es ihm zuzumuten und auch erforderlich, dass er weitere Rücktrittshandlungen an den Tag legt, um in den Genuss der Straffreiheit zu gelangen. In diesem Fall die „halbherzigen" Rücktrittsbemühungen des Täters ausreichen zu lassen, würde eine Umgehung

820 Eser, in: Schönke/Schröder, § 24 Rn. 94; Lilie/Albrecht, in: LK, § 24 Rn. 285; Kudlich/Schuhr, in: Satzger/ Schmitt/Widmaier, § 24 Rn. 59; Jakobs, AT, 26. Abschn. Rn. 27; Otto, § 19, Rn. 70; AT, Rn. 745; vgl. auch 2. Kapitel C.

821 Roxin, AT II, § 30 Rn. 341.

822 Rudolphi, in: SK, § 24 Rn. 41; Zaczyk, in: NK, § 24 Rn. 110.

823 Rudolphi, in: SK, § 24 Rn. 41.

824 Kudlich, JuS 1999, 449, 450 (in der Kommentierung in Satzger/Schmitt/Widmeier nimmt Kudlich auf diese Aussage keinerlei Bezug mehr, vgl. Kudlich/Schuhr, in: Satzger/Schmitt/Widmeier, § 24 Rn. 59 f.); Rudolphi, in: SK, § 24 Rn. 41; Zaczyk, in: NK, § 24 Rn. 100.

825 Dies ergibt sich vor allem aus dem Wortlaut, der beide Male ein „ernsthaftes Bemühen" fordert.

826 Vgl. ausführlich Kapitel 2. C.

des Gesetzestextes bedeuten und müsste auch zu erheblicher Rechtsunsicherheit führen, da dann bei § 24 Abs. 1 S. 2 StGB und bei § 24 Abs. 2 StGB unterschiedliche Anforderungen an das Rücktrittsverhalten gelten würden[827]. Gerade die 2. Alt. des § 24 Abs. 2. S. 2 StGB mildert die strengen Rücktrittsvoraussetzungen des § 24 Abs. 2 S. 1 StGB jedoch etwas ab. Der Täter hat durch diese Rücktrittsvariante noch die Möglichkeit, auch dann in den Genuss der Straffreiheit zu kommen, wenn die Tat zwar vollendet wird, er sich aber zuvor ernsthaft um die Verhinderung bemüht hat. Wenn es ihm gelingt, die Kausalität seines Beitrags für die Vollendung zu beseitigen und er sich zusätzlich ernsthaft bemüht, die übrigen Tatbeteiligten von dem Vorhaben abzubringen, kommt er in den Genuss der Straffreiheit[828].

IV. Strafbefreiender Rücktritt bei der Durchführung einer anderen Tat

Der Täter wird auch dann gemäß § 24 Abs. 2 StGB straffrei, wenn er die Vollendung der Tat verhindert, die übrigen Beteiligten im Anschluss daran jedoch dann eine andere Tat begehen, mit welcher der Zurücktretende nichts mehr zu tun hat[829]. Fraglich ist jedoch in diesem Zusammenhang, ab wann tatsächlich eine „neue Tat“ vorliegt beziehungsweise wann lediglich die ursprüngliche Tat weitergeführt wird und die Rücktrittshandlungen des einen Täters einfach nicht ausgereicht haben, um den Eintritt des tatbestandlichen Erfolges zu verhindern. Zunächst erscheint es hier möglich, auf die Grundsätze der natürlichen Handlungseinheit abzustellen. Dies kann jedoch unter Umständen zu unbefriedigenden Ergebnissen führen, da der Begriff der natürlichen Handlungseinheit an sich schon sehr umstritten ist[830]. So haben sich mit der Zeit einige Grundsätze zu dieser Frage entwickelt, welche im Folgenden dargestellt werden sollen:

Eindeutig eine „andere Tat“ liegt vor, wenn die übrigen Beteiligten nach den Handlungen des Zurücktretenden einen anderen Tatbestand verwirklichen[831]. Ebenso eindeutig liegt umgekehrt keine „andere Tat“ vor, wenn lediglich kleine

827 Lilie/Albrecht, in: LK, § 24 Rn. 292; Eser, in: Schönke/Schröder, § 24 Rn. 94; Joecks, § 24 Rn. 39.

828 Fischer, § 24 Rn. 42; Eser, in: Schönke/Schröder, § 24 Rn. 98.

829 Eser, in: Schönke/Schröder, § 24 Rn. 80; Roxin, AT II, § 30 Rn. 348; Lilie/Albrecht, in: LK, § 24 Rn. 276.

830 Eser, in: Schönke/Schröder, § 24 Rn. 92; Lilie/Albrecht, in: LK, § 24 Rn. 277 f.; Zaczyk, in: NK, § 24 Rn. 106.

831 Roxin, AT II, § 30 Rn. 348.

Abweichungen[832] auf Grund des Verhaltens des einen Täters vorliegen[833]. Fraglich ist dagegen, ob noch die selbe Tat vorliegt, wenn der andere Täter die Tat auf Grund des Verhaltens des Zurücktretenden nicht mehr an Ort und Stelle durchführen kann und die Tat dann zu einem anderen Zeitpunkt durchführt. Hier könnte man der Ansicht sein, dass keine andere Tat vorliegt, da ja alles wie geplant durchgeführt wurde und lediglich der Zeitpunkt und/oder der Ort der Tat geändert wurde. Hier muss jedoch richtigerweise von einer anderen Tat ausgegangen werden; insbesondere bei räumlicher und zeitlicher Trennung liegt keine einheitliche Tat mehr vor[834]. Wenn es dem Täter also gelungen ist, den anderen Täter dazu zu bringen, die Tat an einem anderen Ort oder zu einem anderen Zeitpunkt durchzuführen, hat er ein ausreichendes Verhinderungsverhalten an den Tag gelegt. Dafür spricht vor allem folgende Überlegung: Zum einen gibt es kein besseres Abgrenzungskriterium für eine Tat als die räumliche und zeitliche Nähe, denn wenn ein Täter den anderen durch seine Rücktrittshandlungen dazu gebracht hat, die Tat für heute und/oder an diesem Ort aufzugeben, kann von ihm keine bessere Rücktrittsleistung erbracht werden. Auch hat der Zurücktretende oft gar nicht die Möglichkeit, weiter zu prüfen, ob der andere Täter die Tat an einem anderen Ort oder zu einer anderen Zeit erneut begeht. Dies würde voraussetzen, dass er den anderen Täter ständig beobachtet. Dazu hat er aber weder die rechtlichen, noch die tatsächlichen Möglichkeiten[835]. Wenn nun der andere Täter die ursprünglich geplante Tat tatsächlich an einem anderen Ort oder zu einem anderen Zeitpunkt durchführt, stellt dies eine neue Tat dar und der Zurücktretende hat eine ausreichende Rücktrittsleistung an den Tag gelegt, so dass ein strafbarer Rücktritt vorliegt.

Zusammenfassend kann somit festgehalten werden, dass bei der Frage, wann eine neue Tat vorliegt, stets auf alle Gesichtspunkte des Einzelfalls abzustellen ist, wobei insbesondere die räumliche und zeitliche Nähe große Bedeutung erlangen. Eine neue Tat liegt grundsätzlich immer dann vor, wenn die übrigen an der Tat Beteiligten, trotz der Neutralisierung des Tatbeitrags des Zurücktretenden, die Tat weiterführen, dies jedoch auf Grund des ursprünglichen Tatplans einen Exzess darstellt[836]. Eine neue Tat liegt somit immer dann vor, wenn „in ihr nichts mehr enthalten ist, was mit diesem (dem Beitrag des Täters) Beitrag in

832 Ursprünglicher Plan: Einbruch mit Hilfe von einem Dietrich, nun wird die Tür aufgestemmt.

833 Roxin, AT II, § 30 Rn. 348.

834 Roxin, AT II, § 30 Rn. 350.

835 Roxin, AT II, § 30 Rn. 351.

836 Eser, in: Schönke/Schröder, § 24 Rn. 92; Lilie/Albrecht, in: LK, § 24 Rn. 279 f.; ähnl. auch Zaczyk, in: NK, § 24 Rn. 106; Otto, § 19 Rn 75.

ursächlichem Zusammenhang steht, oder dem Beteiligten aus anderen Gründen nicht zugerechnet werden kann“[837].

V. Einige Urteile des BGH

1. Entscheidung des 1. Strafsenats des BGH vom 13.3.1979

a) Sachverhalt

Der 1. Strafsenat ging in seiner Entscheidung vom 13.3.1979[838] davon aus, dass der Täter möglicherweise lediglich als Gehilfe zu bestrafen sei, wenn er durch seine Handlungen eben nicht die Verhinderung der Tat erreicht habe. Dieser Entscheidung war folgender Sachverhalt vorausgegangen: Der Täter A verabredete mit seiner Freundin und einer weiteren Frau, einen Banküberfall durchzuführen. A beteiligte sich dabei auch an den Vorbereitungshandlungen. Nach diesen Vorbereitungshandlungen (Auskundschaften des Tatorts, Diebstahl eines Fahrrads), kamen dem A jedoch Bedenken und er unternahm vor der Bank „einen kurzen verbalen Versuch“, zumindest seine Freundin von der Tat abzuhalten. Da dieser Versuch jedoch fehlschlug und die beiden Frauen die Bank alleine betraten, entfernte sich A von dem Tatort, kehrte jedoch nach kurzer Zeit wieder um, um nach den beiden Frauen zu sehen.

Der BGH ging hier nicht von einem strafbefreienden Rücktritt gemäß § 24 Abs. 2 StGB aus, da der Täter hier seinen Tatbeitrag nicht völlig annulliert habe und Teile seiner Tatbeiträge bis zur Tatvollendung fortgewirkt haben[839]. Jedoch wurde A hier nicht als Mittäter, sondern lediglich als Gehilfe bestraft.

b) Kritik der Literatur

Backmann kritisiert diese Entscheidung heftig[840]. Es läge auch in diesem Fall ein strafbefreiender Rücktritt gemäß § 24 Abs. 2 StGB vor, wenn A die „Gefahrherrschaft“ aufgegeben habe. Dies sei immer dann der Fall, wenn A zum Zeitpunkt des Abstandnehmens von der Tat davon ausging und auch davon ausgehen konnte, dass die übrigen Tatbeteiligten ohne ihn überhaupt keine weiteren Tathand-

837 Lackner/Kühl, § 24 Rn. 27.
838 BGHSt 28, 346.
839 BGHSt 28, 346.
840 Backmann, JuS 1981, 336 ff.

lungen mehr unternehmen würden und daher eine Vollendung der Tat nicht eintreten werde[841].

Dieser Ansatz ist jedoch abzulehnen. Denn wenn man den Gesetzestext genauer betrachtet, wird darin gefordert, dass die Tat auch tatsächlich durch die Handlungen des Zurücktretenden verhindert wird (§ 24 Abs. 2 StGB). Die bloße Hoffnung oder die Ansicht, dass die übrigen Beteiligten ohne die eigene Hilfe keine weiteren Tathandlungen unternehmen werden, genügt dagegen nicht, ebenso wenig wie der bloße innere Entschluss, die Tat nicht weiter verfolgen zu wollen für einen Rücktritt gemäß § 24 Abs. 2 StGB ausreichen kann[842]. Darüber hinaus ist die von *Backmann* vertretene Ansicht in der Praxis nicht handhabbar. Denn wenn sich zeigt, dass die Tat auch ohne die Mithilfe oder den Tatbeitrag des „Zurücktretenden" durch die übrigen Beteiligten vollendet wurde, ist nicht ersichtlich, warum der „Zurücktretende" dann davon ausgehen sollte, dass ohne seinen Tatbeitrag keine weiteren Tathandlungen unternommen werden würden[843]. Vielmehr bestand dann wohl nie ein Anlass dazu zu glauben, dass die Tat ohne den Tatbeitrag des „Zurücktretenden" nicht mehr vollendet werden würde.

Auf den konkreten Fall bezogen bedeutet dies, dass dem 1. Strafsenat hier zuzustimmen ist und kein strafbefreiender Rücktritt gemäß § 24 Abs. 2 StGB vorliegt, da die Tat trotz des Verhaltens des A vollendet wurde. Es sind keine Anhaltspunkte dafür ersichtlich, dass A davon ausgehen durfte, dass die beiden übrigen Beteiligten ohne ihn die Tat nicht vollenden würden. Noch dazu hat er sogar gesehen, dass sie die Tat trotzdem weiter verfolgen und hat keine weiteren Versuche unternommen, die Tat zu verhindern, so dass sein Verhalten weiter fort wirkt. Aus diesem Grund wäre auch durchaus eine Bestrafung als Mittäter in Betracht gekommen. Obwohl der BGH hier lediglich eine Gehilfenstellung annimmt, wird deutlich, dass der BGH hohe Anforderungen an das Rücktrittsverhalten des Täters stellt und eben nicht ein irgendwie geartetes Rücktrittsverhalten ausreichen lässt.

---

841 Backmann, JuS 1981, 336, 338.

842 Roxin, AT II, § 30 Rn. 317; Fischer, § 24 Rn. 38; Eser, in: Schönke/Schröder, § 24 Rn. 76, Kühl, AT, § 20 Rn. 265; Lilie/Albrecht, in: LK, § 24 Rn. 275.

843 Roxin, AT II, § 20 Rn. 317.

2. Entscheidung des 5. Strafsenats des BGH vom 15.1.1991

a) Sachverhalt

In der Entscheidung des 5. Strafsenats[844] hatten zwei Täter (A und D), verabredet, dass sie auf der Flucht gegebenenfalls jeden Polizisten erschießen würden, der sie an der Flucht hindern würde. Als sie dann von der Polizei gestellt wurden, erschoss D auch zwei Polizisten und versuchte zwei weitere zu töten. A selbst hatte nicht geschossen und sich auch von vornherein ergeben. D hatte jedoch das passive Verhalten des A gar nicht bemerkt und angenommen, dass A ihn absprachegemäß notfalls auch bei der Tötung der Polizisten unterstützen würde.

Auch hier hat der BGH einen strafbefreienden Rücktritt des A gemäß § 24 Abs. 2 StGB abgelehnt, da die Unterstützungshandlung des A bis zur Tatvollendung durch D fortbestand. Die psychische Unterstützung durch A wirke für den D weiter fort, so dass die Tat dem A ebenfalls zuzurechnen ist. Um hier strafbefreiend gemäß § 24 Abs. 2 StGB zurücktreten zu können, hätte A dagegen deutlich und nach außen erkennbar dem D offenbaren müssen, dass er eben keine Unterstützungshandlungen mehr leistet. Da er dies jedoch nicht in ausreichender Art und Weise erkennbar gemacht habe, sei A hier wegen seiner Mittäterschaft zu bestrafen.

b) Kritik der Literatur

Auch wenn *Roxin* dem BGH im Ergebnis zustimmt, dass vorliegend ein strafbefreiender Rücktritt des A ausscheidet, ist für ihn nicht ersichtlich, warum der A hier als Mittäter und nicht lediglich wegen Beihilfe bestraft worden sei[845]. Denn vor allem vor dem Hintergrund, dass der BGH auch bei der Entscheidung vom 13.3.1979[846] wohl lediglich eine Gehilfenstellung annahm, hätte diese Entscheidung auch hier erfolgen müssen. Dies insbesondere vor dem Hintergrund, dass A im vorliegenden Fall tatsächlich nur eine psychische Unterstützung für D geleistet hatte und überhaupt keinen weiteren Tatbeitrag entfaltet hat.

Erb geht sogar davon aus, dass nicht einmal eine Gehilfenstellung angenommen werden könne[847], denn bei der ursprünglichen Planung sei von gegenseitiger „Schützenhilfe" die Rede gewesen. Bei der Tat selbst habe es sich jedoch ledig-

---

844 BGHSt 37, 289 ff.

845 Roxin, AT II, § 30 Rn. 320.

846 BGHSt 28, 346 ff.

847 Erb, JuS 1992, 200 f.

lich um eine psychische Unterstützung des D gehandelt. Dies stelle jedoch eine Abweichung vom Kausalverlauf dar, welche nicht mehr vom Vorsatz des A umfasst gewesen ist. Diesem Argument von *Erb* ist jedoch entgegenzuhalten, dass es sich bei der psychischen Unterstützung durch A um ein „Weniger“ als die verabredete Schützenhilfe handelte und somit auch die bloße Unterstützung vom Vorsatz mitumfasst war[848].

Auch *Stein* wendet sich gegen diese Entscheidung, weil der Angeklagte keine verbotene Handlung an den Tag gelegt habe, da er lediglich am Tatort anwesend war[849]. Weil D schon vor der Verabredung mit dem Angeklagten fest entschlossen war, von der Waffe Gebrauch zu machen, hätte der Angeklagte auch kein Verhalten an den Tag legen können, welches D von diesem Plan hätte abbringen können[850]. Wie *Erb* geht auch *Stein* davon aus, dass hier nicht einmal eine Gehilfenstellung gegeben war, da dem Angeklagten die Tat nicht als Erfolgsunwert zuzurechnen sei[851]. D sei bereits fest entschlossen gewesen, die Waffen einzusetzen, so dass eine weitere Unterstützung oder Verstärkung durch den Angeklagten gar nicht möglich war[852].

Im Ergebnis ist dem BGH insoweit zuzustimmen, als ein strafbefreiender Rücktritt gemäß § 24 Abs. 2 StGB ausscheidet. Jedoch lag hier wohl lediglich Beihilfe und keine Mittäterschaft vor. Auch hier zeigt sich erneut, dass der BGH hohe Anforderungen an das Rücktrittsverhalten des Täters bei § 24 Abs. 2 StGB stellt. Er lässt es nicht einmal ausreichen, dass der Täter sich ergibt und somit offensichtlich seinen ursprünglichen Tatplan aufgibt. Offen gelassen hat der BGH jedoch, welches Rücktrittsverhalten der Täter tatsächlich an den Tag hätte legen müssen, um hier in den Genuss des strafbefreienden Rücktritts zu gelangen.

3. Entscheidung des 5. Strafsenats des BGH vom 28.10.1998

In dieser Entscheidung ging der 5. Strafsenat davon aus, dass der Rücktritt auch für den mittelbaren Täter, den Tatmittler und den Gehilfen wirke, wenn die Tat innerhalb eines organisierten Systems durchgeführt wird[853]. Diese Entscheidung beruhte auf der Frage, ob auch dann von einem strafbefreienden Rücktritt des Hintermannes auszugehen ist, wenn dieser als General am Erlass von Jahresbe-

848 Roxin, AT II, § 30 Rn. 321.
849 Stein, StV 1993, 410, 412.
850 Stein, StV 1993, 410, 412.
851 Stein, StV 1992, 410, 412.
852 Stein, StV 1993, 410, 413.
853 BGHSt 44, 204.

fehlen des Verteidigungsministeriums der DDR mitgewirkt hatte, welche sich mit der Sicherung der innerdeutschen Grenze mit Hilfe von Schusswaffen und Minensperren befassten. Dem Angeklagten wurde unter anderem befohlen, dass Verletzte durch speziell ausgebildete Trupps gerettet werden sollten. Wenn unmittelbare Täter (= Grenzsoldaten) dann tatsächlich den Verletzten retten, kommt diese Rettung dem Hintermann zugute, und ein strafbefeiender Rücktritt liegt vor[854]. Damit hat der BGH nun deutlich zu erkennen gegeben, dass er § 24 Abs. 2 StGB bei jeder Art von Beteiligung angewendet wissen will.

VI. Abschließende Zusammenfassung

Als Ergebnis kann festgehalten werden, dass § 24 Abs. 2 StGB immer dann anzuwenden ist, wenn an der Tat mehrere im Sinne von §§ 25 bis 27 StGB beteiligt sind. In welcher Art diese Beteiligung erfolgt, ist hierbei unerheblich. Dies ergibt sich zum einen aus dem eindeutigen Wortlaut des § 24 Abs. 2 StGB und zum anderen aus dem Sinn und Zweck, der hinter der Bestimmung des § 24 Abs. 2 StGB steht, nämlich die Rücktrittvorschriften zu verschärfen, wenn eine Tat nicht von einem Einzeltäter verübt wird. Dann geht der Gesetzgeber davon aus, dass von der ganzen Gruppe eine erhöhte Gefährlichkeit ausgeht, da sich die Beteiligten gegenseitig anstacheln und die Tat daher viel eher zur Vollendung kommen kann.

Der Anwendungsbereich des § 24 Abs. 2 StGB ist immer nur dann eröffnet, wenn die Tat auch tatsächlich bis ins Versuchsstadium gelangt ist, also einer der Beteiligten unmittelbar zur Tat angesetzt hat. Ferner ist Voraussetzung, dass die Tathandlung des Zurücktretenden auch bis in das Versuchsstadium fortwirkt, da ansonsten § 24 Abs. 2 StGB ausscheidet und gegebenenfalls § 31 StGB zu überprüfen wäre.

Der Zurücktretende muss seinen Tatbeitrag in der Art neutralisieren, dass die Tat auch tatsächlich verhindert wird. Wenn es trotz dieser Rücktrittshandlung zu einer Vollendung der Tat gekommen ist, darf dem Täter diese Vollendung nicht zurechenbar sein, oder er muss sich zumindest ernsthaft um die Verhinderung der Vollendung bemüht haben, damit er noch gemäß § 24 Abs. 2 StGB in den Genuss der Straffreiheit kommen kann. Ferner ist ein Rücktritt möglich, wenn die übrigen Tatbeteiligten eine neue Tat begehen. In diesem Fall kann der Taterfolg dem Zurücktretenden nicht zugerechnet werden.

854 BGH, JR 1999, 295, 296.

3. Kapitel: § 31 StGB

A. Allgemeine Überlegungen

§ 31 StGB umfasst Fälle, in denen die Tat noch nicht bis in das Versuchsstadium vorgedrungen ist und somit ein Rücktritt gemäß § 24 Abs. 2 StGB ausscheidet. Grundsätzlich sind solche Fälle der Vorbereitungshandlungen straffrei, so dass mangels strafbarem Verhalten auch keine eigene Rücktrittregelung notwendig ist. Eine Ausnahme von diesem Grundsatz bildet aber § 30 StGB. Hier wird es unter Strafe gestellt, wenn in irgendeiner Art und Weise mehrere Personen ein Verbrechen begehen wollen, sich dazu verabreden oder ein anderer versucht, einen Dritten zu einem Verbrechen anzustiften. Wenn nun eine solche Handlung vorliegt, ist davon auszugehen, dass in diesem Fall bereits die Vorbereitungshandlung strafbar ist, da von mehreren Beteiligten auf Grund der erhöhten Gruppendynamik stets eine größere Gefahr ausgeht[855].

Wenn die Voraussetzungen des § 30 StGB erfüllt sind (= eine strafbare Vorbereitungshandlung liegt vor), muss es eine Möglichkeit geben, dem Täter auch hier eine Rücktrittschance zu bieten. § 24 StGB scheidet mangels versuchter Tat aus, so dass hier nur ein Rücktritt gemäß § 31 StGB in Betracht kommt[856]. Dabei ist zu beachten, dass § 31 StGB nur auf Fälle des § 30 StGB anzuwenden ist und genau wie § 24 StGB einen persönlichen Strafaufhebungsgrund darstellt[857]. § 31 StGB kommt ferner nur dann in Betracht, wenn die geplante Tat noch nicht das Versuchsstadium erreicht hat, der Täter also noch nicht im Sinne von § 22 StGB unmittelbar zur Tat angesetzt hat. Hat der Täter dagegen bereits unmittelbar zur Tat angesetzt, ist ein Rücktritt ausschließlich nach § 24 StGB möglich[858]. Da es sich auch bei § 31 StGB um eine Rücktrittsregelung handelt, kann in weiten Teilen auf die Lehre des § 24 StGB zurückgegriffen werden[859]. Durch sein Rücktrittsverhalten beseitigt der Täter im Falle des § 31 StGB die Gefahr, dass durch

855 Fischer, § 30 Rn. 2; Cramer/Heine, in: Schönke/Schröder, § 31 Rn 9; Zaczyk, in: NK, § 31 Rn. 1.
856 Fischer, § 31 Rn. 1; Heinreich, AT II, Rn. 1372; Joecks, in: MK, § 31 Rn. 1ff.
857 Fischer, § 30 Rn. 1.
858 Fischer, § 31 Rn. 2.
859 Roxin, AT II, § 28 Rn. 88; Joecks, in: MK, § 31 Rn. 3.

das Verhalten eines anderen die Tat zumindest in das Versuchsstadium gelangt[860].

B. Die Rücktrittsvoraussetzungen des § 31 StGB

Allen Rücktrittsvarianten des § 31 StGB ist gemeinsam, dass der Täter stets freiwillig und mit dem entsprechenden Rücktrittswillen handeln muss, damit ein strafbefreiender Rücktritt überhaupt in Betracht kommt[861]. Hierbei gelten im wesentlichen die Ausführungen zu § 24 StGB[862].

I. § 31 Abs. 1 Nr. 1 StGB

§ 31 Abs. 1 Nr. 1 StGB regelt den Rücktritt der versuchten Anstiftung (§ 30 Abs. 1 S. 1, 2. Alt. StGB). Hier genügt es für einen strafbefreienden Rücktritt, wenn der Täter sein Vorhaben aufgibt oder einfach keine weiteren Handlungen an den Tag legt, soweit der Anstiftungsversuch noch ohne Wirkung geblieben ist[863]. Besteht dagegen die Gefahr der Tatbegehung, muss der Täter die bestehende Gefahr durch aktive Handlungen abwenden[864]. Dies kann zum Beispiel dadurch erfolgen, dass der Anstifter dem Täter die Tatbegehung wieder ausredet oder der Anstifter die Polizei oder das Opfer informiert. Ob tatsächlich schon eine Gefahr der Tatbegehung vorliegt, ist aus der subjektiven Sicht des Täters zu beurteilen[865]. Hier zeigt sich wieder die Parallele zu § 24 StGB, denn auch hier ist bei der Frage, ob ein unbeendeter oder beendeter Versuch vorliegt, grundsätzlich auf die Sicht des Täters abzustellen[866].

860 Zaczyk, in: NK, § 31 Rn. 1.

861 Fischer, § 31 Rn. 2; Jescheck/Weigend, AT, § 65 S. 706; Vogler, ZStW 98 (1986), 331, 352; Zaczyk, in: NK, § 31 Rn. 1; Heinreich, AT II Rn. 1373; Baumann/Weber/Mitsch, AT, § 32 Rn. 54; Lackner/Kühl, § 31 Rn. 2; Joecks, § 31 Rn. 2.

862 Fischer, § 31 Rn. 2; Roxin, AT II, § 28 Rn. 91.

863 Vogler, ZStW 98 (1986), 331, 352; Zaczyk, in: NK, § 31 Rn. 4; Fischer, § 31 Rn. 3; Lackner/Kühl, § 31 Rn. 3; Joecks, in: MK, § 31 Rn. 8.

864 Vogler, ZStW 98 (1986) 331, 353; Zaczyk, in: NK, § 31 Rn. 4; Lackner/Kühl, § 31 Rn. 3.

865 Zaczyk, in: NK, § 31 Rn. 4.

866 Vgl. ausführl. zu diesem Problem: Kapitel 1. C. III.

II. § 31 Abs. 1 Nr. 2 StGB

§ 31 Abs. 1 Nr. 2 StGB betrifft den Rücktritt vom Sich-Bereiterklären des Täters, ein Verbrechen zu begehen (§ 30 Abs. 1 S. 1, 1. Alt. StGB). Auch hier genügt es, wenn der Täter dieses Vorhaben endgültig aufgibt und keine weiteren Handlungen mehr an den Tag legt, so dass ein strafbefreiender Rücktritt bejaht werden kann[867].

III. § 31 Abs. 1 Nr. 3 StGB

1. Voraussetzungen

§ 31 Abs. 1 Nr. 3 StGB regelt den Rücktritt von der Verbrechensverabredung (§ 30 Abs. 2, 1. Var. StGB) beziehungsweise von den Fall, dass ein Dritter angeboten hat, ein Verbrechen zu begehen (§ 30 Abs. 2, 2 Var. StGB). Hier fordert das Gesetz, dass der Täter die Tat verhindert, damit er in den Genuss der Straffreiheit gelangt. Diese im Vergleich zu § 31 Abs. 1 Nr. 1 und 2 StGB höheren Anforderungen an das Rücktrittsverhalten des Täters werden damit begründet, dass die Gefahr, dass der andere die Tat begeht, in diesem Falle immer noch besteht und daher verhindert werden muss[868]. Bezüglich der Frage, welche Anforderungen an das Verhindern der Tat gestellt werden, kann bei § 31 StGB vollumfänglich auf § 24 StGB verwiesen werden[869], da sich hier die gleichen Probleme stellen. Damit der Täter somit gemäß § 31 Abs. 1 Nr. 3 StGB strafbefreiend zurücktreten kann, muss er die Tat – nach der hier vertretenen Ansicht – in einer ihm objektiv zurechenbaren Weise verhindern. Ein rein kausaler Tatbeitrag genügt hierfür nicht, da auch bei der Frage der Strafbarkeit stets die objektive Zurechenbarkeit gefordert wird. Ein optimales Verhinderungsverhalten hat der Täter jedoch nicht an den Tag zu legen, da dies ausdrücklich nicht vom Gesetz gefordert wird. Eine Forderung nach einem optimalen Rettungsbemühen würde somit gegen Art. 103 Abs. 2 GG und § 1 StGB verstoßen[870]. Gelingt dem Täter eine Verhinderung der Tat nicht, so ist er zwar mangels Teilnahme an der Haupttat nicht als Mittäter zu bestrafen, jedoch bleibt die Strafbarkeit nach § 30 StGB bestehen.

---

867 Fischer, § 31 Rn. 4; Roxin, AT II, § 28 Rn. 98.

868 Roxin, AT II, § 28 Rn. 101.

869 Fischer, § 31 Rn. 5; Cramer/Heine, in: Schönke/Schröder, § 31 Rn. 9, Joecks, § 31 Rn. 20.

870 Vgl. ausführl. zu diesem Problem: Kapitel 2 B. IV. 1; V. 3.

2. Der Rücktritt durch Unterlassen

So umstritten die Frage des Rücktritts durch Unterlassen bei § 24 Abs. 2 StGB ist[871], so einheitlich wird die Frage des Rücktritts durch Unterlassen bei § 31 StGB beantwortet. Die herrschende Meinung in der Literatur, wie auch die Rechtsprechung, gehen davon aus, dass bei § 31 StGB ein „Verhindern der Tat" und somit ein strafbefreiender Rücktritt durch bloßes Untätigbleiben des Täters möglich ist, wenn dieser weiß, dass die Tat ohne sein Mitwirken nicht begangen werden kann[872]. Dies ist immer dann möglich, wenn der Täter davon ausgeht, dass die übrigen Tatbeteiligten die Tat ohne ihn nicht weiter ausführen würden. Unterlässt der Zurücktretende in diesem Fall weitere Handlungen, hat er das aus seiner Sicht Notwendige für die Verhinderung der Tat getan[873]. Jedoch ist zu beachten, dass die Tat auch tatsächlich durch das Untätigbleiben des Täters verhindert worden sein muss. Geht der Zurücktretende daher irrig davon aus, dass die übrigen Tatbeteiligten ohne ihn die Tat nicht weiter fortführen und gelangt die Tat trotz des Untätigbleibens des Täters in das Versuchsstadium, scheidet ein Rücktritt des Täters gemäß § 31 Abs. 1 Nr. 3 StGB in der Regel aus[874]. Jedoch kann in diesen Fällen unter Umständen noch die Rücktrittsmöglichkeit des § 31 Abs. 2, 2. Alt. StGB vorliegen, wenn die Tat unabhängig von dem früheren Verhalten des Angeklagten vollendet wurde und sich der Täter ernsthaft um die Verhinderung bemüht hat[875].

3. Der Rücktritt durch Durchführung einer anderen Tat

Problematisch ist der Fall, dass der Zurücktretende durch sein Verhalten die ursprünglich geplante Tat unmöglich macht, jedoch nicht verhindern kann, dass die Tat in anderer Weise von den übrigen Beteiligten begangen wird. Die Rechtsprechung und auch der überwiegende Teil der Literatur gehen hier zu Recht davon aus, dass diese Frage nur vor dem Hintergrund beantwortet werden kann, ob es sich bei der dann begangenen Tat noch um die selbe Tat handelt, oder ob

---

871 Vgl. Kapitel 2 E. II.

872 BGH, NJW 1984, 2169; BGH, NStZ-RR 1997, 289; BGH, NStZ 2007, 287, 288; BGH, NStZ 2006, 94, 95; BGH, JZ 1984, 291, 292; Fischer, § 31 Rn. 5; Roxin, AT II, § 28 Rn. 102; Wessels/Beulke, AT, Rn. 566; Vogler, ZStW 98 (1986) 331, 353; in: Zaczyk § 31 Rn. 9; Lackner/Kühl, § 31 Rn. 5; Joecks, in: MK, § 31 Rn. 24; Kühl, JZ 1984, 292; Küper, JR 1984, 265.

873 BGH, JZ 1984, 290, 292; Roxin, AT II, § 28 Rn. 102.

874 BGH, NStZ 1987, 118, 119; Roxin, AT II, § 28 Rn. 193; Fischer, § 31 Rn. 5.

875 BGH, NStZ 1987, 118, 119.

eine neue, von dem ursprünglichen Tatplan nicht umfasste Tat, vorliegt[876]. Wenn es sich um eine neue, von dem ursprünglichen Tatplan unabhängige Tat handelt, liegt ein strafbefreiender Rücktritt des Täters gemäß § 31 StGB vor. Auch hier kann wieder auf die Ausführungen des § 24 Abs. 2 StGB zurückgegriffen werden, bei dem sich ebenfalls die Frage nach dem Rücktritt eines Tatbeteiligten stellt, welcher die konkrete Tat zwar verhindert hat, aber nicht verhindern konnte, dass die übrigen Tatbeteiligten eine andere Tat begehen[877]. Wann eine neue Tat vorliegt, muss hier ebenso wie bei § 24 Abs. 2 StGB anhand der konkreten Umstände des Einzelfalls beurteilt werden. Diese Ansicht gelangt auch zu sachgerechten Ergebnissen, da es keinem Täter zuzumuten ist (und er auch nicht die rechtlichen und tatsächlichen Möglichkeiten besitzt), jeden ehemaligen Tatbeteiligten zu überwachen, um notfalls eine neue, ähnliche Tat zu verhindern[878].

IV. § 31 Abs. 2 StGB

Genau wie § 24 Abs. 2 S. 2 StGB unterscheidet auch § 31 Abs. 2 StGB zwischen zwei Rücktrittsalternativen. Gemäß § 31 Abs. 2, 1. Alt. StGB ist die Tat ohne Zutun des Zurücktretenden verhindert worden, bei § 31 Abs. 2, 2. Alt. StGB wurde die Tat unabhängig von dem früheren Verhalten des Zurücktretenden begangen. Bei beiden Alternativen muss sich der Täter ernsthaft um die Verhinderung der Vollendung bemühen, damit ein strafbefreiender Rücktritt in Betracht kommt. Auch hier fällt die Ähnlichkeit mit dem Wortlaut des § 24 Abs. 2 StGB auf, so dass bezüglich der Frage, wann ein „ernsthaftes Bemühen" vorliegt, stets auf § 24 Abs. 2 StGB verwiesen wird[879]. Demnach liegt ein ernsthaftes Bemühen immer dann vor, wenn der Täter „Handlungen unternimmt, die gemessen an der von ihm (vermeintlich) verwirklichten Gefahr der Tatbegehung zumindest aus seiner Sicht geeignet sind, die Vollendung mit hinreichender Sicherheit zu verhindern"[880]. Der Täter muss „alle seine Kräfte anspannen, um den vermeintlichen Tatentschluss des präsumtiven Täters rückgängig zu machen"[881]. Obwohl der

876 BGH, NStZ 1992, 537; BGH, NStZ 1987, 118; BGH, NStZ 1999, 450; Roxin, AT II, § 28 Rn. 104; ders., in: LK, § 31 Rn. 22; Lackner/Kühl, § 31 Rn. 2.

877 Vgl. ausführl. dazu 2. Kapitel E. IV.

878 Vgl. 2. Kapitel E. IV.

879 Fischer, § 31 Rn. 6; Roxin, AT II, § 28 Rn. 108; ders., in: LK, § 31 Rn. 25; Baumann/Weber/Mitsch, AT, § 32 Rn. 56; Cramer/Heine, in: Schönke/Schröder, § 31 Rn. 11; Joecks, in: MK, § 31 Rn. 26; Kudlich/Schuhr, in: Satzger/Schmitt/Widmaier, § 31 Rn. 9.

880 Zaczyk, in: NK, § 31 Rn. 18.

881 BGH, NStZ 2006, 94, 95; Fischer, § 31 Rn. 8; so auch: Wessels/Beulke, AT, Rn. 566; Lackner/Kühl, § 31 Rn. 3; Joecks, § 31 Rn. 9; BGHSt 50, 142 ff.

BGH hier hohe Anforderungen an das „ernsthafte Bemühen" stellt[882], lässt er unter Umständen auch ein rein passives Verhalten des Täters ausreichen[883].

C. Einige Beispiele der Rechtsprechung

Die soeben genannten Grundsätze, wann die Rechtsprechung und die Literatur von einem strafbefreienden Rücktritt gemäß § 31 StGB ausgehen, sollen nun noch anhand einiger Urteile des BGH verdeutlicht werden.

I. Urteil des 1. Strafsenats des BGH vom 7.10.1983

In diesem Fall stellte der BGH erstmalig fest, dass auch ein rein passives Verhalten des Täters ausreichen könne, um einen strafbefreienden Rücktritt gemäß § 31 StGB zu bejahen[884]. So hatten sich die Angeklagten verabredet, unter Verwendung einer Bombenattrappe eine Sparkassenfiliale zu überfallen. Der zunächst gefasste Plan, die Tat am Montag durchzuführen, wurde von den Beteiligten aufgegeben, da an diesem Tag zu viele Passanten unterwegs waren. Sie beschlossen daher, die Tat stattdessen am Dienstag durchzuführen. Der eine der beiden Angeklagten wollte die Tat jedoch überhaupt nicht mehr durchführen und überredete daher den anderen Tatbeteiligten, die Tat erst am Donnerstag zu begehen. Im Laufe der Tage verlor dann auch der andere Tatbeteiligte das Interesse an der Tat und beschloss, am Donnerstag einfach nicht am Tatort zu erscheinen.

Der 1. Senat des BGH stellte hier fest, dass eine Verhinderung der Tatvollendung zwar grundsätzlich eine aktive Verhinderungshandlung voraussetze, jedoch im Einzelfall auch ein rein passives Verhalten für eine Verhinderung ausreichend sein könnte[885]. Dies sei immer dann der Fall, wenn der Zurücktretende auf Grund des gefassten Tatplans davon ausgeht, dass sein passives Verhalten ausreichend ist, die weiteren Tatausführungen zu verhindern[886]. Davon könne immer dann ausgegangen werden, wenn der Zurücktretende sich sicher ist, dass die Tat ohne seine Mithilfe nicht weiter betrieben wird. Hier konnten beide Angeklagten davon ausgehen, dass keiner von beiden ohne die Mitwirkung des jeweils anderen

882 BGH, NStZ 2006, 1994.
883 Vgl. dazu 2. Kapitel C. 5.
884 BGH, NJW 1984, 2169 ff.
885 BGH, NJW 1984, 2169 f.
886 BGH, NJW 1984, 2169 f.

die geplante Tat nicht weiter betreiben werde, so dass hier ein strafbefreiender Rücktritt gemäß § 31 StGB vorlag.

Wie bereits dargestellt, ist auch die Literatur der Ansicht, dass ein strafbefreiender Rücktritt gemäß § 31 StGB durch Unterlassen möglich ist[887]. Im vorliegenden Fall konnte jeder der Tatbeteiligten auf Grund des gemeinsamen Tatplans davon ausgehen, dass der jeweils andere die Tat nicht weiter verfolgen wird. Dadurch, dass hier beide unabhängig voneinander beschlossen, zu der verabredeten Zeit nicht am Tatort zu erscheinen, lag hier von beiden eine Verhinderungshandlung vor, welche für beide Täter zu einem strafbefreienden Rücktritt führte.

II. Urteil des 1. Strafsenats des BGH vom 14.6.2005

In dieser Entscheidung hatte sich der BGH mit der Frage auseinander gesetzt, ab wann ein ernsthaftes Bemühen des Angeklagten vorliegt, wenn ein objektiv fehlgeschlagener Bestimmungsversuch vorliegt[888].

1. Entscheidung des erkennenden Senats

Dieser Entscheidung war folgender Sachverhalt vorausgegangen: Der Angeklagte sah sich finanziellen Forderungen seiner geschiedenen Ehefrau ausgesetzt, wobei er davon ausging, dass der neue Lebensgefährte hier die „treibende Kraft" sei. Er beschloss daher, den Lebensgefährten durch einen Dritten umbringen zu lassen. Er nahm aus diesem Grund Kontakt zu N auf, bei welchem es sich jedoch um einen verdeckt ermittelnden Polizeibeamten handelte. Beim ersten Treffen am 30.3.2004 erklärte der Angeklagte dem N, der Lebensgefährte müsse für immer spurlos verschwinden, es müsse eine „Vollentsorgung" werden. Dabei schilderte der Angeklagte dem N, wie er sich den Mord vorstelle. Er übergab an N auch bereits 4.000 € als Anzahlung. Bei einem zweiten Treffen teilte der Angeklagte dem N mit, dass eine Änderung eingetreten sei, da der Rechtsanwalt seiner Ehefrau neue, akzeptable finanzielle Vorschläge unterbreitet habe. Er wolle die Sache zunächst nicht weiter verfolgen. Dennoch zeigte der Angeklagte auf Bitten des N diesem das Haus, in welchem der Lebensgefährte wohnte, damit dieser bei Bedarf die Tat sofort ausführen könne. Vor dem Haus unterhielten sich

887 BGHSt 32, 133; Fischer, § 31 Rn. 5; Roxin, AT II, § 28 Rn. 102; Wessels/Beulke, AT, Rn. 566; Vogler, ZStW 98 (1986) 331, 353; Zaczyk, in: NK, § 31 Rn. 9; Lackner/Kühl, § 31 Rn. 5; Joecks, in: MK, § 31 Rn. 24; Kühl, JZ 1984, 292, Küper, JR 1984, 265.

888 BGHSt 50, 142 ff.

der Angeklagte und N noch weiter über die möglichen Ausführungen des Mordes. Bei der Verabschiedung sagte der Angeklagte, er werde sich bei N melden, wenn dieser die Tat ausführen solle.

Der BGH ging hier davon aus, dass der Angeklagte nicht strafbefreiend zurückgetreten sei, da der Angeklagte fälschlicherweise davon ausging, dass er den N erfolgreich dazu angestiftet hatte, den Mord zu begehen. Ein Rücktritt richte sich daher nach § 31 Abs. 2, 1. Alt. StGB. Er müsse sich daher ernsthaft um die Verhinderung der Tat bemühen. Nach Ansicht des BGH hatte der Angeklagte hier den Entschluss, den Lebensgefährten töten zu lassen, nie aufgegeben, sondern lediglich zurückgestellt. Er hatte mit dem N auch die Tatmodalitäten insoweit besprochen, dass dieser die Tat jederzeit hätte durchführen können. Um hier einen strafbefreienden Rücktritt annehmen zu können, hätte der Angeklagte daher alle seine Kräfte anspannen müssen, um die Tat hier zu verhindern. Er hätte das aus seiner Sicht Notwendige zur Tatverhinderung unternehmen müssen[889]. Da er hier jedoch lediglich eine zeitliche Änderung vornehmen wollte, liegt nach Ansicht des BGH kein „ernsthaftes Bemühen“ vor, so dass hier ein strafbefreiender Rücktritt nicht anzunehmen ist.

2. Kritik der Literatur

Gegen diese Entscheidung wenden sich einige Stimmen in der Literatur[890]. So wird angeführt, dass der Angeklagte keinen Grund hatte anzunehmen, dass N ohne seine erneute Aufforderung den Mord begehen würde, da der Angeklagte N ja neben der Anzahlung noch eine weitere Geldzahlung bei der Vollendung des Mordes zugesagt habe[891]. Aus Sicht des Angeklagten seien daher weitere Verhinderungsmaßnahmen gar nicht erforderlich gewesen. Ein ernsthaftes Bemühen sei daher hier durch das passive Verhalten des Angeklagten gegeben, da dieser Begriff „tätergünstig“ auszulegen sei[892]. Dadurch dass der Angeklagte dem N mitteilte, er werde ihn davon in Kenntnis setzen, wann er die Tat ausführen sollte, habe sowohl der Angeklagte, als auch der N den Vorsatz für den Moment aufgegeben[893]. Dem Angeklagten sei es daher nicht zuzumuten gewesen, nun auch noch Vorkehrungen zu treffen, dass N die Tat ohne seine weiteren Weisungen ausführt[894].

889 BGHSt 50, 142 ff.
890 Puppe, JR 2006, 74 ff.; Kütterer-Lang, JuS 2006, 206 ff.
891 Puppe, JR 2006, 74, 75; Kütterer-Lang, JuS 2006, 206, 208.
892 Kütterer-Lang, JuS 2006, 206, 208.
893 Puppe, JR 2006, 74, 76.
894 Puppe, JR 2006, 74, 76.

3. Stellungnahme

Im Ergebnis ist hier dem BGH darin zuzustimmen, dass der Angeklagte nicht strafbefreiend zurückgetreten ist. Denn was bei der Kritik der Literatur nicht ausreichend gewürdigt wird, ist die Tatsache, dass der Angeklagte den Vorsatz bezüglich des Auftragsmordes nie aufgab, sondern diesen lediglich zeitlich verzögerte. Schon aus diesem Grund scheidet hier ein Rücktritt mangels Rücktrittswillens aus. Selbst wenn man jedoch davon ausgeht, dass hier ein Aufgeben des Vorsatzes vorliegt, hat sich der Angeklagte auf keinen Fall ernsthaft um die Verhinderung der Tat bemüht. So hätte er beispielsweise gar nicht zu dem Haus des Opfers fahren müssen oder hätte den Vorschuss wieder zurück verlangen können, damit hier ein „ernsthaftes Bemühen" um die Verhinderung der Tat bejahte werden kann. Da eine solche Handlung jedoch nicht vorlag, sondern sogar die Einzelheiten der Tat besprochen wurden, lag hier kein ernsthaftes Bemühen und somit kein Rücktritt gemäß § 31 Abs. 2, 1. Alt. StGB vor.

III. Urteil des 2. Strafsenats des BGH vom 21.10.1983

Auch in diesem Urteil wurde festgestellt, dass ein Verhindern der Tat in einem passiven Verhalten liegen kann, wenn der Zurücktretende sicher davon ausgeht, dass die übrigen Tatbeteiligen die Tat ohne sein Zutun nicht weiter betreiben werden[895]. Hier planten drei Tatbeteiligte, eine Tankstelle zu überfallen. Jedoch wurde der Tatplan stets verschoben, da den Beteiligten die Tat auf Grund der vielen Passanten als zu unsicher erschien, so dass es letztendlich nie zu der Durchführung der Tat kam. Ob die Tat tatsächlich aufgegeben werden sollte, wurde zwischen den Tatbeteiligten nicht besprochen, jedoch wurde der Plan irgendwann einfach nicht weiter verfolgt.

Auf Grund dieses Sachverhaltes ging der BGH hier überzeugend davon aus, dass durch das passive Verhalten eines jeden Einzelnen ein Verhindern der Tat und damit ein Rücktritt bejaht werden konnte. Auch wenn die Beteiligten nie wirklich über die Aufgabe der Tat gesprochen hatten, wurde die Tat hier auf Grund des passiven Verhaltens eines jeden Einzelnen nicht weiter verfolgt, so dass hier ein strafbefreiender Rücktritt durch Unterlassen vorlag.

895 BGHSt 32, 133 ff.

IV. Urteil des 2. Strafsenats des BGH vom 18.4.1990

Auch in dieser Entscheidung betonte der BGH erneut, dass grundsätzlich ein aktives Verhalten des Zurücktretenden vorliegen müsse, damit von einem straf-befreienden Rücktritt ausgegangen werden könnte, jedoch im Einzelfall ein rein passives Verhalten ausreichen kann, wenn der Zurücktretende sicher ist, dass die Tat ohne sein Mitwirken nicht weiter verfolgt wird[896]. In diesem Fall wurde zwischen den Beteiligten verabredet, dass sie eine Sparkassenfiliale überfallen wollten, wobei der Angeklagte „Schmiere" stehen und D den Überfall verüben sollte. D gab jedoch sein Vorhaben, den Überfall zu verüben, auf, als ein Angestellter der Sparkasse auf ihn zukam und ihn grüßte. Der Angeklagte selbst stand ebenfalls nicht in der Nähe der Sparkasse, um gegebenenfalls eine Warnung aussprechen zu können, sondern erschien gar nicht am Tatort. In diesem Fall ging der BGH davon aus, dass hier ein Verhindern der Tat durch das passive Verhalten des Angeklagten vorliege, indem er seinen Tatbeitrag (Wache halten) nicht durchführte. Dass D unabhängig von dem Angeklagten die Tat nicht weiter durchführen wollte, wertete der BGH hier sogar zugunsten des Angeklagten. Dass D nicht einmal die Tat weiterführen wollte, obwohl er davon ausging, dass der Angeklagte Wache hielt, spricht eindeutig dafür, dass er die Tat erst recht nicht weitergeführt hätte, wenn er gewusst hätte, dass der Angeklagte gar nicht auf seinem Posten gewesen ist. Somit hatte der Angeklagte durch sein passives Verhalten die Tat verhindert.

V. Beschluss des 2. Strafsenats des BGH vom 23.8.2000

In dieser Entscheidung wurde wiederum festgestellt, dass auch ein passives Verhalten einen Rücktritt begründen kann und insoweit die Voraussetzungen des § 31 Abs. 1 Nr. 3 StGB und die des § 24 Abs. 2 S. 1 StGB identisch sind[897]. In dem hier zu entscheidenden Fall hatte der Angeklagte mit zwei weiteren Tatbeteiligen beschlossen, in Zukunft italienische Restaurants zu überfallen und Schutzgelder zu erpressen. Als der Angeklagte eines der Restaurants überfallen wollte, war der Inhaber nicht anwesend, so dass es weder an diesem Tag noch in der Folgezeit zu einer Schutzgelderpressung kam. Der erkennende Senat ging in diesem Fall davon aus, dass nicht auszuschließen sei, dass der Angeklagte durch sein passives Verhalten die Verhinderung der Tat herbeigeführt habe, da er möglicherweise davon ausgehen durfte, dass ohne sein weiteres Handeln auch die

896 BGH, JA 1990, 319.

897 Beschluss des 2. Strafsenats vom 23.8.2000, 2 StR 271/00 (zit. nach Juris).

übrigen Tatbeteiligten keine weiteren Handlungen durchführen würden. Genauere Feststellungen konnten jedoch auf Grund des bisher festgestellten Sachverhaltes nicht getroffen werden.

VI. Urteil des 3. Strafsenats des BGH vom 8.2.1989

In dieser Entscheidung[898] ging der erkennende Senat davon aus, dass das rein passive Verhalten des Angeklagten nicht ausgereicht hatte, einen strafbefreienden Rücktritt anzunehmen. Der erkennende Senat ging hier sogar so weit, dass er ein rein passives Verhalten des Täters grundsätzlich nicht ausreichen lassen wollte, um einen strafbefreienden Rücktritt gemäß § 31 StGB bejahen zu können[899]. In diesem Fall hatte der Angeklagte B den Angeklagten J für eine Brandlegung in einem von B gemieteten Bürogebäude gewinnen wollen. J fragte daraufhin den Zeugen M. Dieser schien zunächst auch daran interessiert und verabredete sich mit B. B bezahlte ihm einen Vorschuss und M sicherte die Brandstiftung zu. Da M „die Sache aber zu heiß" wurde, setzte er sich in die Niederlande ab. Eine Nacht später wurde von einem Unbekannten dann tatsächlich in den Büroräumen Feuer gelegt.

Der BGH ging hier davon aus, dass kein strafbefreiender Rücktritt des B vorgelegen habe, da dieser keine der in § 31 StGB genannten Rücktrittsalternativen verwirklicht hat[900]. Hier läge eben kein Rücktritt durch Unterlassen vor, denn anders als in den beiden vorher genannten Urteilen, konnte und durfte B nicht davon ausgehen, dass die Tat durch M nicht weiter betrieben wurde, wenn er (B) untätig bleibe. Er hatte vielmehr mit dem Besprechen der Einzelheiten und dem Bezahlen des Vorschusses alles aus seiner Sicht erforderliche getan, um die Brandstiftung zu veranlassen, so dass es in diesem Fall einer aktiven Handlung des B bedurft hätte, um einen strafbefreienden Rücktritt zu bejahen. Diese Entscheidung steht jedoch nicht im Widerspruch zu den Entscheidungen, welche einen Rücktritt durch passives Verhalten bejahen, denn in diesen Fällen lag der Sachverhalt stets so, dass der Zurücktretende davon ausgehen konnte, dass die übrigen Tatbeteiligten ohne ihn die geplante Tat nicht weiter verfolgen würden.

---

898 Urteil des 3. Strafsenats vom 8.2.1989, Az: 3 StR 299/88 (zit. nach Juris).

899 Urteil des 3. Strafsenats vom 8.2.1989, Az: 3 StR 299/88 (zit. nach Juris).

900 Urteil des 3. Strafsenats vom 8.2.1989, Az: 3 StR 299/88 (zit. nach Juris).

VII. Urteil des 4. Strafsenats des BGH vom 23.7.1992

Dieses Urteil beschäftigte sich mit der Frage, wann ein Rücktritt freiwillig ist und ob ein Rücktritt auch dann möglich ist, wenn der Zurücktretende seinen Tatbeitrag derart neutralisiert hat, dass der ursprüngliche Tatplan von den übrigen Beteiligten in einer völlig abgewandelten Form durchgeführt wird. In diesem Fall liegt ein strafbefeiender Rücktritt, genau wie auch bei § 24 StGB dann vor, wenn zwischen der ursprünglich geplanten Tat und der nach den Rücktrittshandlungen des Beteiligten begonnenen Tat keine Tatidentität besteht[901].

Im vorliegenden Fall hatte der Angeklagte mit M verabredet, P aufzulauern und zu überfallen. Nachdem sie jedoch längere Zeit gewartet hatten und P nicht wie geplant erschienen war, gaben sie das Vorhaben auf Grund der Initiative des Angeklagten auf. Nach dieser Nacht hatten der Angeklagte und M keinen Kontakt mehr miteinander. Elf Monate nach der geplanten Tat überfiel M in der gleichen Weise, nun jedoch mit zwei anderen Tatbeteiligten, den P.

Das Landgericht ging hier zunächst davon aus, dass der Rücktritt des Angeklagten nicht freiwillig sei und ein Abbruch der Tat nur erfolgt sei, weil P nicht erschienen war. Hiergegen wendet sich jedoch zu Recht der erkennende Senat. Da das Merkmal der Freiwilligkeit bei § 31 StGB genau so auszulegen ist wie bei § 24 StGB, lag hier bezüglich der Rücktrittshandlungen des Angeklagten sehr wohl Freiwilligkeit vor, weil er sich aus freien Stücken dafür entschieden hatte, die Tat nicht weiter zu verfolgen. Es war zu Gunsten des Angeklagten davon auszugehen, dass er die Tat nicht weiter verfolgen wollte, weil er sich aus „freien Stücken“ heraus dazu entschlossen hatte, die Tat aufzugeben. Die Tat, welche der M dann zu einem viel späteren Zeitpunkt verübte, stellte eine völlig neue Tat dar, die mit dem Angeklagten in keiner Verbindung mehr stand, so dass die erforderliche Tatidentität abzulehnen ist und diesbezüglich keine Strafbarkeit des Angeklagten gegeben war.

VIII. Beschluss des 4. Strafsenats des BGH vom 13.3.1997

Auch hier hatte sich der BGH erneut mit der Frage zu beschäftigen, ob ausnahmsweise ein rein passives Verhalten für einen strafbefreienden Rücktritt ausreichend sei, wenn der Täter davon ausgeht, dass der Tatplan ohne seine weitere Mithilfe nicht verwirklicht wird[902]. Der Angeklagte hatte dem G einen größeren Geldbetrag versprochen, wenn dieser die Discotheken von zwei Kon-

901 BGH, NStZ 1992, 537 ff.
902 BGH, NStZ-RR 1997, 289 f.

kurrenten des Angeklagten in Brand setze. Daraufhin wurde verabredet, dass der Angeklagte und G zu den beiden Discotheken fahren sollten und der Angeklagte dem G das Material für das Inbrandsetzen zur Verfügung stellen sollte. Der Zeuge G beschloss jedoch, die Tat nicht durchzuführen. Ein weiterer Kontakt zwischen G und dem Angeklagten unterblieb.

Der erkennende Senat bekräftigt hier die oben dargestellte Aussage, dass ein passives Verhalten ausreichend ist, wenn der Täter davon ausgeht, dass ohne seine Mithilfe die Tat nicht weiter verfolgt wird. Ob der Angeklagte in diesem konkreten Fall davon ausging und somit ein passives Verhalten zum Rücktritt ausgereicht hat, vermochte der BGH auf Grund der getroffenen Sachverhaltsdarstellung nicht zu beurteilen, so dass hier weitere Tatsachenfeststellungen zu treffen waren.

D. Zusammenfassung

Zusammenfassend kann somit festgehalten werden, dass bezüglich der Anforderungen an das Rücktrittsverhalten bei § 31 StGB auf die Grundsätze des § 24 StGB zurückgegriffen werden kann und die Rechtsprechung und die Literatur dies auch durchwegs tut. Eindeutig anerkannt ist auch, dass ein Rücktritt durch passives Verhalten gegeben sein kann, wenn der Täter davon ausgeht, dass ohne sein weiteres Verhalten auch die übrigen Beteiligten die Tat nicht weiter ausführen.

Ergebnis

Bei der Frage, welche Anforderungen an das Rücktrittsverhalten des Täters gestellt werden, fällt auf, dass die Rechtsprechung hier seit der Entscheidung des 2. Strafsenats aus dem Jahre 2002[903] bereits die bloße Kausalität zwischen Rücktrittshandlung und Ausbleiben des tatbestandlichen Erfolges genügen lässt. Dies kann jedoch, gerade im Hinblick darauf, dass auch zur Begründung einer Strafe der tatbestandliche Erfolg dem Täter objektiv zurechenbar sein muss, nicht ausreichen. Diese Ungleichbehandlung zwischen den Voraussetzungen zur Strafbegründung und zum strafbefreienden Rücktritt kann nicht gewollt sein und überzeugt auch nicht. Gerade vor dem Hintergrund, dass einer der Gründe für die Möglichkeit des strafbefreienden Rücktritts die Tatsache ist, dass der Täter der Allgemeinheit durch seine Rücktrittshandlung zeigen soll, dass er auf den „rechten Weg" zurückgekehrt ist, sind die von der Rechtsprechung und Teilen der Literatur geforderten geringen Anforderungen an das Rücktrittsverhalten des Täters nicht überzeugend.

Im letzten Teil dieser Arbeit soll ein kurzer Gesamtüberblick zu den Problemen erfolgen, welche sich bei der Frage des strafbefreienden Rücktritts stellen.

A. Zusammenfassung

I. Die Theorien bezüglich des strafbefreienden Rücktritts

Bei der Frage, warum ein Täter überhaupt strafbefreiend vom Versuch zurücktreten kann, herrscht bis heute keine Einigkeit über die Rechtfertigung der Straffreiheit. Am überzeugendsten ist eine Gesamtschau aus allen vertretenen Theorien, da jede Ansicht sowohl gute wie auch weniger überzeugende Ansatzpunkte in sich trägt. So kann der Grund für die Straffreiheit des Täters, welcher freiwillig zurücktritt, zum einen darin gesehen werden, dass eine Bestrafung nicht notwendig erscheint, da der Täter freiwillig in die Legalität zurückgekehrt ist (Strafzwecktheorie). Zum anderen muss bei dieser Überlegung aber auch berück-

903 Vgl. 2. Kapitel A. III.

sichtigt werden, dass der Täter sich durch den Rücktritt seine Straffreiheit „verdient“ (Verdienstlichkeitstheorie).

Vor allem die Rechtsprechung, aber auch Teile der Literatur, gehen daher von einer Kombination aller möglichen Gesichtspunkte aus[904], da alle genannten Ansichten ihre Berechtigung haben und stets für die Frage nach dem eigentlichen Grund für die Straffreiheit des Täters bei einem strafbefreienden Rücktritt herangezogen werden können und auch müssen. Eine isolierte Sicht, welche lediglich einen Aspekt zur Begründung heranzieht, wird der Vielfältigkeit der Gründe, warum ein Täter bei einem freiwilligen Rücktritt Straffreiheit erlangt, nicht gerecht.

II. Abgrenzung zwischen unbeendeten und beendeten Versuch

Bei der Frage, welches Verhalten der Täter an den Tag legen muss, damit er strafbefreiend vom Versuch zurücktreten kann, ist zunächst festzustellen, ob ein unbeendeter Versuch oder aber ein beendeter Versuch vorliegt. Denn nur bei einem beendeten Versuch stellt sich die Frage, welche Anforderungen an das Rücktrittsverhalten des Täters zu stellen sind. Bei einem unbeendeten Versuch genügt stets das bloße „Aufhören“, um in den Genuss der Straffreiheit zu gelangen.

1. Fehlgeschlagener Versuch

Bevor man zu der Prüfung übergeht, ob der Versuch unbeendet oder beendet ist, ist zu untersuchen, ob ein Fall des fehlgeschlagenen Versuchs vorliegt. Ein fehlgeschlagener Versuch liegt vor, wenn der Täter davon ausgeht, dass er den tatbestandlichen Erfolg mit dem ihm zur Verfügung stehenden Mitteln nicht mehr herbeiführen kann[905]. Hierbei ist nach überzeugender und herrschender Ansicht nicht auf jeden einzelnen Akt des Geschehens abzustellen („Einzelaktstheorie“), sondern es ist stets das gesamte Tatgeschehen als Einheit zu betrachten („Gesamtbetrachtungslehre“). Im Falle des fehlgeschlagenen Versuchs scheidet ein Rücktritt aus.

---

904 BGHSt 37, 340; Zaczyk, in: NK, § 24 Rn. 4; Jescheck/Weigend, AT, § 49 S. 540; Eser, in: Schönke/Schröder, § 24 Rn. 2 b.

905 Wessels/Beulke, AT, Rn. 628; Roxin, AT II, § 30 Rn. 77; Kudlich, JuS 1999, 240, 242; Fischer, § 24 Rn 7.

2. Unbeendeter und beendeter Versuch

Unbeendet ist der Versuch, wenn der Täter glaubt, dass es zur Verwirklichung des Tatbestandes noch weiterer Handlungen bedarf. In diesem Fall genügt es, wenn der Täter weitere Handlungen unterlässt, um in den Genuss der Straffreiheit zu gelangen (§ 24 Abs. 1 S. 1, 1. Alt. StGB)[906]. Beendet ist der Versuch, wenn der Täter glaubt, bereits alles Erforderliche für die Tatbestandsverwirklichung getan zu haben. Hier muss der Täter aktive Verhinderungshandlungen an den Tag legen, damit er in den Genuss der Straffreiheit gelangt (§ 24 Abs. 1 S. 1, 2. Alt. StGB)[907]. Die Abgrenzung zwischen unbeendeten und beendeten Versuch erfolgt grundsätzlich nach rein subjektiven Gesichtspunkten. Um den Bereich des unbeendeten Versuchs jedoch nicht bis ins Uferlose auszuweiten, geht die Rechtsprechung und die Literatur bei schweren Gewalttaten (Tötungsdelikte, schwere Körperverletzung) davon aus, dass der Täter unter Umständen erkennen musste, dass der tatbestandliche Erfolg ohne weitere Zwischenschritte eintreten kann. In diesem Fall kann er sich nicht auf die Aussage zurückziehen, er sei davon ausgegangen, dass noch weitere Handlungen für den Eintritt des Handlungserfolges notwendig waren.

Bei der Frage, ob ein unbeendeter oder ein beendeter Versuch vorliegt, ist nach der herrschenden Meinung stets das gesamte Tatgeschehen (Gesamtbetrachtungslehre) zu betrachten, wobei auf die Vorstellungen des Täters nach der letzten Tathandlung abzustellen ist (Lehre vom Rücktrittshorizont). Im Rahmen der Gesamtbetrachtungslehre, in Gestalt der Lehre vom Rücktrittshorizont, kann auch ein Irrtum des Täters beachtlich sein (Lehre vom korrigierten Rücktrittshorizont).

3. Sogenannte Denkzettelfälle

Umstritten ist die Frage, ob der Täter, der eine schwere Folge (zum Beispiel den Tod des Opfers) billigend in Kauf nimmt, strafbefreiend von dem Tötungsversuch zurücktreten kann, obwohl er sein primäres Handlungsziel bereits erreicht hat. Der BGH geht seit der Entscheidung des Großen Senats für Strafsachen[908] einstimmig davon aus, dass auch in diesen Fällen ein Rücktritt von der nur billigenden in Kauf genommenen schweren Folge möglich ist, da der Täter auch in

906 Fischer, § 24 Rn. 14; Wessels/Beulke, AT, Rn. 631; Kühl, AT, § 16 Rn. 25, Jescheck/Weigend, AT, § 49 S. 541; Heinrich, AT I, Rn. 790; Roxin, AT II, § 30 Rn. 163.

907 Fischer, § 24 Rn. 14; Wessels/Beulke, AT, Rn. 631; Kühl, AT, § 16 Rn. 25; Jescheck/Weigend, AT, § 29 S. 541; Rudolphi, in: SK, § 24 Rn. 15.

908 BGHSt 39, 221 ff.

diesem Fall einen Teil der weiterhin möglichen Handlungen aufgibt. Es liegt bezüglich der schweren Folge ein unbeendeter Versuch vor, von dem der Täter durch bloßes Nichtweiterhandeln zurücktreten kann.

Dagegen lässt sich jedoch einwenden, dass es gerade vor dem Hintergrund der Verdienstlichkeitstheorie nicht einzusehen ist, dass der Täter in diesem Fall strafbefreiend zurücktreten kann. Denn er gibt überhaupt nichts auf, da er sein primäres Handlungsziel ja bereits erreicht hat. Er „verdient“ sich hier eben den Rücktritt nicht durch eine honorierbare Rücktrittsleistung. Er hat auch bereits sein eigentlich angestrebtes Handlungsziel erreicht, die tatbestandliche Folge wurde ja gerade nur billigend in Kauf genommen, um das eigentliche Handlungsziel zu erreichen. Somit kann in diesem Punkt dem BGH nicht gefolgt werden. Vielmehr ist in den Fällen, in welchen der Täter mit *dolus eventualis* handelt und primär ein anderes Ziel als das außertatbestandliche Handlungsziel erreichen möchte, ein strafbefreiender Rücktritt nicht möglich.

III. Anforderungen an das Rücktrittsverhalten des Täters bei § 24 Abs. 1 S. 1, 2. Alt. StGB

Wenn man nun zu dem Ergebnis gelangt ist, dass ein beendeter Versuch vorliegt, stellt sich die Frage, welche Anforderungen an das Rücktrittsverhalten des Täters bei § 24 Abs. 1 S. 1, 2. Alt. StGB zu stellen sind.

1. Rein kausales Verhalten

Die Rechtsprechung verfolgte hier bis zu der klärenden Entscheidung des 2. Strafsenats im Dezember 2002 eine uneinheitliche Rechtsprechung, auch wenn die Entscheidungen, welche ein rein kausales Rücktrittsverhalten des Täters ausreichen ließen, auch schon vor der richtungsweisenden Entscheidung des 2. Strafsenat überwogen[909]. Zum Teil wurde aber auch vertreten, dass der Täter ein optimales Rücktrittsverhalten an den Tag legen muss[910]. Nach der Entscheidung des 2. Strafsenats vom Dezember 2002 kann jedoch von einer gefestigten Rechtsprechung gesprochen werden. Die Rechtsprechung vertritt nun einhellig die Ansicht, dass die reine Kausalität zwischen Rücktrittsverhalten des Täters

909 BGH, StV 1981, 396 f.; BGH, StV 198, 514 f.; BGH, StV 1981, 515 f.; BGH, StV 1982, 467; BGH, NJW 1985, 813 f.; BGHSt 33, 295 f; BGH, NJW 1986, 1001 ff.; BGH, NJW 1990, 3219; BGH, StV 1994, 304; BGH, NStZ-RR 1997, 233 f.; BGH, StV 1999, 203 f.

910 BGHSt 31, 46 ff.; BGH, NStZ 1989, 525; BGH, NStZ-RR 1997, 193 f.

und Verhinderungserfolg ausreichend ist. Auch einige Autoren in der Literatur haben sich dieser Ansicht angeschlossen[911].

2. Optimales Rücktrittsverhalten

Andere Autoren wollen an das Rücktrittsverhalten des Täter höchste Anforderungen stellen und fordern daher, dass der Täter eine optimale Rücktrittshandlung an den Tag legen muss[912]. Dabei wird jedoch zum Teil angenommen, dass dieses bestmögliche Rücktrittsverhalten nur bei der Erfolgsverhinderung durch einen Dritten („fremdhändige Erfolgsverhinderung"), welcher auf Aufforderung des Täters tätig wird, zu erfolgen hat („Differenzierungstheorie")[913]. Die Forderung nach einem optimalen Verhinderungsverhalten wird zum größten Teil damit begründet, dass der Täter bei einem Rücktritt gemäß § 24 Abs. 1. S. 2 StGB auch ein optimales Verhinderungsverhalten an den Tag legen muss und hier diese Ungleichbehandlung nicht gerechtfertigt sei. Dies vor allem vor dem Hintergrund, dass der Täter bei einem untauglichen Versuch Handlungen an den Tag gelegt hat, welche objektiv gesehen völlig ungefährlich sind. Vor diesem Hintergrund könne aber von diesem Täter nicht ein „Mehr" an Rücktrittsleistung verlangt werden als von dem Täter, welcher tatsächlich eine objektiv gefährliche Handlung an den Tag gelegt habe.

Gegen die Ansicht, welche eine optimale Rücktrittshandlung des Täters fordert, spricht in erster Linie, dass diese Bestleistung nicht vom Gesetz gefordert wird. Gerade der Vergleich mit § 24 Abs. 1 S. 2 StGB zeigt aber, dass der Gesetzgeber sehr wohl an die Möglichkeit einer Bestleistung gedacht hat. Diese Grundsätze nun auf § 24 Abs. 1 S. 1, 2. Alt. StGB zu übertragen, stellt eine strafbegründende Analogie zu Ungunsten des Täters dar und verstößt daher gegen Art. 103 Abs. 2 GG und § 1 StGB.

---

911 Fischer, § 24 Rn. 35, Eser, in: Schönke/Schröder, § 24 Rn. 7; Hillenkamp, JuS 1997, 821, 827; Maurach/Gössel/Zipf, AT, § 41 Rn. 89; Marxen, AT, Fall 22c S. 202, 203; Zwiehoff, StV 2003, 631, 635.

912 Baumann/Weber/Mitsch, AT, § 27 Rn. 28; Blei, AT, S. 242; Römer, MDR 1989, 945 ff.; Murmann S. 61 ff.; Heckler, 184, 187 ff.; Jakobs, AT 26. Abschn. Rn. 20 ff.; v. Heintschel-Heinegg, ZStW 109 (1997), 29, 52; Roxin, AT II, § 30 Rn. 253.

913 Roxin, AT II, § 30 Rn. 243; Lackner/Kühl, § 24 Rn. 19 b; Heinrich, AT I, Rn. 851; Engländer, JuS 2003, 641, 644 f.

3. Objektive Zurechenbarkeit

Im Ergebnis kann weder die Ansicht, dass eine rein kausale Rücktrittshandlung ausreichend sein soll, noch der Forderung nach einem bestmöglichen Rücktrittsverhalten gefolgt werden. Gegen die Ansicht, welche eine rein kausale Rücktrittshandlung ausreichen lassen will, spricht, dass in diesem Fall die Möglichkeit des Rücktritts zu weit ausgedehnt wird und der Täter durch beinahe jede noch so geringe Handlung Straffreiheit erreichen könnte. Gerade vor dem Hintergrund, dass der Täter durch sein Handeln aber zeigen soll, dass er sich mit seinem Rücktritt die Straffreiheit verdient (Verdiestlichkeitstheorie) und auch auf Grund der Überlegung, dass der Allgemeinheit durch die Bestrafung des Täters gezeigt werden soll, dass die Strafrechtspflege funktioniert (Strafzwecktheorie), kann eine rein kausale Handlung nicht ausreichen, um Straffreiheit zu erlangen. Das dagegen immer wieder angeführte Opferschutzargument, kann nicht überzeugen. Denn wenn der Täter weiß, dass er durch jede noch so geringe Handlung zurücktreten kann, wird er unter Umständen eher dazu verleitet, eine Straftat zunächst einmal zu beginnen, da er „ja sowieso leicht wieder zurücktreten kann". Daneben kann auch das von manchen eingewandte Wortlautargument nicht überzeugen. Denn das Wort „verhindern" stellt einen Tätigkeitsbegriff dar, genauso wie zum Beispiel die Worte „wegnehmen" (§ 242 StGB) oder „töten" (§§ 211, 212 StGB). Doch bei den Tatbeständen des Diebstahls und des Totschlags ist allgemein anerkannt, dass der Taterfolg dem Täter objektiv zurechenbar sein muss, damit hier eine Strafbarkeit bejaht werden kann. Dies, obwohl auch hier der reine Wortlaut darauf schließen lassen könnte, dass hier die reine Kausalität zwischen Handlung und Erfolg ausreichen würde, um eine Strafbarkeit zu begründen.

Aus all diesen Gesichtspunkten ergibt sich somit, dass der Täter eine Handlung an den Tag legen muss, welche dazu führt, dass ihm die Verhinderung der Vollendung objektiv zurechenbar ist. Da bereits mehrfach dargestellt wurde, dass es sich bei der Frage der Strafbarkeit und der Frage des strafbefreienden Rücktritts um ein Spiegelbild handelt, kann hier als Ausgangspunkt auf die Formel der objektiven Zurechnung des tatbestandlichen Erfolges zurückgegriffen werden, um zu klären, wann der Verhinderungserfolg dem Täter objektiv zurechenbar ist. Von diesem Ansatz ausgehend ist dem Täter der Verhinderungserfolg objektiv zurechenbar, wenn er eine Rettungschance für das Opfer schafft und sich die Verhinderung des tatbestandlichen Erfolges gerade in dieser Rettungschance verwirklicht hat. Die Forderung nach einer objektiven Zurechnung verstößt dabei weder gegen den Wortlaut, noch stellt sie eine strafbegründende Analogie zu Ungunsten des Täters dar. Auch ist es nicht ersichtlich, warum an das Verhalten des Täters, welches die Strafbarkeit begründet, andere Anforderungen gestellt werden sollen, als an das Rücktrittsverhalten des Täters, welches zur Straflosigkeit führt, da es sich hierbei ja um ein „Spiegelbild" handelt. Ferner gelingt es dieser Ansicht, auf die jeweiligen Situationen des Einzelfalls einzugehen und ohne starre Formel prüfen zu können, ob der Täter eine ausreichende Rücktrittshandlung an den Tag gelegt hat. Die Forderung nach einer objektiven Zurechenbarkeit des Verhinderungserfolges führt darüber hinaus weder zu einer uferlosen Gewährung des Privilegs des strafbefreienden Rücktritts, wie das bei der Ansicht der Fall ist, welche ein lediglich kausales Verhalten ausreichen lassen möchte, noch schränkt sie die Möglichkeit des strafbefreienden Rücktritts zu sehr ein, wie das die Bestleistungstheorie tut.

IV. Anforderungen an das Rücktrittsverhalten bei § 24 Abs. 1 S. 2 StGB

§ 24 Abs. 1 S. 2 StGB regelt den Fall, dass die Tat ohne Zutun des Täters nicht vollendet wird. Dies ist immer dann der Fall, wenn von Anfang an ein untauglicher Versuch vorlag, ein Dritter vor dem Täter Rettungshandlungen eingeleitet hat, welche zum Ausbleiben des Erfolges führten, oder ein fehlgeschlagener Versuch vorlag. In allen drei Konstellationen kann der Täter strafbefreiend vom Versuch zurücktreten, wenn er sich ernsthaft um die Verhinderung der Vollendung bemüht und davon ausgeht, dass er die Tat noch aus eigenen Kräften verhindern kann[914].

Ein ernsthaftes Bemühen liegt dabei immer dann vor, wenn der Täter alles tut, was in seinen Kräften steht und nach seiner Überzeugung zur Erfolgsabwendung erforderlich ist. Die Rechtsprechung und die Literatur gehen somit bei § 24 Abs. 1 S. 2 StGB davon aus, dass der Täter ein optimales Rücktrittsverhalten an den Tag legen muss, damit er in diesem Fall in den Genuss der Straffreiheit gelangt. Ferner ist erforderlich, dass der Täter seinen Willen, die Tat zu verhindern, nach außen erkennbar gemacht hat. Die bloße Absicht, Verhinderungsmaßnahmen zu ergreifen, genügt daher nicht.

Wie anhand der oben genannten Definition deutlich wird, ist die Frage, welches Rücktrittsverhalten in dem konkreten Fall das bestmögliche ist, nach subjektiven Gesichtspunkten zu ermitteln, da der Täter diejenigen Handlungen an den Tag legen muss, von denen er denkt, dass sie zur Erfolgsabwendung erforderlich sind. Eine Ausnahme von dieser rein subjektiven Betrachtungsweise wird jedoch bei abergläubischen und grob unverständigen Rücktrittshandlungen

914 BGHSt 33, 295, 30; Fischer, § 24 Rn. 36, Roxin, AT II, § 30 275 f.; Wessels/Beulke, AT, Rn. 647; Heinrich, AT I, Rn. 800.

gemacht. Denn wenn der Täter eine völlig ungeeignete Rücktrittshandlung („gesund hexen“, Kamillentee als Gegengift) an den Tag legt, kann er sich nicht darauf berufen, dass er davon ausging, im konkreten Fall alles Erforderliche für die Verhinderung des Erfolges getan zu haben. Hier zeigt sich auch eine Parallele zu der Frage, wann ein Versuch beendet und wann er noch unbeendet ist. Auch bei dieser Frage wird grundsätzlich auf rein subjektive Kriterien abgestellt. Eine Ausnahme wird jedoch bei besonders schweren Gewalttaten vorgenommen. Auch hier kann sich der Täter nicht damit „herausreden“, dass er trotz des Einsatzes besonders gefährlicher Mittel davon ausging, noch nicht alles Erforderliche zur Tatbestandsverwirklichung unternommen zu haben.

V. Keine Harmonisierung der Rücktrittsvorschriften der § 24 Abs. 1 S. 1, 2. Alt. StGB und § 24 Abs. 1 S. 2 StGB

Wie gezeigt, stellt die Rechtsprechung und auch der überwiegende Teil der Literatur an das Rücktrittsverhalten des Täters bei § 24 Abs. 1 S. 1, 2. Alt. StGB und bei § 24 Abs. 1 S. 2 StGB unterschiedliche Anforderungen. So genügt nach der hier vertretenen Auffassung bei dem Rücktritt gemäß § 24 Abs. 1 S. 1, 2. Alt. StGB, dass dem Täter die Verhinderung objektiv zurechenbar ist, während bei § 24 Abs. 1 S. 2 StGB an das Rücktrittsverhalten des Täters optimale Anforderungen zu stellen sind. Dies erscheint auf den ersten Blick unbillig, da ja auch der untaugliche Versuch ein Fall des § 24 Abs. 1 S. 2 StGB ist. Bei dem untauglichen Versuch hat der Täter aber ein derart ungefährliches Verhalten an den Tag gelegt, dass es objektiv gesehen nicht einmal zu einer Rechtsgutsgefährdung gekommen ist. Trotzdem soll der Täter hier optimale Verhinderungsmaßnahmen an den Tag legen, damit er in den Genuss der Straffreiheit gelangen kann. Der Täter eines beendeten Versuchs dagegen hat ein derart gefährliches Verhalten an den Tag gelegt, dass der Eintritt des tatbestandlichen Erfolges unmittelbar bevor steht und dennoch soll es – nach der hier vertretenen Ansicht – genügen, dass er ein Verhalten an den Tag legt, welches dazu führt, dass ihm der Verhinderungserfolg lediglich objektiv zurechenbar ist.

Auf den ersten Blick erscheint diese ungleiche Behandlung nicht gerechtfertigt. Jedoch darf folgende Überlegung nicht außer Acht gelassen werden: § 24 Abs. 1 S. 2 StGB regelt eben nicht nur den Fall des untauglichen Versuchs. Vielmehr sind auch die Fälle des beendeten Versuchs erfasst, bei welchen jedoch vor dem Täter ein unbeteiligter Dritter Rettungshandlungen einleitet, welche zur Rettung des Opfers führen. Der Täter hat in diesem Fall genauso viel kriminelle Energie an den Tag gelegt, wie der Täter bei § 24 Abs. 1 S. 1, 2. Alt. StGB, jedoch hat er sich erst „zu spät“ für die Rettung des Opfers entschieden, da bereits Dritte die Rettungsmaßnahmen veranlasst haben. Er kann somit gar kein Verhalten mehr an den Tag legen, welches dazu führen würde, dass ihm das Ausbleiben des tatbestandlichen Erfolges objektiv zurechenbar ist.

Vor diesem Hintergrund ist es aber durchaus verständlich, dass an das Rücktrittsverhalten des Täters höhere Anforderungen zu stellen sind als bei § 24 Abs. 1 S. 1, 2 Alt. StGB. Auch die zu diesem Problem ergangenen Urteile des BGH zeigen, dass stets ein Fall des beendeten Versuchs vorlag und Dritte vor dem Täter die Rettungshandlungen eingeleitet haben[915]. Es ist somit nicht erforderlich, eine Gesetzesänderung dahingehend durchzuführen, dass sowohl bei § 24 Abs. 1 S. 1, 2. Alt. StGB, wie auch bei § 24 Abs. 1 S. 2 StGB, die gleichen Anforderungen zu stellen sind, da hier vielmehr eine andere Ausgangslage gegeben ist, welche dazu führt, dass an das Rücktrittsverhalten des Täters bei § 24 Abs. 1 S. 2 StGB zu Recht höhere Anforderungen gestellt werden.

VI. Die Anforderungen an das Rücktrittsverhalten bei § 24 Abs. 2 StGB

Die Anforderungen an das Rücktrittsverhalten bei § 24 Abs. 2 StGB sind die selben wie bei § 24 Abs. 1 StGB. Ein Unterschied besteht jedoch bezüglich der Tatsache, dass § 24 Abs. 2 StGB nicht zwischen unbeendetem und beendetem Versuch unterscheidet. Wenn nun § 24 Abs. 2 S. 1, 2. Alt. StGB davon spricht, dass der Täter die Vollendung der Tat verhindern muss, muss er daher nach der hier vertretenen Auffassung ein Verhalten an den Tag legen, welches dazu führt, dass ihm der Verhinderungserfolg objektiv zurechenbar ist. § 24 Abs. 2 S. 2 StGB fordert von dem Täter ein ernsthaftes Bemühen bezüglich der Verhinderung der Vollendung. Auch hier muss der Täter somit alle Maßnahmen ergreifen, welche nach seiner Ansicht erforderlich sind, damit die Vollendung im konkreten Fall verhindert wird.

§ 24 Abs. 2 StGB gilt dabei immer dann, wenn mehrere Personen an der Tat beteiligt sind. In welcher Art diese Beteiligung erfolgt, ist dabei unerheblich. Ferner ist erforderlich, dass die Tat auch tatsächlich bis in das Versuchsstadium vorgedrungen ist, also ein unmittelbares Ansetzen bejaht werden kann. Ist dies nicht der Fall, kommt ein Rücktritt lediglich gemäß § 31 StGB in Betracht.

---

915 BGH, StV 1982, 219; Urteil des 1. Senats vom 7.3.1989, Az: 1 StR 6/89 (zit. nach Juris); Urteil des 1. Senats vom 20.8.1991, Az: 1 StR 249/92 (zit. nach Juris); BGH, StV 1997, 244; BGH, NStZ 2008, 329 f.; BGH, NJW 1973, 632; BGH, StV 1999, 596; vgl. auch 2. Kapitel, C.

Überdies ist zu beachten, dass stets nur der Täter Straffreiheit erlangt, welcher auch tatsächlich Rücktrittshandlungen an den Tag legt, da es sich bei dem Rücktritt um einen persönlichen Strafaufhebungsgrund handelt. § 24 Abs. 2 StGB scheidet ferner dann aus, wenn der Täter zwar Rücktrittshandlungen an den Tag legt, die Tat aber trotzdem durch die übrigen Tatbeteiligten vollendet wird und dem Täter diese Vollendung zuzurechnen ist, weil sein Tatbeitrag fortwirkt. Es genügt daher in den seltensten Fällen, dass der Täter lediglich seinen Tatbeitrag annulliert. Vielmehr muss er die Tat tatsächlich verhindern, in dem er beispielsweise auch die übrigen Tatbeteiligten zur Aufgabe bewegt. Diese im Vergleich zu § 24 Abs. 2 StGB strengeren Rücktrittsanforderungen rechtfertigen sich aus der Überlegung heraus, dass von mehreren Beteiligten in der Regel eine größere Gruppendynamik ausgeht. Aus diesem Grund ist auch die Gefahr der Tatbestandsverwirklichung stets größer als bei einem Einzeltäter. Aus dieser erhöhten Gefahr heraus ist es aber gerechtfertigt, dass der Täter, welcher in den Genuss der Straffreiheit gelangen möchte, höhere Rücktrittsleistungen zu erbringen hat.

Eine Ausnahme von diesem Grundsatz wird nur dann gemacht, wenn die übrigen Beteiligten eine andere Tat begehen, welche dem Täter nicht mehr zuzurechnen ist. Wann eine andere Tat vorliegt, ist stets für jeden Einzelfall zu prüfen, wobei insbesondere die Tatbegehung an sich, die zeitliche und räumliche Nähe zu der ursprünglichen Tat und natürlich der verwirklichte Tatbestand zu beachten sind. Gelangt man nach diesen Auslegungskriterien zu dem Ergebnis, dass eine neue Tat vorliegt, hat der Täter durch seine Rücktrittshandlungen die ursprünglich geplante Tat verhindert und ist strafbefreiend vom Versuch zurückgetreten. Die neue Tat ist ihm dann nicht mehr zuzurechnen.

VII. Die Anforderungen an das Rücktrittsverhalten bei § 31 StGB

Grundsätzlich sind Vorbereitungshandlungen nach dem deutschen Strafrecht straflos. Die §§ 30 f. StGB stellen hierzu jedoch eine Ausnahme dar. § 31 StGB regelt den Fall, dass ein Täter lediglich Vorbereitungshandlungen an den Tag gelegt hat und hiervon zurücktreten möchte. Strafbar sind Vorbereitungshandlungen gemäß § 30 StGB, wenn an den Vorbereitungshandlungen mehrere in der in § 30 StGB beschriebenen Art und Weise beteiligt sind. Auch diese Verschärfung rechtfertigt sich aus dem Gedanken heraus, dass eine Tat oder eine geplante Tat, an der mehrere beteiligt sind, stets eine größere Gefahr der Tatbestandsverwirklichung in sich trägt. Wenn nun die Voraussetzungen des § 30 StGB erfüllt sind, besteht für jeden einzelnen Täter die Möglichkeit, gemäß § 31 StGB strafbefreiend von dieser Vorbereitungshandlung zurückzutreten. Wichtig ist hierbei, dass die Tat noch nicht im Sinne von § 22 StGB bis in das Versuchsstadium vorgedrungen ist, da ansonsten bereits § 24 Abs. 2 StGB einschlägig ist und ein Rücktritt dann nur nach dieser Vorschrift erfolgen kann.

§ 31 Abs. 1 Nr. 1 und Nr. 2 StGB lassen es als ausreichende Rücktrittshandlung genügen, wenn der Täter weitere Handlungen unterlässt. Besteht dagegen die Gefahr, dass die Tat bis ins Versuchsstadium gelangt, muss der Täter aktive Rücktrittshandlungen an den Tag legen. Bei § 31 Abs. 1 Nr. 3 StGB gilt das selbe wie bei § 24 Abs. 1 StGB, so dass der Täter eine Rücktrittshandlung an den Tag legen muss, welche dazu führt, dass ihm die Verhinderung der Tat objektiv zurechenbar ist. Auch hier gilt, ähnlich wie bei § 24 Abs. 2 StGB, dass der Täter strafbefreiend zurückgetreten ist, wenn er die ursprünglich geplante Tat verhindert und die übrigen Beteiligten eine neue, von der ursprünglichen Tat unabhängige Straftat, begehen.

B. Schluss

Als abschließende Zusammenfassung kann somit festgehalten werden, dass der Täter immer dann, wenn eine Verhinderung der Tat gefordert wird, eine Rücktrittshandlung an den Tag legen muss, welche dazu führt, dass ihm die Verhinderung der Vollendung objektiv zurechenbar ist. Die Forderung nach einem optimalen Verhinderungsverhalten verstößt gegen geltendes Recht. Eine Änderung ist hier jedoch weder geplant noch notwendig. Denn gerade vor dem Hintergrund, dass auch bei der Frage, ob sich der Täter strafbar gemacht hat, eine objektive Zurechnung des tatbestandlichen Erfolges notwendig ist, ist nicht ersichtlich, warum bei der Frage der Straffreiheit etwas anders gelten soll. Genau dies spricht auch gegen die Ansicht, welche ein rein kausales Rücktrittsverhalten ausreichen lassen will. Denn dann würden an die Begründung der Strafe und an die Begründung der Straffreiheit unterschiedliche Anforderungen gestellt. Dies wäre ein Wertungswiderspruch, weil ansonsten kein honorierbares Verhalten des Täters vorliegen würde, welches die Straffreiheit rechtfertigten würde.

Die Rechtsprechung hat bereits vor der richtungsweisenden Entscheidung vom Dezember 2002 weit überwiegend die Ansicht vertreten, dass eine rein kausale Rücktrittshandlung des Täters für die Annahme des strafbefreienden Rücktritts ausreichen würde. Nach der Entscheidung des 2. Senats für Strafsachen kann nun von einer gefestigten Rechtsprechung ausgegangen werden. Trotz der beachtlichen Argumente, welche gegen die Ansicht der Rechtsprechung angeführt werden, ist eine Änderung der aktuellen Rechtsprechung derzeit nicht in Sicht. Jedoch fällt auf, dass sich die Rechtsprechung in einzelnen Fällen eine Korrekturmöglichkeit offen hält, in dem zum Beispiel die Anforderungen an den Rettungswillen derart hoch angelegt werden, dass im konkreten Einzelfall davon ausgegangen werden kann, dass die Rücktrittshandlung zwar kausal für das Ausbleiben des tatbestandlichen Erfolges war, jedoch der erforderliche Rücktrittswille gefehlt hat.

Es erscheint so, dass die rücktrittsfreundliche Rechtsprechung zumindest indirekt eine Reaktion auf die Erweiterung der Versuchsstrafbarkeit darstellt. So gibt es in der neueren Zeit etliche Straftatbestände (zum Beispiel §§ 221 Abs. 2, 223 Abs. 2, 239 Abs. 2 StGB), welche nun bereits ausdrücklich den Versuch unter Strafe stellen und anderen Straftatbestände, bei welchen der Strafrahmen durch den Gesetzgeber auf Verbrechensniveau angehoben wurde und daher der Versuch ebenfalls unter Strafe gestellt wird. Dies führt nun dazu, dass deutlich schneller eine Strafe wegen Versuchs ausgesprochen werden kann. Daher gewinnt man den Eindruck, dass die Rechtsprechung allgemein rücktrittsfreundlicher geworden ist, um dieser Ausweitung der Versuchsstrafbarkeit entgegenzuwirken und dem Täter somit bis zum Schluss die Möglichkeit der Straffreiheit durch Rücktritt offen zu halten. Trotz dieser rücktrittsfreundlichen Rechtsprechung besteht in einigen Fällen das moralische Bedürfnis, von dem Täter bestmögliche Rücktrittshandlungen zu fordern, damit er in den Genuss der Straffreiheit gelangen kann. Jedoch ist bei dieser Überlegung mit einzubeziehen, dass zwar stets von „Straffreiheit" gesprochen wird, jedoch in den meisten Fällen trotz alle dem eine Strafe gegen den Täter ausgesprochen werden wird. Denn selbst wenn der Täter von dem Mordversuch zurücktritt, bleibt vielfach immer noch die vollendete Körperverletzung, welche oftmals auch eine schwere oder gefährliche Körperverletzung darstellen wird und für welche eine angemessene Strafe angeordnet wird.

Nicht aus den Augen verloren werden darf bei der gesamten Diskussion, dass es zwar auf den ersten Blick so scheint, als würden alle in dieser Arbeit dargestellten Ansichten zu völlig anderen Anforderungen gelangen, da die eine die bloße Kausalität ausreichen lässt, während andere objektive Zurechung oder gar Bestleistungen von dem Täter fordern. Im Einzelfall können die Ansichten hier tatsächlich einmal zu unterschiedlichen Ergebnissen gelangen, wobei sich insbesondere die Rechtsprechung, wie oben dargestellt, stets noch die eine oder andere Korrekturmöglichkeit offen hält. Jedoch ist auch zu beachten, dass insbesondere bei den Fällen der fremdhändigen Erfolgsverhinderung der Täter oftmals bereits durch das Rufen des zur Rettung geschulten Dritten ein optimales Verhinderungsverhalten an den Tag legt und somit alle drei Ansichten zu dem gleichen Ergebnis gelangen. Da die Mehrzahl der Fälle bezüglich des strafbefreienden Rücktritts Fälle der fremdhändigen Erfolgsverhinderung darstellen, bei denen der Täter einen zur Rettung geschulten Dritten zu Hilfe holt, legt er oftmals eine Bestleistung an den Tag, so dass auch dem moralischen Bedürfnis nach einem optimalen Verhinderungsverhalten in etlichen Fällen Genüge getan ist.

Literaturverzeichnis

Backmann, Leonhard	Strafbarkeit des vor Tatbeginn zurücktretenden Tatbeteiligten wegen vollendeter Tat? BGHSt 28, 346 JuS 1981, S. 336–343 Zit: Backmann, JuS
Baumann, Jürgen **Weber**, Ulrich **Mitsch**, Wolfgang	Strafrecht, Allgemeiner Teil Lehrbuch 11. Auflage, Bielefeld, 2003 Zit.: Baumann/Weber/Mitsch, AT
Bergmann, Matthias	Einzelakts- oder Gesamtbetrachtungslehre beim Rücktritt vom Versuch? ZStW 100 (1988), S. 329–358 Zit: Bergmann, ZStW 100 (1988)
Blei, Hermann	Strafrecht Allgemeiner Teil, ein Studienbuch 18. Auflage, München, 1983 Zit.: Blei, AT
Bloy, René	Zurechnungsstrukturen des Rücktritts vom beendeten Versuch und Mitwirkung Dritter an der Verhinderung der Tatvollendung – BGHSt 31, 46 und BGH, NJW 1985, 813, JuS 1987, S. 528–535 Zit: Bloy, JuS 1987
Borchert, Uwe **Hellmann**, Uwe	Die Abgrenzung der Versuchsstadien des § 24 Abs. 1 S. 1 StGB anhand der objektiven Erfolgstauglichkeit Goldthammer's Archiv 1982, S. 429–450 Zit: Borchert/Hellmann, GA 1982

Dölling, Dieter **Duttge**, Gunnar **Rössner**, Dieter	Gesamtes Strafrecht Handkommentar 2. Auflage, Baden-Baden, 2011 Zit: Bearbeiter in: Dölling/Duttge/Rössner
Ebel, Friedrich **Thielmann**, Georg	Rechtsgeschichte Von der Römischen Antike bis zur Neuzeit 3. Auflage, Heidelberg, 2003 Zit.: Ebel/Thielmann
Engländer, Armin	Die hinreichende Verhinderung der Tatvollendung – BGH, NJW 2003, 1058 JuS 2003, S. 641–645 Zit: Engländer, JuS 2003
Feltes, Thomas	Der (vorläufig) fehlgeschlagene Versuch Zur Abgrenzung von fehlgeschlagenem, beendetem und unbeendetem Versuch Goldthammer's Archiv 1992, S. 395–426 Zit: Feltes, GA 1992
Feuerbach, Ludwig	Kritik des Kleinschrodischen Entwurfs zu einem peinlichen Gesetzbuch für die Chur-Pfalz-Bayerischen Staaten, 2. Teil, 102 ff., Gießen, 1804
Fischer, Thomas	Strafgesetzbuch und Nebengesetze 57. Auflage, München, 2010 Zit: Fischer
Freund, Georg	Strafrecht, Allgemeiner Teil Personale Straftatlehre 2. Auflage, Berlin, Heidelberg, 2009 Zit.: Freund, AT
Frister, Helmut	Strafrecht, Allgemeiner Teil 4. Auflage, München, 2009 Zit: Frister, AT

Geilen, Gerd — Zur Abgrenzung zwischen beendetem und unbeendetem Versuch
JZ 1972, S. 335–343
Zit: Geilen, JZ 1972

Gerland, Heinrich — Deutsches Reichsstrafrecht
Berlin und Leipzig, 1922
Zit: Gerland

Gössel, Karl Heinz — Über den fehlgeschlagenen Versuch
ZStW 87, (1975), S. 3–43
Zit: Gössel, ZStW 87 (1975)

Gropp, Walter — Strafrecht, Allgemeiner Teil
3. Auflage, Berlin, 2005
Zit: Gropp, AT

Haft, Fritjof — Strafrecht, Allgemeiner Teil
9. Auflage, München, 2004
Zit.: Haft, AT

– Der Rücktritt des Beteiligten bei der Vollendung der Tat
JA 1979, S. 306–313
Zit.: Haft, JA 1979

Hauf, Claus-Jürgen — Strafrecht, Allgemeiner Teil
2. Auflage, Neuwied und Kriftel, 2001
Zit: Hauf, AT

– Anmerkung zu dem Urteil des BGH vom 2.11.1994
JR 1996, S. 29–30
Zit: Hauf, JR 1996

Heckler, Andreas — Beendeter Versuch bei fehlender Vorstellung des Täters über die Folgen seines Tuns?
NJW 1996, S. 2490–2492
Zit: Heckler, NJW 1996

– | Die Ermittlung der beim Rücktritt vom Versuch erforderlichen Rückrittsleistung anhand der objektiven Vollendungsgefahr – Zugleich ein Beitrag zum Strafgrund des Versuchs – Baden-Baden, 2001 Zit: Heckler

Heger, Martin | Die neuere Rechtsprechung zum strafbefreienden Rücktritt vom Versuch (§ 24 StGB) StV 2010, S. 320–325 Zit: Heger, StV 2010

Heinrich, Bernd | Strafrecht, Allgemeiner Teil I Grundlagen der Strafbarkeit Aufbau der Straftat beim Vollendung- und Versuchsdelikt 2. Auflage, Stuttgart, 2009 Zit.: Heinrich, AT I

– | Die Abgrenzung von untauglichem, grob unverständigem und abergläubischen Versuch JURA 1998, S. 393–398 Zit: Heinrich, JURA 1998

v. Heintschel-Heinegg, Bernd | Versuch und Rücktritt Eine kritische Bestandsaufnahme ZStW 109 (1997), S. 29–57 Zit: v. Heintschel-Heinegg, ZStW 109 (1997)

Herzberg, Rolf Dietrich | Zum Grundgedanken des § 24 StGB NStZ 1989, S. 49–55 Zit: Herzberg, NStZ 1989

– | Die Not der Gesamtbetrachtungslehre beim Rücktritt vom Versuch NJW 1989, S. 197–200 Zit: Herzberg, NJW 1989

– Problemfälle des Rücktritts durch Verhinderung der Tatvollendung
NJW 1989, S. 862–871
Zit: Herzberg, NJW 1989

– Zur subjektiven Seite des Rücktritts durch Verhindern der Tatvollendung
JR 1989, S. 449–451
Zit: Herzberg, JR 1989

– Aufgeben durch bloßes Aufhören? Der BGH im Dilema einer Theorie
– BGH, NStZ 1989, 525 – 1990, 30 – 1990, 77,
S. 273–278
Zit.: Herzberg, JuS 1990

– Grundprobleme des Rücktritts vom Versuch und Überlegungen de lege ferenda
NJW 1991, S. 1633–1642
Zit: Herzberg, NJW 1991

Hillenkamp, Thomas — Der praktische Fall – Strafrecht
Ein besonderes Silvesterfeuerwerk
JuS 1997, S. 821–831
Zit: Hillenkamp, JuS 1997

v. Hippel, Robert — Deutsches Strafrecht
Das Verbrechen, Allgemeine Lehren
Berlin, 1930
Zit: v. Hippel

Jakobs, Günter — Strafrecht
Allgemeiner Teil
Die Grundlagen und die Zurechnungslehre
2. Auflage, Berlin, New York, 1991
Zit.: Jakobs, AT

– Rücktritt als Tatänderung versus allgemeines Nachtatverhalten
ZStW 104 (1992), S. 82–104
Zit: Jakobs, ZStW 104 (1992)

– Anmerkung zu dem Beschluss des BGH vom 20.12.2002
JZ 2003, S. 743–745
Zit: Jakobs, JZ 2003

Jäger, Christian — Der Rücktritt vom Versuch als zurechenbare Gefährdungsumkehr (Diss.)
München, 1996
Zit: Jäger

Jescheck, Hans-Heinrich
Weigend, Thomas — Lehrbuch des Strafrechts
Allgemeiner Teil
5. Auflage, Berlin, 1996
Zit.: Jescheck/Weigend, AT

Joecks, Wolfgang — Strafgesetzbuch – Studienkommentar –
9. Auflage, München, 2010
Zit.: Joecks

Kindhäuser, Urs — Strafrecht, Allgemeiner Teil
4. Auflage, Baden-Baden, 2010
Zit.: Kindhäuser, AT

Kissel, Otto Rudolf
Mayer, Herbert — Gerichtsverfassungsgesetz
6. Auflage, München, 2010
Zit: Kissel

Köbler, Gerhard — Deutsche Rechtsgeschichte
6. Auflage, München, 2005
Zit: Köbler

Köhler, Michael — Strafrecht, Allgemeiner Teil
Berlin, Heidelberg, 1997
Zit.: Köhler, AT

Kudlich, Hans	Grundfälle zum Rücktritt vom Versuch JuS 1999, S. 240–245; S. 349–356; S. 240–245; S. 349–356; S. 449–452 Zit.: Kudlich, JuS 1999
Kühl, Kristian	Strafrecht, Allgemeiner Teil 6. Auflage, München, 2008 Zit.: Kühl, AT
–	Anmerkung zu dem Urteil des BGH vom 7.10.1983 JZ 1984, S. 292–294 Zit: Kühl, JZ 1984
Küper, Wilfried	Zur Problematik des Rücktritts von der Verbrechensverabredung Zugleich eine Anmerkung zum Urteil des BGH vom 7.10.1983 JR 1984, S. 265–272 Zit: Küper, JR 1984
Kütterer-Lang, Hannah	Versuch der Anstiftung und Rücktritt BGH, NJW 2005, 2867 JuS 2006, S. 206–208 Zit: Kütterer-Lang, JuS 2006
Krauß, Detelf	Der strafbefreiende Rücktritt vom Versuch JuS 1981, S. 883–890 Zit: Krauß, JuS 1981
Lackner, Karl **Kühl**, Kristian	Strafgesetzbuch Kommentar 27. Auflage, München, 2010 Zit: Lackner/Kühl
Leipziger Kommentar Herausgegeben von Jähnke, Burkhard Laufhütte, Heinrich Wilhelm Odersky, Walter	Strafgesetzbuch Großkommentar, 12. Auflag Erster Band, Einleitung; §§ 1 bis 31 Berlin, 2003 Zit: Bearbeiter in: LK

Loos, Fritz | Beteiligung und Rücktritt
Zur Abgrenzung zwischen Abs. 1 und Abs. 2 des § 24 StGB
JURA 1996, S. 518–519
Zit: Loos, JURA 1996

Maiwald, Manfred | Das Erfordernis des ernsthaften Bemühens beim fehlgeschlagenen oder beendeten Versuch (§ 24 Abs. 1 Satz 2 StGB)
Festschrift für E.A Wolff zum 70. Geburtstag am 1.10.1998
New York, Berlin, 1998
Zit: Maiwald, FS Wolff

Maurach, Reinhart
Gössel, Karl Heinz
Zipf, Heinz | Strafrecht, Allgemeiner Teil
Teilband 2
Erscheinungsformen des Verbrechens und Rechtsformen der Tat
8. Auflage, Heidelberg, 2011
Zit: Maurach/Gössel/Zipf, AT

Marxen, Klaus | Kompaktkurs Strafrecht
Allgemeiner Teil
München, 2003
Zit: Marxen, AT

Meyer, Jürgen | Kritik an der Neuregelung der Versuchsstrafbarkeit
ZStW 87 (1975), S. 599–622
Zit: Meyer, ZStW 87 (1975)

Meyer-Goßner, Lutz | Strafprozessordnung
Gerichtsverfassungsgetz, Nebengesetze und ergänzede Bestimmungen
54. Auflage, München, 2011
zit: Meyer-Goßner

Münchner Kommentar Wolfgang Joecks Klaus Miebach	Strafgesetzbuch Band 1, §§ 1–51 StGB München, 2003 Zit.: Bearbeiter in: MK
	Strafgesetzbuch Band 1, §§ 1–51 StGB 2. Auflage, München, 2011 Zit.: Bearbeiter in: MK
Murmann, Uwe	Versuchsunrecht und Rücktritt (Diss.) Heidelberg, 1999 Zit: Murmann
Neubacher, Frank	Der halbherzige Rücktritt in der Rechtsprechung des BGH Zugleich eine Besprechung der Entscheidung vom 20.12.2001 – 2 StR 251/02 NStZ 2003, S. 576–581 Zit: Neubauer, NStZ 2003
Nomos-Kommentar Kindhäuser, Urs Neumann, Ulfrid Paeffgen, Hans-Ulrich	Strafgesetzbuch 3. Auflage, Baden–Baden, 2010 Zit.: Bearbeiter in: NK
Otto, Harro	Grundkurs Strafrecht Allgemeine Strafrechtslehre 7. Auflage, Berlin, New York, 2004 Zit.: Otto, AT
–	Fehlgeschlagner Versuch und Rücktritt JURA 1992, S. 423–431 Zit: Otto, JURA 1992
–	Rücktritt und Rücktrittshorizont JURA 2001, S. 341–346 Zit: Otto, JURA 2001

Palandt Bürgerliches Gesetzbuch
69. Auflage, München, 2010
Zit: Bearbeiter in: Palandt

Puppe, Ingeborg Der halbherzige Rücktritt
Zugleich eine Besprechung von BGHSt 31, 46
NStZ 1984, S. 488–491
Zit: Puppe, NStZ 1984

– Zur Unterscheidung von unbeendetem und beendetem Versuch beim Rücktritt – Zugleich eine Besprechung der Entscheidung des BGH vom 22.8.1985 – 4 StR 326/85 – NStZ 1986, 25
NStZ 1986, S. 14–18
Zit: Puppe, NStZ 1986

– Anmerkung zu dem Urteil des BGH vom 2.11.1994
NStZ 1995, S. 403–405
Zit: Puppe, NStZ 1995

– Anmerkung zu dem Beschluss des BGH vom 20.12.2002
NStZ 2003, S. 308–309
Zit: Puppe, NStZ 2003

Ranft, Otfried Zur Abgrenzung von unbeendetem und fehlgeschlagenem Versuch bei erneuter Ausführungshandlung – BGH – Urt. v. 10.4.1986 – 4 StR 89/68 = NJW 1986, 2325
JURA 1987, S. 527–534
Zit: Ranft, JURA 1987

Rengier, Rudolf Strafrecht, Allgemeiner Teil
3. Auflage, München, 2011
Zit.: Rengier, AT

–	Zur Abgrenzung des fehlgeschlagenen Versuchs vom unbeendeten und beendeten Versuch Anmerkung zu dem Urteil des BGH vom 10.4.1986 JZ 1986, S. 964–944 Zit: Rengier, JZ 1986
–	Der praktische Fall – Szenen einer Ehe JuS 1991, S. 983–943 Zit: Rengier, JuS 1991
Römer, Hans-Jürgen	Vollendungsverhinderung durch „ernsthaftes Bemühen“ – Überlegungen zur Harmonisierung der Rücktrittsvorschriften MDR 1989, S. 945–948 Zit: Römer, MDR 1989
Roxin, Claus	Strafrecht, Allgemeiner Teil Band 1, Grundlagen, Der Aufbau der Verbrechenslehre 4. Auflage, München, 2005 Zit.: Roxin, AT I
–	Strafrecht, Allgemeiner Teil Band II, Besondere Erscheinungsformen der Straftat München, 2003 Zit.: Roxin, AT II
–	Der fehlgeschlagene Versuch Zugleich ein Beitrag zum Problem der wiederholten Ausführungshandlung JuS 1981, S. 1–9 Zit: Roxin, JuS 1981
–	Zum strafbefreienden Rücktritt vom beendeten Versuch JR 1986, S. 434–427 Zit: Roxin, JR 1986

–	Die Verhinderung der Vollendung als Rücktritt vom beendeten Versuch Festschrift für Hans Joachim Hirsch zum 70. Geburtstag am 11. April 1999, Berlin, New York, 1999 Zit: Roxin, FS Hirsch
Rudolphi, Hans-Joachim	Anmerkung zu dem Urteil des BGH vom 3.12.1982 NStZ 1983, S. 964–966 Zit: Rudolphi, NStZ 1983
–	Rücktritt vom beendeten Versuch durch erfolgreiches, wenngleich nicht optimales Rettungsbemühen Zugleich eine Besprechung der Entscheidung des BGH vom 1.2.1989 – 2 StR 703/88 NStZ 1989, S. 508–514 Zit: Rudolphi, NStZ 1989
Rüping, Hinrich	Strafjustiz im Führerstaat Goldthammer's Archiv für Strafrecht Jahrgang 1984, S. 297–307 Zit: Rüping, GA 1984
Rüping, Hinrich **Jerouschek**, Günter	Grundriss der Strafrechtsgeschichte 5. Auflage, München, 2007 Zit.: Rüping/Jerouschek
Satzger, Helmut **Schmitt**, Bertram **Widmaier**, Gunter	Strafgesetzbuch Köln, 2009 Zit: Bearbeiter in: Satzger/Schmitt/Widamier
Schall, Hero	Zum Rücktritt vom Versuch bei bedingtem Tötungsvorsatz und wiederholbarer Ausführungshandlung trotz Zielereichung – BGH, NStZ 1990, 30 JuS 1990, S. 623–630 Zit: Schall, JuS 1990

Scheinfeld, Jörg
Rücktritt vom Tötungsversuch – Besprechung der BGH-Urteile 2 StR 149/04 (LG Köln) vom 29.9.2004 und 4 StR 326/04 (LG Bochum) vom 25.11.2004
NStZ 2006, S. 357–380
Zit: Scheinfeld, NStZ 2006

Schönke, Adolf
Schröder, Horst
Strafgesetzbuch
28. Auflage, München, 2011
Zit: Bearbeiter in: Schönke/Schröder

Schroeder, Friedrich-Christian
Anmerkung zu dem Beschluss des BGH vom 28.10.1998
JR 1999, S. 297
Zit: Schroeder, JR 1999

Seelmann, Kurt
Anmerkung zu dem Beschluss des BGH vom 20.12.2002
JR 2004, S. 162–163
Zit: Seelmann, JR 2004

Sonnen, Bernd-Rüdeger
Strafrecht – AT – Strafbefreiender Rücktritt vom Versuch bei mehreren Beteiligten
JA 1989, S. 470–471
Zit: Sonnen, JA 1989

Stein, Ulrich
Anmerkung zu dem Urteil des BGH vom 15.1.1991 – 5 StR 492/90 (SchwG Hannover)
StV 1993,
Zit: Stein, StV 1993

Stratenwerth, Günter
Kuhlen, Lothar
Strafrecht, Allgemeiner Teil I
Die Straftat
6. Auflage, Köln, Berlin, Bonn, München, 2011
Zit: Stratenwerth/Kuhlen, AT I

Systematischer Kommentar
Rudolphi, Hans-Joachim
Horn, Eckhart
Systematischer Kommentar zum Strafgesetzbuch, Allgemeiner Teil
Stand: 124. Ergänzungslieferung (September 2010)
Zit.: Bearbeiter, SK

Vogel, Joachim	Einflüsse des Nationalsozialismus auf das Strafrecht ZStW 115, (2003), S. 638–670 Zit: Vogel, ZStW 115 (2003)
Vogler, Theo	Versuch und Rücktritt bei der Beteiligung mehrerer an der Straftat ZStW 98, (1986), S. 331–354 Zit: Vogler, ZStW 98 (1986)
Vormbaum, Thomas	Einführung in die moderne Strafrechtsgeschichte 2. Auflage, Berlin, Heidelberg 2010 Zit: Vormbaum
Wessels, Johannes **Beulke**, Werner	Die Straftat und ihr Aufbau 40. Auflage, Heidelberg, 2010 Zit.: Wessels/Beulke
Zieschang, Frank	Anforderungen an die Vollendungsverhinderung beim beendeten Versuch gemäß § 24 I 1, 2. Alt. StGB Goldthammer's Archiv 2003, S. 353–362 Zit: Zieschang, GA 2003
Zwiehoff, Gabriele	Das Rücktrittsverhalten beim beendeten Versuch StV 2003, S. 631–635 Zit: Zwiehoff, StV 2003
Zwengel, Otto	Das Strafverfahren in Deutschland von der Zeit der Carolina bis zum Beginn der Reformbewegung des 19. Jahrhunderts, Niederlanken, 1963 Zit: Zwengel